当代经济学创新丛书
[全国优秀博士论文]

人民币汇率与中国出口企业行为研究

基于企业异质性视角的理论与实证分析

许家云 著

上海三联书店

“当代经济学创新丛书”
由当代经济学基金会(NEF)资助出版

总　序

经济学说史上，曾获得诺贝尔经济学奖，被后人极为推崇的一些经济学“大家”，其聪慧的初露、才华的表现，往往在其年轻时的博士论文中已频频闪现。例如，保罗·萨缪尔逊(Paul Samuelson)的《经济分析基础》，肯尼斯·阿罗(Kenneth Arrow)的《社会选择与个人价值》，冈纳·缪尔达尔(Gunnar Myrdal)的《价格形成和变化因素》，米尔顿·弗里德曼(Milton Friedman)的《独立职业活动的收入》，加里·贝克尔(Gary Becker)的《歧视经济学》以及约翰·纳什(John Nash)的《非合作博弈》，等等。就是这些当初作为青年学子在博士论文中开启的研究领域或方向，提出的思想观点和分析视角，往往成就了其人生一辈子研究经济学的轨迹，奠定了其在经济学说史上在此方面的首创经济学著作的地位，并为日后经济学术思想的进一步挖掘夯实了基础。

经济学科是如此，其他社会科学领域，包括自然科学也是如此。年轻时的刻苦学习与钻研，往往成为判断日后能否在学术上取得优异成就，能否对人类知识的创新包括经济科学的繁荣做出成就的极为重要的第一步。世界著名哲学家维特根斯坦博士论文《逻辑哲学导论》答辩中，围绕当时世界著名大哲学家罗素、摩尔、魏斯曼的现场答辩趣闻就是极其生动的一例。

世界正处于百年未遇的大变局。2008 年霸权国家的金融危机，四十多年的中国增长之谜……传统的经济学遇到了太多太多的挑战。经济学需要反思、需要革命。我预测，在世界经济格局大变化和新科技革命风暴的催生下，今后五十年、一百年正是涌现经济学大师的年代。纵观经济思想史，历史上经济学大师的出现首先是时代的召唤。亚当·斯密、卡尔·马克思、约翰·梅纳德·凯恩斯的出现，正是反映了资本主义早期萌芽、发展中矛盾重重及陷入发展中危机的不同时代。除了时代环境的因素，经济学大师的出现，又有赖于自身学术志向的确立、学术规范的潜移默化、学术创新钻研精神的孜孜不倦，以及周围学术自由和学术争鸣氛围的支撑。

旨在"鼓励理论创新，繁荣经济科学"的当代经济学基金会，就是想为塑造、推动未来经济学大师的涌现起到一点作用，为繁荣中国经济科学做点事。围绕推动中国经济学理论创新开展的一系列公益活动中有一项是设立"当代经济学奖"和"全国经济学优秀博士论文奖"。"当代经济学创新丛书"是基于后者获奖的论文，经作者本人同意，由当代经济学基金会资助，陆续出版。

经济学博士论文作为年轻时学历教育、研究的成果，会存在这样和那样的不足或疏忽。但是，论文毕竟是作者历经了多少个日日夜夜，熬过了多少次灯光下的困意，时酸时辣，时苦时甜，努力拼搏的成果。仔细阅读这些论文，你会发现，不管是在经济学研究中对新问题的提出，新视角的寻找，还是在结合中国四十多年改革开放实践，对已有经济学理论模型的实证分析以及对经济模型假设条件调整、补充后的分析中，均闪现出对经济理论和分析技术的完善与创新。我相信，对其中有些年轻作者来说，博士论文恰恰是其成为未来经济学大师的基石，其路径依赖有可能就此开始。对繁荣中国经济理论而言，这些创新思考，对其他经济学研究者的研究有重要的启发。

年轻时代精力旺盛，想象丰富，是出灵感、搞科研的大好时光。出版这套丛书，我们由衷地希望在校的经济学硕博生，互相激励，刻苦钻研；希望志在经济学前沿研究的已毕业经济学硕博生，继续努力，勇攀高峰；希望这套丛书能成为经济科学研究领域里的“铺路石”、参考书；同时希望社会上有更多的有识之士一起来关心和爱护年轻经济学者的成长，在“一个需要理论而且一定能够产生理论的时代，在一个需要思想而且一定能够产生思想的时代”，让我们共同努力，为在人类经济思想史上多留下点中国人的声音而奋斗。

夏斌

当代经济学基金会创始理事长

初写于2017年12月，修改于2021年4月

目 录

图表目录

前　言

作为学术界和政策层关注的焦点，人民币汇率变动会对全球贸易、投资及各国的经济发展带来深刻影响。在当前全球失衡和中美贸易巨额顺差的背景下，以克鲁格曼为代表的一批学者甚至将人民币汇率低估作为全球失衡的关键诱因，2008年金融危机后人民币升值的呼声更是异常高涨。据国际清算银行(BIS)统计，1994—2012年人民币的名义和实际有效汇率升值幅度分别达到64.31%和42.49%。其中，我国于2005年7月21日实施了人民币汇率制度改革，实行以市场供求为基础、参考一篮子货币进行调节、有管理的浮动汇率制度。通过计算汇率的合理均衡水平，汇改当天人民币对美元升值了2%，截至2012年，人民币兑美元实际有效汇率累计升值幅度已经接近31%。

本书在此背景下，全面系统地考察人民币汇率变动对中国制造业出口企业的微观影响，分别从出口企业生产率、企业加成率、企业出口的动态变化、多产品企业的出口行为以及企业的出口产品质量等五个方面展开研究。另外，本书对截至2007年的工业企业数据和海关数据进行样本匹配，测算企业层面的人民币实际有效汇率指标，从而更为准确地考察汇率变动对出口企业行为的影响。作为拓展分析，本书分别基于企业出口动态、多产品企业的出口行为及出口产品质量的视角，在有关人民币汇率变动与中国出口企业的研究中，首次引入生存分析模型考察了人民币实际有效汇率对企业出口持续时间的影响，从而丰富和拓展了这类文献的研究视角。

本书主要包括九章内容。第一章是导论，具体包括本书的研究背景和研究意义，研究思路和方法，以及本书的主要创新点。第二章是文献综述，该部分回顾并梳理了关于汇率变动与贸易、汇率变动对企业的动态影响等相关文献。第三章为人民币汇率的制度演变与指标量化，首先对人民币汇率制度的演变路径和改革开放以来人民币汇率的变动状况进行了回顾，然后介绍了企业层面贸易加权的人民币实际有效汇率指标的测算方法。第四章至第八章为本书的核心章节，其中第四章考察人民币汇率对中国制造业出口企业生产率的影响效应，该章在第二章研究人民币汇率对企业生产率影响机制的基础上，利用中国2000—2007年工业企业数据和高度细化的海关数据实证考察了人民币汇率变动与制造业出口企业全要素生产率之间的关系。第五章分析了人民币汇率变动对出口企业加成定价的影响。在基准分析的基础上，该章实证考察人民币实际汇率变动对出口企业加成率的异质性影响和影响机制，同时，作为拓展分析，还进一步分析汇率变动对加成率离散度的影响。第六章全面系统地考察人民币汇率变动对中国工业企业出口行为的影响，首先构建了一个汇率变动对企业出口影响的理论模型，并将该影响具体分解为集约边际和扩展边际，然后采用2000—2007年中国制造业企业微观数据进行实证检验，最后还进行了扩展分析，即进一步考察人民币汇率与企业出口持续时间之间的关系。第七章是从多产品企业出口动态的角度考察人民币汇率对企业出口行为的影响效应，首先从理论上探讨了人民币汇率变动对微观企业出口行为的影响机制，并依此给出相应的理论假说，在此基础上，进一步通过构建面板数据模型和生存分析模型考察人民币汇率变动对中国多产品出口企业的出口价格、出口数量、出口产品范围和出口持续期等的影响，最后还进一步采用生存分析方法，考察了人民币汇率对多产品企业中核心产品和非核心产品出口持续期的差异化影响。第八章则是从企业出口产品质量的角度考察人民币汇率的影响效应,它或许是国内首篇将企业出口产品质量和人民币汇率变动纳入统一的分析框架的研究。该章首先测算了企业层面的贸易加权的人民币实际有效汇率指标和产品质量指标,然后实证考察了人民币汇率对企业出口产品质量的影响。第九章是全书的结论部分,该部分对全书结论进行了归纳和总结,得到相应的政策启示并给出该领域将来的研究方向。

基于前文的理论分析和实证研究,最终本书得到的主要结论为:

(1) 人民币实际有效汇率升值对制造业出口企业生产率的净效应为正,其通过企业资本劳动要素配置效应、企业选择效应、规模经济效应以及人力资本提升效应对制造业出口企业的生产率提升产生了积极影响,并且上述结论在考虑了人民币实际有效汇率的内生性等问题之后依然稳健;人民币实际有效汇率变动对出口企业生产率的影响,因企业是否为纯出口企业、贸易方式、技术水平和所有制的不同而具有显著的异质性;作为人民币汇率影响企业生产率的制约因素,若企业融资能力越强,则人民币汇率升值对出口企业生产率的积极影响越大。

(2) 人民币升值显著降低了出口企业的加成率,并且出口依赖度越高的企业,人民币升值对其加成率的负面影响越大;人民币升值对出口企业加成率的影响可能存在一年的时滞,它对企业加成率的抑制作用随着时间的推移呈递增趋势;“价格竞争效应”和“规模效应”是人民币升值影响出口企业成本加成定价能力的重要渠道。此外,从加成率分布的角度来看,人民币升值降低了行业内企业加成率的离散度,从而有益于优化资源配置。

(3) 人民币实际有效汇率升值对中国工业企业的出口决策、出口价格、出口数量和出口额均具有显著的抑制作用,其对出口价格、出口数量和出口额的影响相对较大。这说明人民币实际有效汇率升值对中国出口贸易的影响更多体现在集约边际,而不是扩展边际;另外,人民币汇率变动对不同特征企业的出口行为具有显著的异质性影响；最后，通过采用离散时间生存分析模型的研究还发现，人民币实际有效汇率升值显著缩短了企业出口的持续时间。这在一定程度上丰富了对人民币汇率变动和企业出口关系研究的文献，为客观评估人民币汇率形成机制改革对企业出口的影响提供了微观层面上的依据。

(4) 人民币实际汇率升值，企业出口价格下降，出口数量减少，且该效应因企业生产率和产品在多产品企业中地位的提高而显著增强；人民币实际汇率升值有助于延长核心产品的出口持续期，却缩短了非核心产品的出口持续期；人民币实际汇率升值缩小了企业的出口产品范围，并且提高了企业出口产品的集中度，即人民币升值使企业集中出口核心产品，加速了企业出口产品之间的优胜劣汰，长远来讲有益于提升中国企业的出口产品竞争力。

(5) 人民币升值促进了企业出口产品质量的提升，但是该效应因企业生产率水平、融资约束、所有制和贸易方式的不同而具有显著的异质性；通过对出口贸易进行分解，发现人民币升值有利于新进入企业的产品质量提升，但不利于退出企业的产品质量提升；人民币升值有利于新进入产品的质量提升，不利于退出产品的质量提升，并且对持续存在的产品质量提高具有积极影响；此外，相比于内资企业，外资企业的质量提高更快；人民币升值显著缩短了出口低质量产品的企业的出口持续期，却可以延长出口高质量产品的企业的出口持续期。

本书从人民币汇率变动的视角为中国出口企业的全要素生产率动态演化、出口变动、出口产品范围以及产品质量升级提供了一个全方位的诠释。从某种程度上来说，本书丰富了人民币汇率变动与异质性企业出口行为的研究，对我国继续实施人民币汇率形成机制改革以推动出口结构转型升级具有重要的政策含义。

总体来说，汇率是调控宏观经济的重要工具和手段。而出口型企业的产品生产和产品销售等均与汇率变动紧密相关。因此，出口企业对汇率变动相当敏感，也会采取各种措施来应对汇率变动对企业产生的各种冲击和不确定性，尽量将汇率变动给企业带来的效益最大化、风险最小化。企业在生产率、所有制、规模等方面具有显著的异质性，从而面对汇率冲击，不同的企业会采取不同的应对措施，也就表现为出口企业的行为变化。这些不同的方式导致了汇率变动对企业出口动态、生产决策等的影响也不同。本书力求通过分析出口企业的行为，深入了解各种不同类型的出口企业在汇率变动后其生产率、出口产品范围、出口产品质量等的变化，从而在一定程度上丰富了对人民币汇率变动和出口企业行为研究的文献，为客观评估人民币汇率形成机制改革对出口企业的影响提供了微观层面上的依据。

本书是在笔者的博士论文基础上修改、扩充而完成的。在本书即将付梓之际，我要向导师佟家栋教授表示由衷的感谢。佟老师是国内知名的经济学者，是国家级教学名师和国家“跨世纪优秀人才”，在国际贸易和国际金融领域有很高的造诣。我的博士论文的选题与框架的确定经与佟老师多次讨论，反复修订，耗费了老师大量的宝贵时间。特别是在论文写作的最后一段时间里，老师的耐心与细心让学生感觉到压力，但感受更多的是踏实与温暖。三年博士生经历是我人生新阶段的一扇窗户，老师教育我学会做人方能立学术，学会感恩方能立人，生命不息，感恩奋斗不止。总之，能够师从佟家栋教授是我一生中将会不断增值的宝贵财富。这里也要感谢温柔善良的师母赵薇老师多年来给予我的关心与照顾，师母的关怀令远在他乡的我备感温暖和感动。

在此也要感谢博士论文答辩主席雷达教授（中国人民大学），答辩委员陈斌开教授（中央财经大学）、盛斌教授（南开大学）和张伯伟教授（南开大学）对我的博士论文进行中肯的评论和提出宝贵的修改建议。我还要感谢我的硕士生导师山东理工大学李平教授。三年的硕士生学习为我顺利进入博士阶段奠定了坚实的基础，老师严谨的学术态度和忘我的工作态度为我树立了良好的学术榜样，引领我走进经济学的学术殿堂，老师的言传身教必将使学生受益终身。

感谢南开大学和教育部联合培养博士生项目的支持，让我能有机会到加拿大艾伯塔大学进行为期一年的学习深造，特别感谢我的外导刘润娟(Runjuan Liu)教授。刘老师十分关心我的学习科研情况，在我取得成绩时，她总是第一时间给我肯定，在我遇到挫折时，刘老师再忙也会抽出时间与我交流，让身处海外的我备感温暖和感动。同时也要感谢艾伯塔大学商学院教授拉斯穆斯·法图姆(Rasmus Fatum)和巴里·斯科尔尼克(Barry Scholnick)以及台湾清华大学教授冯炳萱(Loretta Ping-Hsuan Fung)，与他们的交流开阔了我的视野，同时也增强了我的自信。此外，感谢南开大学文科发展基金项目(ZB21BZ0302)的支持。

我的博士论文有幸获得了 2017 年“中国经济学优秀博士论文奖”，该奖项是由北京当代经济学基金会设立并组织评选，感谢“中国经济学优秀博士论文奖”评委会和北京当代经济学基金会对我博士论文研究成果的肯定与鼓励。同时要特别感谢北京当代经济学基金会资助我的博士论文在上海三联书店出版。上海三联书店是中国著名的出版社之一，在海内外享有盛誉，博士论文书稿能够在此出版是我的荣幸。北京当代经济学基金会理事长夏斌教授、副理事长韦森教授、郝娟老师以及上海三联书店的李英女士对本书出版给予了大力支持和帮助，在此表示诚挚的感谢！

还要感谢我的工作单位南开大学 APEC 研究中心，该研究中心是为落实“亚太经合组织领导人教育倡议”，由中国外交部、商务部、教育部和南开大学共建的国家级智库机构。通过参加中心的学术活动和政策咨询研究，我提高了将经济学理论研究应用于解决经济问题的能力。感谢我的同事刘晨阳教授、孟夏教授、李文韬副教授、于晓燕副教授、张靖佳副教授、罗伟副教授、张雪老师、吴洪宝老师及云健老师在平时给予我的帮助与鼓励。

这里，我要特别感谢我的先生毛其淋教授，我的每一点进步都有他的一份功劳。他曾经把一直激励自己前进的座右铭誊写下来送给我，希望能够同样激励我不畏枯燥，坐得住冷板凳，在学术上取得进步："古今之成大事业、大学问者，必经过三种之境界。'昨夜西风凋碧树，独上高楼，望尽天涯路'，此第一境也；'衣带渐宽终不悔，为伊消得人憔悴'，此第二境也；'众里寻他千百度，回头蓦见，那人正在灯火阑珊处'，此第三境也。"我把那张纸贴在了宿舍的墙上，每当懈怠想放弃的时候，它都会鼓励我继续前行。先生热爱学术，并且勤奋努力，他在博士期间已经发表了多篇高水平论文，并因为优异的成绩和突出的表现留校任教，他是我学习的榜样，也是我前进的动力。在本书的修改过程中，我还迎来了我的宝贝毛思羽小朋友，她聪明可爱，懂事乖巧，使我在枯燥的书稿写作中备感幸福和温暖，希望她健康成长，成为幸福快乐的乖宝宝。感谢我父母、妹妹及弟弟的支持与鼓励。在外求学多年，不能很好地照顾父母，感谢妹妹在父母身边照顾，无怨无悔的付出，我才能专心地做想做的事情。感谢父母和弟弟妹妹，感谢你们给我提供的良好环境，更感谢你们让我感受到家庭的团结与快乐，让我看到家人淳朴、勤劳的品质。愿父母身体康健，妹妹弟弟们幸福开心！谨以此书献给我最亲爱的家人！

多年的科研经历，我感触最深的是做学问远非一朝一夕之事，需要坚定的信念、恒久的努力和不懈的追求。本书的出版既是对我以往学术成果的总结，也是新的学术生活的开始，希望自己心存感恩，继续保持对学术的热爱和追求，勇往直前。

第一章　导　论

本章主要就本书的选题进行相关说明，第一节为研究背景与意义，第二节介绍研究思路、各章的结构安排和研究方法，第三节就本书的主要创新点进行相关陈述。

第一节　研究背景与意义

一、研究背景

近年来，全球性或地区性金融危机的频繁爆发使金融危机的国际间传导理论成为理论界和政策层关注的焦点。当前，全球呈现后金融危机时代全球经济的迅速复苏和世界经济一体化程度逐渐深化的趋势，各国或各地区之间的经济往来日益密切，全球投资和贸易量逐年增加，与之伴随的是，一国或地区内部经济也越来越多地融入全球价值链和分工体系，从而更容易受到外部国际经济变动的冲击，也方便了金融危机的国际传导。

2008 年次贷危机引起全球金融市场动荡不安，使我国面临的国际环境更加恶劣，与此同时，金融危机通过贸易等途径迅速传导到我国国内，重创了国内的实体经济，主要表现为我国贸易收益大幅下降，出口企业大量倒闭，失业率提高等。我国于 2005 年 7 月 21 日实施了人民币汇率制度改革，实行以市场供求为基础，参考一篮子货币进行调节、有管理的浮动汇率制度。汇改当天人民币对美元升值了 2%，这一天被称为“汇改日”。按照国际清算银行的统计，人民币与美元之间的名义汇率从“汇改日”起持续上升，从 2005 年的 1 美元兑换 8.19 元人民币到 2014 年的 1 美元兑换 6.14 元人民币，人民币与美元之间的名义汇率在这几年间处于持续升值状态(图 1-1)。此外,自“汇改日”起至 2015 年初,人民币兑美元实际有效汇率累计升值幅度接近 42%(图 1-2)。以往关于汇率变动对实体经济影响的研究很多,然而,“汇改日”后,关于人民币有效汇率的波动引发实体经济尤其是作为对外经济活动微观主体出口企业行为的研究却较少。

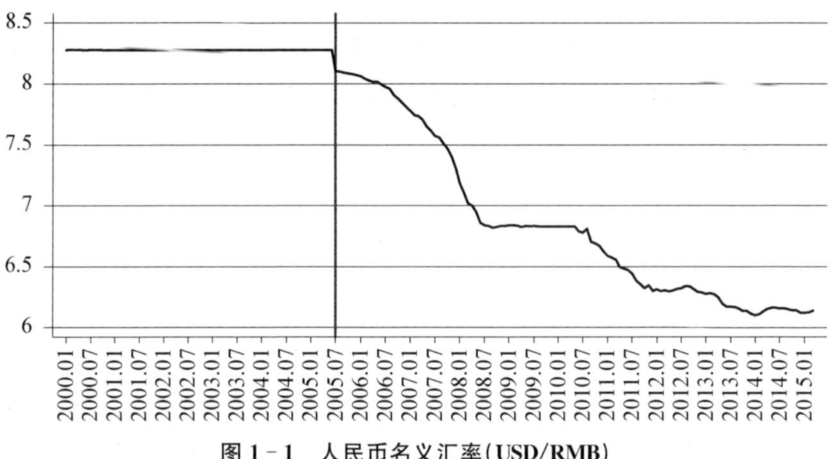

图 1-1 人民币名义汇率(USD/RMB)

注:横轴表示年份,纵轴表示人民币名义汇率(人民币兑美元名义汇率,采用直接标价法)。
数据来源:国际清算银行(BIS)。

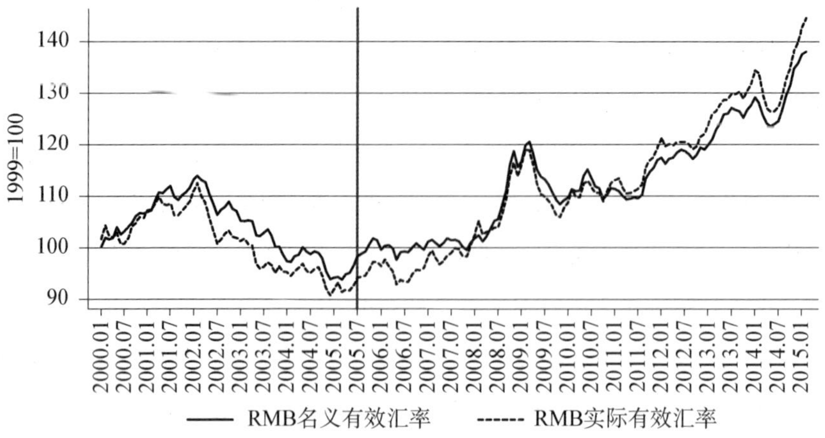

图 1-2 人民币名义和实际有效汇率指数(2000—2015)

注:横轴表示年份,纵轴表示人民币有效汇率指数。
数据来源:国际清算银行(BIS)。

改革开放以来中国的对外开放程度不断扩大，通过贸易、对外投资等方式不断融入全球经济一体化。与此同时，在我国以人民币计价的跨境贸易规模不断扩大，计价货币也越来越呈现多元化，因此，作为衡量人民币整体水平的汇率指标，使用人民币有效汇率来研究人民币汇率变动对中国出口企业行为的影响，可以为中国出口企业在面临全球金融危机的冲击时，更好地做好应对和防范措施提供重要的理论和现实参考。与此同时，这也可以为提高我国汇率政策决策的科学性提供来自微观企业的依据。

人民币汇率变动对中国出口企业的生产率、加成率、出口动态、出口产品范围及出口产品质量等方面产生了深远的影响。

首先，伴随着人民币汇率上涨，我国出口企业的生产率稳步上升(图 1－3)。胡晓炼(2010)指出 2005 年的人民币汇率机制改革对于提高企业创新力度和产品升级换代意义重大，她进一步认为人民币升值可以提升企业核心竞争力，对优化中国的出口贸易结构、促进外贸发展方式转变并最终实现经济的内涵式增长具有不可忽视的作用。余永定(2003)的研究也得到了类似的结论，他认为人民币实际汇率升值可以促进企业生产率提高，最终使企业迈入通过提高技术创新能力以增强国际竞争力的道路。与之相呼应，让纳内和华(Jeaneney and Hua，2011)使用中国 1986—2007 年间 29 个地区的省级面板数据考察了人民币实际汇率上升对地区劳动生产率的作用，发现人民币实际汇率上升对地区劳动生产率提升具有积极作用，并且二者形成了良性互动。与上述结论相反，宗伟濠(2013)使用中国行业层面数据的分析发现，人民币汇率变动对行业全要素生产率(TFP)影响较小，并且呈反向相关关系，即人民币升值无益于行业生产率提升。

企业生产率提升无疑是中国实现内涵式增长的关键环节。那么，在当前我国经济发展方式转型、人民币升值呼声高涨的严峻形势下，作为外贸经济活动微观主体的出口企业，其全要素生产率对人民币汇率变动的具体反应如何？特别是，由于我国存在诸如一般贸易和加工贸易、内资企业和外资企业等不同导向型的制造业企业，并且上述不同类型的企业在融资约束程度和汇率风险程度等方面存在显著差异，人民币汇率对这些企业生产率的影响是否有所不同？然而迄今为止，鲜有研究工作通过运用企业数据，系统地探讨人民币汇率对中国出口企业生产率的微观影响。

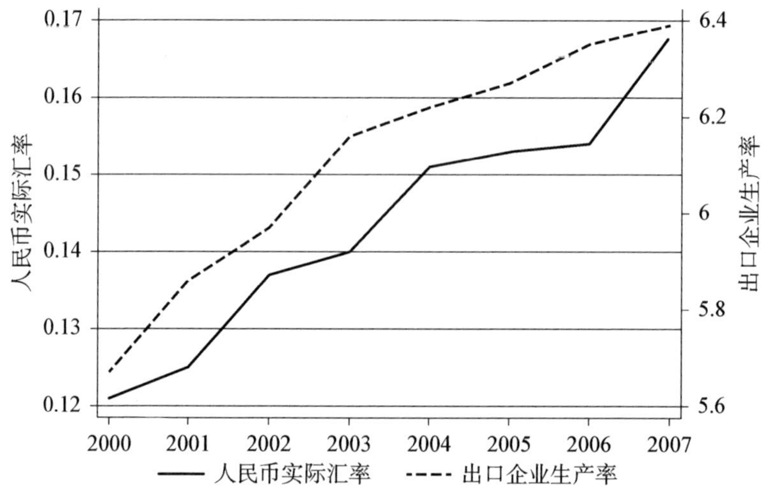

图 1-3　人民币实际汇率和出口企业生产率的变动趋势(2000—2007)

注：横轴表示年份，左纵轴表示人民币实际汇率(人民币兑美元实际汇率，采用间接标价法)，右纵轴表示出口企业的全要素生产率。

数据来源：根据笔者对数据的整理得到。

其次，人民币升值与中国出口贸易的迅速增长并行。在当前全球失衡和中美贸易巨额顺差的背景下，以克鲁格曼为代表的一批学者将人民币汇率低估作为全球失衡的关键诱因，2008 年金融危机后人民币升值的呼声更是变得异常高涨(Krugman，2010；Bergsten，2010)，而蒙代尔(2005)和麦金农(2004)等则反对人民币升值。伴随着人民币升值，中国货物出口贸易总额从 2000 年的 2 492 亿美元增至 2007 年的 12 204.6 亿美元(图 1-4)。贸易顺差从 2005 年的 1 020 亿美元增至 2012 年的 2 311 亿美元，涨幅达 127%。让人疑惑的是，与汇率理论的预期相左，人民币升值始终伴随着中国出口贸易的迅速增长，有学者甚至将中国这种货币升值与出口增长并行的现象称为“中国汇率效应现象”。那么人民币汇率变动对中国出口企业的影响到底是怎样的？能否从微观企业层面或者多产品出口企业的内部出口结构方面为上述“中国汇率效应现象”找到一个合理的解释是一个迫切需要解决的问题。

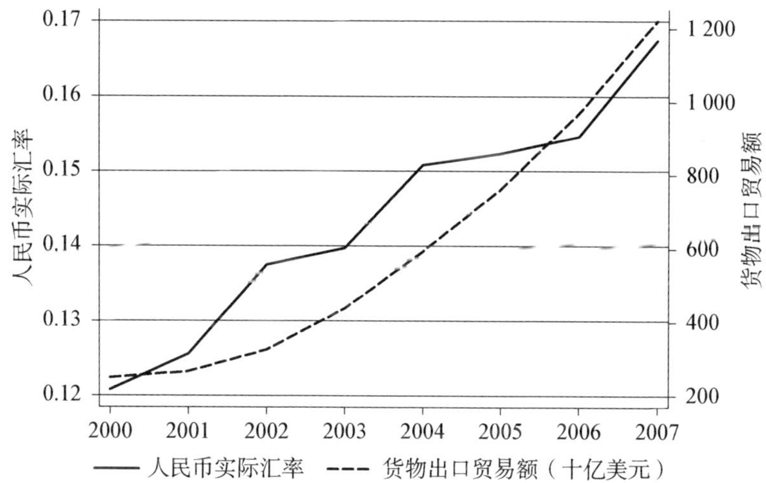

图 1－4　人民币实际汇率和中国货物出口贸易的变动趋势

注：横轴表示年份，左纵轴表示人民币实际汇率（人民币兑美元实际汇率，采用间接标价法），右纵轴表示货物出口贸易额。

数据来源：根据笔者对数据的整理得到。

最后，人民币汇率与企业出口产品质量问题。从 2005 年至 2012 年，人民币兑美元实际有效汇率累计升值幅度接近 31%。几乎与此同时，中国经济总量在世界的排序，从 2002 年的第 6 位上升至 2011 年的第 2 位。其中，中国出口贸易以年均 18.1%的速度迅速增长（李坤望，2008），2011—2012 年货物贸易出口额稳居全球第一。但由世界经济论坛发布的《2013—2014 年全球竞争力报告》显示，中国的全球竞争力仅列第 29 位，这与中国的经济总量和出口地位形成鲜明对比，中国在全球价值链中依然处于低端。有学者提出当前唯有提升中国出口产品质量，才可能改变中国在全球价值链中的低端位置，而人民币实际汇率上涨和持续的汇率机制改革对于增强企业创新力度和促进其产品升级换代具有不可忽视的作用。同时,上述举措可以加快中国出口产品的质量升级,并最终实现中国外贸发展方式的实质转变。

在人民币具有强烈升值预期的背景下,人民币升值究竟会对中国出口企业的生存和发展产生怎样的影响,企业的出口行为会发生怎样的变化,进一步地,这些变化是会导致中国出口贸易和经济的萎缩还是会推动中国经济持续发展和外贸结构升级等问题都值得我们深入探讨。

此外,在不完全竞争市场结构、规模经济等假设的基础之上,新近发展起来的新新贸易理论进一步将企业的异质性特征引入贸易理论的分析框架。通过将微观企业作为研究对象,该理论尝试从异质性企业的层面来探究国际贸易问题。不得不承认,该理论开创了国际贸易理论研究的新视角。整体而言,通过将研究对象由先前的国家和产业层面细化到微观企业层面,新新贸易理论由此开启了汇率变动与微观企业行为研究的先河。同时,近年来企业甚至产品层面数据的可获得性,也为学者们从微观层面研究汇率与出口企业行为问题提供了可能。

二、研究意义

本书旨在研究汇率变动对出口企业行为的影响,主要围绕汇率变动条件下的出口企业行为展开。

人民币汇率问题在 2003 年人民币升值风波之后成为国内外关注的热点话题。早期,人民币汇率问题争论的焦点主要围绕着其是否应该升值展开,升值是否会严重损害中国出口企业的利益。但随着相关研究的持续深入,争论的焦点逐渐转变为人民币汇率制度的改进和选择问题。中国人民银行在 2005 年 7 月 21 日发布的公告中指出,中国开始实行人民币汇率机制改革,不再实行单一钉住美元的汇率制度,而是改为"参考"一篮子货币、有管理的浮动汇率制度,此后,人民币升值的空间得到进一步扩大,至此关于人民币汇率制度的争论才算告一段落。2005 年 7 月人民币汇率制度改革以来,人民币名义和实际汇率到

2007年底都表现出了稳步上升的趋势。但是，该轮人民币升值对出口企业的“实际”效果如何，人民币汇率变动对中国经济的影响是怎样的？很显然，对这一问题的回答将有助于评价人民币汇率制度改革的成效。作为参与对外经济活动的微观主体，出口企业是人民币汇率变化的直接体验者，其出口竞争力和出口活动对一国或地区整体的经济增长和竞争力提升意义非凡，因此，与直接检验人民币汇率变动的宏观经济效果相比，研究人民币汇率变动对出口企业行为的影响更有意义。基于此，为了全面展示人民币汇率变动对中国制造业出口企业的微观影响，本书采用中国工业企业数据库和海关贸易数据库，全面系统地考察人民币汇率变动与出口企业行为之间的关系。具体来看，本书的主要研究目的列示如下：

(1) 本书对汇率变动、贸易与企业行为方面的相关研究成果进行了系统回顾和梳理，然后基于企业的异质性特征，全面考察人民币汇率变动对出口企业行为的影响机制并据此给出相应的理论假说，这不但可以为汇率与企业行为理论提供一个有益的补充，而且可以为后续的实证分析奠定相应的理论基础。

(2) 本书简要回顾了人民币汇率制度改革的进程，对中国各个阶段汇率制度演变的主要特征进行了相应的总结。基于此，结合2005年人民币汇率制度改革引发的人民币大幅升值这一背景，本书尝试使用中国海关贸易数据库和中国工业企业数据库中的微观企业数据测算企业层面贸易加权的人民币实际有效汇率指标，并进一步全面分析改革开放以来人民币汇率的演变及变动趋势。

(3) 在出口企业异质性视角下，本书分别构建人民币汇率变动对出口企业生产率、企业出口的动态变化、多产品企业的出口行为以及企业的出口产品质量的计量模型，利用中国工业企业微观数据和海关贸易数据库的匹配数据就上述问题展开经验研究，从而从微观企业层面量化人民币汇率变动对制造业出口企业行为的影响，同时也验证了理论假说的结论。

(4) 结合理论分析和经验研究得到的结论，本书不但可以为我国出口战略政策的制定和人民币汇率制度改革提供理论和实证依据，而且为中国制造业出口企业的绩效提升和产品竞争力升级提供相关的政策参考价值。

本书的研究意义主要有以下几个方面。

理论方面。迈耶等人(Mayer et al., 2011)在异质性企业贸易理论的基础上将分析的主题扩展到了多产品企业的视角,而伯曼等人(Berman et al., 2012)在企业异质性的框架下将汇率因素纳入理论分析的范畴,本书在上述理论框架的基础上进一步将汇率因素和多产品企业的出口行为纳入统一框架,将企业异质性拓展为企业生产率、企业规模等多个维度,并且将分析的视角扩展到企业内部不同产品之间的异质性,不仅考察了汇率变动对企业生产率、出口动态的影响,而且还深入分析了人民币汇率变动对企业内部不同出口产品之间的资源配置及出口产品质量的影响,因此可以丰富和拓展关于汇率变动与出口企业行为的相关研究视角。

此外,受微观企业数据可得性的约束,目前大多数关于异质性企业贸易理论的经验研究是基于发达国家和地区进行的,而针对发展中国家或地区的相关研究还相对较少,尤其是以发展中贸易大国——中国为对象的研究还有待深入,已有相关研究大多围绕着"企业异质性与国际贸易的关系"这一视角进行。与以往研究不同,本书尝试在出口企业异质性的视角下,全面分析人民币汇率变动对出口企业行为的影响,从而丰富和扩展异质性企业理论的经验研究文献,并提供来自发展中贸易大国的经验证据。

现实方面。自 2005 年 7 月人民币汇率制度改革至 2014 年已有 9 年之多,与此同时人民币名义和实际汇率持续上升,那么这对中国制造业出口企业生产率、出口动态、企业内部出口结构及出口产品质量究竟产生了怎样的影响?对这一系列问题的回答有助于丰富对人民币汇率变动和出口企业行为的相关研究,为回答和评估人民币汇率机制改革对微观出口企业的作用提供来自微观企业的证据。此外,基于企业层面的微观数据,本书尝试使用多种严谨的计量分析工具进行分析,以得到丰富的结论,并为中国出口产品竞争力的提升和制造业出口企业的出口绩效提高提供相应的政策启示。

出口企业在生产率、所有制、规模等方面具有显著的异质性，面对汇率冲击，不同的出口企业会采取不同的应对措施，也就表现为出口企业的行为变化。这些不同的方式导致了汇率变动对企业出口动态、生产决策等的影响也有所不同。本书力求通过分析出口企业的行为，深入了解各种不同类型的出口企业在汇率变动后其生产率、出口产品范围、出口产品质量等的变化，从而在一定程度上丰富对人民币汇率变动和出口企业行为的相关研究，为回答和评估人民币汇率制度改革对微观出口企业的影响提供相应的依据。

第二节　研究思路、研究框架与研究方法

一、研究思路和研究框架

本书尝试基于企业异质性的视角，以 2005 年 7 月人民币汇率制度改革为背景，分析人民币汇率变动对出口企业行为的影响机制和渠道，并进一步利用中国工业企业数据库和海关进出口贸易数据库的匹配数据进行相应的经验分析。具体来看，本书首先对汇率变动与贸易、汇率变动对企业的动态影响等相关文献进行回顾和梳理。特别地，就汇率变动对出口企业的影响渠道和机制进行了归纳和评述；然后，对人民币汇率制度的演变路径和改革开放以来人民币汇率的变动状况进行了回顾，梳理了汇率指标的不同衡量方法，并介绍了企业层面贸易加权的人民币实际有效汇率指标的测算方法；接着，第四章至第八章是本书的核心部分，就人民币汇率变动对出口企业生产率、加成率、出口动态、多产品企业中核心产品和非核心产品出口持续期及企业出口产品质量的影响进行梳理和分析，进一步在理论和机制分析的基础上构建相应的计量模型进行实证检验，以求揭示人民币汇率变动对中国微观制造业出口企业的具体影响；最后，根据理论和实证分析的结果得到相应的政策启示，并提出将来进一步拓展的研究方向。总结上述思路，本书主要包括以下 9 个部分的内容（图 1－5）。

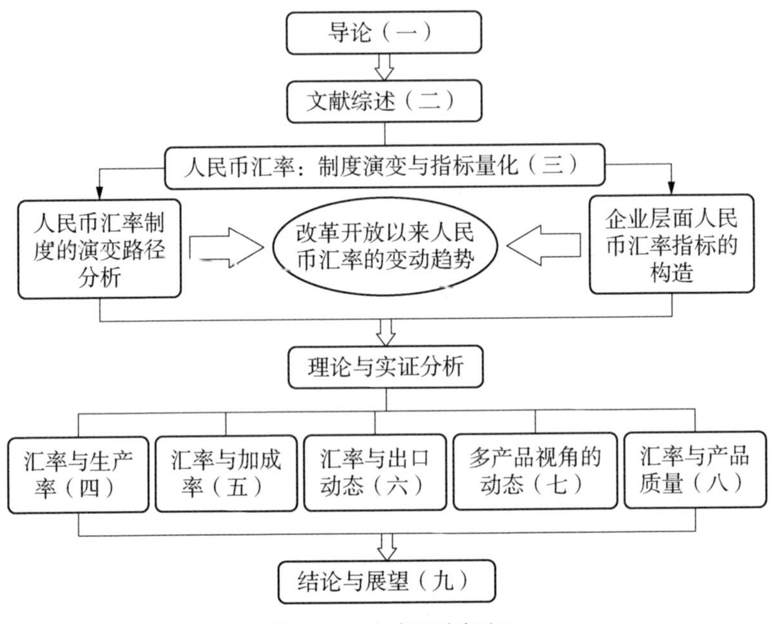

图 1－5　本书研究框架

第一章是本书的导论。主要包括本书的研究背景、研究目的和研究意义，研究思路和研究方法，以及本书可能的主要创新点。

第二章为汇率变动、国际贸易与企业行为的相关文献综述。内容主要包括：一是简要回顾汇率及人民币汇率决定的相关理论研究；二是梳理和归纳关于汇率价格传递效应的相关理论和经验研究；三是梳理关于汇率对国际贸易影响的相关国内外文献；四是在异质性企业的视角下考察人民币汇率变动对出口企业行为的影响效应；五是对既有的文献研究进行相应的评述。

第三章对人民币汇率制度的演变路径和改革开放以来人民币汇率的变动状况进行回顾，梳理了汇率指标的不同衡量方法，并介绍了企业层面贸易加权的人民币实际有效汇率指标的测算方法。

第四章讨论人民币汇率与出口企业生产率。这一章在第二章人民币汇率对企业生产率影响机制的基础上，利用中国 2000—2007 年工业企业数据和高度细化的海关数据实证考察了人民币汇率变动与制造业出口企业全要素生产率之间的关系。首先,本章梳理了人民币汇率对出口企业生产率的影响机制;其次,构建人民币汇率对微观出口企业生产率影响的相关计量模型,阐述指标构造和数据来源;第三,给出基本的计量结果并进行分析,系统地检验人民币实际有效汇率变动分别通过企业资本劳动要素配置效应、企业选择效应、规模经济效应以及人力资本提升效应对微观出口企业生产率的影响效应,然后对比分析不同贸易类型企业(纯出口企业和混合型出口企业)、不同贸易方式企业(一般贸易企业和加工贸易企业)、不同技术水平企业(高技术企业和低技术企业)以及不同所有制企业(国有企业、外资企业和民营企业)的情况;最后,进一步深入考察企业融资约束状况在人民币汇率对出口企业生产率影响中的作用。本章得到的主要结论为:(1)人民币实际有效汇率升值对制造业出口企业生产率的净效应为正,其通过企业资本劳动要素配置效应、企业选择效应、规模经济效应以及人力资本提升效应对制造业出口企业的生产率产生了积极影响,并且上述结论在考虑了人民币实际有效汇率的内生性等问题之后依然稳健;(2)根据企业是不是纯出口企业,贸易方式、技术水平和所有制的不同,人民币实际有效汇率对微观出口企业生产率的影响具有显著的异质性;(3)作为人民币汇率影响企业生产率的制约因素,人民币汇率升值对出口企业生产率的积极影响随着企业融资能力的增强而增强。

第五章讨论人民币汇率与出口企业加成率。本章利用2000—2007年工业企业大样本微观数据和高度细化的海关数据,首次深入地考察了人民币汇率变动对微观出口企业加成率及其分布的影响,同时揭示了背后可能的作用机制。实证结果表明,人民币升值显著降低了出口企业的加成率,并且出口依赖程度越高的企业,人民币升值对其加成率的负面影响越大。在改变企业加成率的测算方法和考虑人民币汇率指标的测算方法等的差异性之后,这一结论依然稳健。本章也考察了人民币升值对出口企业加成率的动态效应,发现人民币升值对出口企业加成率的影响可能存在1年的时滞,随后它对出口企业加成率具有显著的抑制作用并且随着时间的推移呈递增的趋势。此外，人民币汇率对不同特征出口企业的加成率具有显著的异质性影响。检验发现，人民币汇率升值对出口企业加成率的消极影响随着企业生产率水平的提高而降低，随着企业融资约束的增强而增强。从所有制类型上看，民营出口企业的加成率相比其他类型企业受到人民币升值的冲击较大，在贸易方式方面，与一般贸易方式相比，加工贸易企业的加成率受人民币汇率波动的影响较小。

进一步地，本章通过构建中介效应模型考察了人民币升值影响出口企业加成率的作用机制，结果表明，"价格竞争效应"和"规模效应"是人民币升值影响出口企业成本加成定价能力的重要渠道。人民币升值通过"价格竞争效应"和"规模效应"降低了出口企业的加成率。最后，从加成率分布的角度来看，人民币实际汇率上涨显著地降低了行业内加成率的离散度，从而有益于优化资源配置。

第六章系统分析人民币汇率变动对微观制造业出口企业出口动态的影响，首先构建一个汇率变动对企业出口影响的理论模型，并将该影响具体分解为集约边际和扩展边际，接着利用 2000—2007 年工业企业大样本微观数据和高度细化的海关数据，测算企业层面贸易加权的人民币实际有效汇率指标，并实证检验人民币汇率变动对中国制造业出口企业行为的影响。经验研究表明人民币实际有效汇率上升倾向于抑制企业的出口决策，使更少的企业选择出口。同时人民币实际有效汇率上升会降低制造业出口企业的出口价格，即存在不完全的汇率传递效应，该结论在有效地克服了人民币汇率变量的内生性问题之后依然稳健。通过系数标准化，研究还发现，人民币实际有效汇率升值对企业是否参与出口这一决策的影响力度显著地低于其对出口价格、出口数量和出口额的影响力度，这说明人民币实际有效汇率更多是通过出口贸易的集约边际发挥作用。在集约边际内部，企业主要通过调整出口数量来应对人民币实际有效汇率升值对其出口的冲击。出现上述结果，可能与中国的出口贸易方式和在全球价值链中的位置有关，中国的出口贸易方式主要以加工贸易为主，并且处在全球价值链的较低位置，产品附加值较低，导致企业在面对汇率冲击时价格调整空间有限。

引入企业特征的分析表明，人民币汇率对不同特征企业的出口行为具有显著的异质性影响。首先，在企业生产率的异质性方面，当人民币实际有效汇率上涨时，相比出口数量，生产率较高的企业会更多地通过调整其出口价格来应对汇率上涨的冲击，与之相反，生产率较低的企业更多地通过调整其出口数量来应对人民币汇率波动的冲击。其次，在企业规模的异质性方面，当人民币汇率波动时，较大规模的企业更倾向于调整其出口价格，小规模企业则主要调整其出口数量。再次，在企业融资约束方面，企业面对的融资约束越大则其往往会选择数量调整战略以应对人民币汇率的波动，而融资约束较小的企业在面对汇率波动时更有能力进行价格调整。最后，从所有制类型上看，民营企业相比其他类型企业受到人民币汇率波动的冲击较大，在贸易方式方面，与一般贸易方式相比，加工贸易企业受人民币汇率变动的影响较小。此外，采用离散时间生存分析模型的研究发现，人民币实际有效汇率上涨倾向于缩短企业的出口持续时间，即增加了企业退出出口市场的风险。此外研究还发现，规模越大、工资水平越高、人力资本水平越高以及盈利性越好的企业，其出口的持续时间往往越长。

第七章从多产品企业出口动态的角度考察人民币汇率变动对微观企业出口行为的影响。首先从理论视角分析人民币汇率变动对企业出口行为的微观影响机制并提出相应的理论假说，进一步地，以中国制造业多产品出口企业为样本，实证分析了人民币汇率对多产品企业出口产品价格、出口数量、出口产品范围以及出口产品的集中度等的影响，研究结论证实了理论假说：人民币实际汇率上升，企业出口价格下降，出口数量减少，且该效应受到企业生产率和产品在多产品企业出口额中排序的影响；人民币实际汇率升值倾向于缩小多产品企业的出口产品范围，但会提高企业出口产品的集中度。引入离散时间生存分析模型的研究发现，人民币实际有效汇率上升显著缩短了多产品企业中非核心产品的出口持续期，却可以延长其核心产品的出口持续期。此外本书还发现，生产率越高、企业规模越大、工资水平越高的企业以及在企业出口排序中排名越靠前的产品，其出口持续期往往越长。总体来看，人民币实际有效汇率每上升10%，企业出口产品价格下降0.63%，出口量下降0.35%，并且上述效应随着企业生产率的提高而增强，随着产品出口额排名的提高而上升；与此同时，人民币每升值10%，企业出口产品种类减少0.25%，出口产品集中度上升0.31%。

第八章从企业出口产品质量的角度考察人民币汇率的影响效应。这或许是国内第一项将企业出口产品质量和人民币汇率变动纳入统一分析框架的研究。本章首先测算了企业层面贸易加权的人民币实际有效汇率指标和产品质量指标，然后利用2000—2007年工业企业大样本微观数据和高度细化的海关贸易数据，实证检验人民币汇率变动对微观企业出口产品质量的影响效应。实证结果表明：与张会清和唐海燕(2012)的研究结论相反，人民币升值有利于企业出口产品质量的提高，而且从平均水平来看，人民币每升值10%，企业出口产品质量提高0.12%，该结论在有效地克服了人民币汇率变量的内生性问题之后依然稳健。引入企业特征的分析表明，人民币汇率对不同特征企业的出口产品质量具有显著的异质性影响。首先，在企业生产率的异质性方面，人民币实际有效汇率上升对最低生产率的企业的出口产品质量有消极影响，而对最高生产率的企业而言，人民币实际有效汇率升值时企业主要通过改进产品质量增强产品竞争力的方式来应对汇率上升的冲击，并且生产率越高，汇率对出口产品质量的正面效应越大。其次，在企业融资约束方面，人民币汇率对较高程度融资约束的企业出口产品质量具有显著的抑制作用，而其对较低程度融资约束的企业出口产品质量具有显著的促进作用，并且对融资约束程度越低出口企业的产品质量的积极影响越大。最后，从所有制类型来看，相比其他类型企业，人民币升值不利于民营企业的出口产品质量提高；在贸易方式方面，人民币升值对加工贸易企业出口产品质量的积极影响要远大于一般贸易企业。

进一步通过对出口贸易进行分解，发现人民币升值有利于新进入企业的产品质量提升,但不利于退出企业的产品质量提升;人民币升值有利于新产品的质量提升,但不利于退出产品的质量提升;并且人民币升值对持续存在的企业-产品组合的质量升级具有积极影响。此外,与内资企业相比,外资企业的产品质量提高更快。最后,采用离散时间生存分析模型的研究发现,人民币实际有效汇率升值显著缩短了出口低质量产品的企业的出口持续期,却可以延长出口高质量产品的企业的出口持续期。此外还发现,生产率水平越高、规模越大、工资水平越高以及盈利性越好的企业,其出口的持续时间往往越长。

第九章是对全书的总结和对将来研究的展望。本章首先对全文进行了归纳和总结,然后围绕结论提出了可供借鉴和参考的政策建议,最后提出了该领域将来的研究方向。

二、研究方法

本书试图在异质性企业的视角下,以 2005 年 7 月人民币汇率制度改革为背景,分析人民币汇率变动对异质性出口企业行为的微观影响。为了增强结论的可信性,本书着力于从多个维度和方面全面地进行分析,主要采用了以下研究方法。

(一) 对比分析法

为了更全面地考察人民币汇率变动对制造业出口企业行为的微观影响,本书充分使用了对比分析法,也就是说不仅考察人民币汇率变动对异质性企业出口动态、生产率及出口产品质量等的影响,还通过对样本分组的方式进行分组回归,从而对各组回归进行对比。具体来说,企业所有权方面,本书将总样本分为外资企业和民营资企业两个子样本;贸易方式方面,将总样本分为加工贸易企业和一般贸易企业两个子样本;企业出口状态方面,将总样本分为纯出口企业和混合型出口企业两组子样本,其中,混合型出口企业是指同时从事进口和出口活动的企业;在上述分组的基础上,深入对比考察人民币汇率变动对不同类型企业出口行为的差异性影响,然后结合笔者对现实问题的把握就上述差异性结论进行深入探讨,以求丰富本书的研究结论和理论内涵。

（二） 定性分析和定量分析相结合

在本书中，定性分析方法的使用主要体现为以下几个方面：利用各种曲线图展示与考察人民币汇率与出口企业行为之间的关系；通过描绘风险率曲线与生存曲线，考察人民币汇率变动对企业和产品出口动态以及出口持续时间的影响等。此外，考虑到计量回归只能反映人民币汇率变动对企业出口行为影响的统计显著性，在本书第七章，尝试使用转移矩阵方法考察人民币汇率变动对出口企业在不同产品质量组之间的转移情况。通过定性分析和定量分析相结合的方式，本书更加系统和全面地考察了人民币汇率变动对我国制造业微观出口企业的影响。

（三） 综合运用多种计量方法

基于提高研究结论可信度和准确度的考虑，本书综合使用了多种不同的计量方法来应对各个研究主题。其中，使用最多的是普通最小二乘法（OLS 法）。另外，考虑到各变量之间的因果关系，计量模型中可能会存在潜在的内生性问题，为了保证估计结论的准确性和稳健性，本书还综合使用了两阶段最小二乘法（2SLS 法）进行回归分析，也就是工具变量的两阶段最小二乘法。此外，为了应对二值回归，本书还使用了 Probit 模型进行计量估计，比方说，在分析人民币汇率变动对企业出口决策以及持续存在的企业其产品在出口市场的进入和退出行为的影响时都采用了该方法。此外，为了考察结论的稳健性，本书还综合使用了 Logit 方法以及动态 GMM 方法。本书第五章在考察人民币汇率变动对企业出口决策和出口强度的影响时，使用了赫克曼（Heckman）两步法进行计量回归，试图减轻和克服样本选择性偏差可能对本书研究结论造成的干扰。本书还多次使用非参数估计和生存分析法来考察人民币汇率变动对微观制造业企业出口持续时间的影响。

（四） 一般均衡和局部均衡分析方法相结合

一般而言，一般均衡方法涉及各个变量之间错综复杂的关系，各经济主体的行为相互交织从而构成一个紧密联系的内在逻辑系统。与之不同，局部均衡方法重点关注的是各个经济变量自身的变动如何影响其他经济变量,作用如何。在本书相关的实证分析部分,主要考察了人民币汇率变动及其对企业相关经济变量的影响问题,从而属于局部均衡分析方法的范畴。尽管如此,对于本书实证分析之前的理论模型框架而言,是基于开放的一般均衡模型而得到实证模型各变量之间的相关关系的。

第三节 主要创新点

以异质性企业贸易理论和企业内生边际理论为主要标志的新新贸易理论是21世纪国际贸易理论的最新进展(Baldwin, 2005)。与传统贸易理论和新贸易理论以产业作为研究对象不同,新新贸易理论进一步将考察的主体细化到了微观企业这一层面。基于新新贸易理论关于企业异质性的分析,本书也将人民币汇率和出口问题的研究进一步细化到了微观企业的层面,这样一来,可以控制企业的异质性特征,从而得到的结论相比已有的宏观研究可能会相对准确。以下是本书可能的几个创新点。

首先,理论方面。本书分析人民币汇率变动对出口企业或者多产品出口企业的影响是建立在严密的逻辑推演和数理模型构建的基础之上的,并在此基础上提出待检验的理论假说。本书在鲍德温(Baldwin, 2005)、迈耶等人(Mayer et al., 2011)以及伯曼等人(Berman et al., 2012)的企业异质性理论的基础上,进一步将汇率变动内生化,并且将企业的异质性特征从单纯的企业生产率拓展为企业生产率、企业规模以及企业融资约束等多个维度,从而不但可以分析人民币汇率变动对企业出口行为以及企业内部不同产品之间的资源重置的作用,而且还深入分析了人民币汇率变动对企业出口动态、企业出口产品质量等的影响机制,从而可以丰富和扩展关于汇率变动与异质性企业贸易的相关理论研究视角。

人民币汇率指标的构建方面,本书对2000—2007年工业企业数据和海关数据进行样本匹配，测算企业层面的人民币实际有效汇率指标，从而更加准确地考察汇率变动对异质性企业出口行为的影响。以往关于人民币汇率与贸易的研究大多集中于考察人民币双边汇率对我国贸易的宏观效应，而以人民币实际有效汇率为视角综合研究其变动和出口企业行为的论文非常少。所以本书研究角度新颖，并有着较强的现实意义。

计量方法方面，本书综合考虑了人民币汇率变动的内生性问题，并尝试构造相应的工具变量进行 2SLS 估计或基于工具变量的 Heckman 估计，以纠正采用普通 Probit 方法和 OLS 方法进行分析可能产生的偏差问题，从而提高研究结论的准确性。

在研究人民币汇率变动对出口企业生产率的影响问题时，考虑到中国在 2001 年加入世界贸易组织（WTO）和 2008 年发生全球金融危机的实际，本书修正了奥莱和帕克斯（Olley and Pakes, 1996）测算企业全要素生产率的方法，以有效地解决同步偏差和选择性偏差问题，最终可以提高企业层面生产率测算的准确度。另外，本书利用微观企业数据详细考察了人民币汇率变动对出口企业生产率的作用机制：企业资本劳动要素配置效应、企业选择效应、规模经济效应以及人力资本提升效应，从而深化了对这一问题的认识。

本书或许是国内首个采用工业企业微观数据和高度细化的海关数据，全面、细致地考察人民币汇率变动与出口企业生产率和出口产品质量影响的研究，借助阿拉和肖特（Hallak and Schott, 2011）等测算出口产品质量的方法以及唐和张（Tang and Zhang, 2012）对出口企业贸易增长的分解技术，在企业层面考察了人民币汇率变动对出口企业及其出口产品的进入、退出行为的影响，并通过实证分析揭示了人民币升值对于企业出口质量提高和价值链升级不是压力，而是动力的事实。

在研究人民币汇率变动与企业出口动态时，本书不仅采用 Probit 模型分析了人民币汇率变动对企业出口决策的影响，而且还在考虑企业出口产品质量和多产品企业出口产品结构等因素的条件下，采用生存分析方法考察人民币汇率变动对企业出口持续时间的影响。本书写作时尚没有文献针对上述问题使用微观企业数据进行类似分析，本书尝试填补该领域文献的空缺，更为重要的是可以提供来自发展中贸易大国的经验证据。

第二章　文献综述

第一节　汇率决定的相关理论研究

一、汇率的相关概念界定

（一） 名义汇率

市场汇率或者银行买卖外汇的汇率一般称为名义汇率，它表示一个国家或地区货币兑换成另一国家或地区货币的比率，也即一个单位的某种货币在名义上可以兑换的另一种货币的数量。

（二） 实际汇率

对名义汇率按照两国（地区）价格水平进行调整便可以得到实际汇率。实际汇率表示用同一种货币衡量的两国（地区）商品的相对价格水平，因此代表本国（地区）商品的国际竞争力。

（三） 名义有效汇率和实际有效汇率

将一国或地区货币与其各个贸易伙伴国或地区的货币之间的名义汇率进行加权平均可以求得该国货币的名义有效汇率，计算时权数的确定方法有很多种，其中以双方之间贸易额的比重作为权数最为常见。对实际汇率以贸易比重为权数进行加权平均，便可以得到实际有效汇率指标。

（四） 汇率变动

本书中汇率变动表示名义汇率相对于均衡汇率水平的高估或低估，强调汇率变动时，货币的一种升值或贬值状态。值得注意的是，汇率变动与汇率波动是两个截然不同的概念，汇率波动更多的是强调汇率水平频繁变动可能产生的汇率风险。

二、汇率决定理论的相关研究

现代西方汇率决定理论按照时间进行排序，可以概括如下：萌芽期主要包括购买力平价理论、汇兑心理理论以及利率平价理论；布雷顿森林体系时盛行的蒙代尔-弗莱明模型；20 世纪 70 年代出现了资产市场分析法；到了 20 世纪 80 年代，投机泡沫理论、汇率决定的跨时分析法、“新闻”分析法以及汇率目标区理论占据主导；混沌分析法、新开放宏观经济学等方法是 20 世纪 90 年代的主要汇率决定理论。从汇率制度方面来看，实际汇率决定的跨时分析方法属于可调整钉住汇率决定的理论范畴。蒙代尔-弗莱明模型、资产市场分析法、投机泡沫理论、“新闻”分析法以及混沌分析法属于浮动汇率制度下的汇率决定理论，处于固定汇率制和浮动汇率制之间的汇率决定理论是汇率目标区理论。从汇率制度方面来看，新开放宏观经济学和蒙代尔-弗莱明模型适合对不同汇率制度进行分析，但从汇率决定方面来看，其更适合用于浮动汇率制度的分析。分析汇率变动的不同影响因素是各种不同汇率理论分析的本质，也就是说，汇率理论可以为汇率变动提供相应的理论基础，因此汇率理论也是汇率变动趋势的理论分析基础。

以杨帆、陈彪如、海闻、樊纲、易纲、汤敏、张军、林毅夫等为代表，当前国内关于人民币汇率和汇率理论的相关研究，大多围绕着购买力平价理论进行相应的理论和经验分析。而基于利率平价理论的相关理论和经验分析，以姜波克最为典型。易刚(2000)基于 1990—1997 年中国季度层面的宏观数据，测算了中国的年度实际有效汇率指标，结果表明人民币名义有效汇率在 1995—1997 年表现为不断下降的趋势，与之不同，人民币实际有效汇率却始终处于上升趋势，其间人民币升值幅度介于 1%～24%之间。胡援成和张斌(2003)尝试分析长期购买力平价理论在中国的适应性，通过对长期购买力平价理论进行分析，发现我国人民币实际汇率处于持续低估的状态。具体来看，他们使用国家层面的人民币汇率数据运用时间序列方法进行实证分析，相应的单位根检验和协整检验结果表明购买力平价在中国不存在，并且人民币实际汇率在时间维度上是一组非平稳序列。张斌(2003)建立了一个人民币汇率决定的中长期模型,使用1994—2002年的人民币汇率进行协整检验,结果发现人民币均衡汇率在1994—2001年间年均升值幅度为2.6%,累计升值幅度为21%;从时间轴来看,在20世纪90年代人民币实际均衡汇率指数保持连续升值状态,与此趋势相反,人民币汇率在2003年上半年的低估幅度处于6.5%～10%之间。董继华和杨帆(2004)认为,在1994—2002年间人民币真实汇率的低估幅度在14%～41%之间,据此,他们认为人民币升值幅度在14%～41%之间较为合理。通过上述分析,容易发现当前大多对人民币汇率的测算均证实了人民币实际有效汇率在20世纪90年代的整体上升趋势;与之相比,虽然人民币名义汇率也表现出了升值趋势,但是上升幅度在90年代中期以后不显著。

当前主要有以下两种实际汇率理论:为传统学者普遍使用的第一种实际汇率理论是购买力平价理论(PPP),该理论认为实际汇率不存在长期偏离均衡的状况从而是平稳的,根据 $E = S \times P_1/P_2$ 便可以算出实际汇率水平,式中S表示用直接标价法衡量的名义汇率,E表示实际汇率水平,P_1 表示本国国内价格指数,P_2 表示外国价格指数;按照购买力平价理论,任若恩(1987)得出人民币与美元之间的实际汇率为1美元合1.41元人民币;易纲和范敏(1997)得出中美两国在1995年的PPP汇率为1美元合4.219 95元人民币;关于人民币实际汇率较为认可的数值在1美元合4元人民币周围小幅波动。上述实际汇率与按照绝对购买力平价方法得出的人民币名义汇率存在较大差距,国内学者陈彪如(1992),陈学彬(1999)以及查贵勇(2005)等均对人民币实际汇率进行了测算,得到的实际汇率指数存在显著差异,这可能是因为他们选择的基准汇率年份不同或者使用了不同的价格指数,但在人民币实际汇率变动的原因方面他们达成了一致,均认为根源在于国内外通货膨胀状况和人民币名义汇率的变化存在差异。与此同时,许多学者指出了购买力平价理论的许多不足,比如从长期均衡汇率的标准来看,张曙光(1999)认为以上述标准来衡量货币购买力的比率便违背了一价定理的前提,即使用可贸易品作为货币购买力比较的内容;杨帆

(2000)认为以食品和服务等非贸易消费品为主的消费物价指数CPI,并不能准确反映可贸易品价格的变动情况,也就不能对汇率形成直接的压力,从而对于没有区分非贸易品和贸易品的相对购买力平价理论来说,容易使人误认为购买力平价等价于两国通货膨胀率的比例;通过上述分析也不难发现,一国非贸易品和贸易品价格之间存在的矛盾对名义汇率同时存在贬值和升值两种压力,而绝对购买力和相对购买力之间的矛盾是其具体表现形式;张欣(2005)认为在非贸易品方面,绝对购买力理论并不适用,但它对可贸易品具有较强的说服力。温建东(2005)研究认为,购买力平价理论假设完全的市场竞争环境,而发展中国家和地区并不满足上述假设,从而导致了发展中国家汇率与购买力平价之间的较大偏离,同时可能的影响因素还包括:发展中国家存在大量的非贸易品,以中国为例,其非贸易品占总体商品大约50%的比例;由于国内外生产率差距的存在导致的巴拉萨-萨缪尔森效应;购买力平价测算技术方面的差距以及预期和其他因素的存在。

另外一种理论是巴拉萨-萨缪尔森假说(Balassa-Samuleson Hypothesis, 1964),以下简称"巴-萨假说"。巴-萨假说在以往研究的基础上进行了如下的主要改进:其一,高海红和陈晓莉(2005)认为巴-萨假说将购买力平价和汇率之间的偏离归因于贸易品与非贸易品之间的生产力差距;其二,巴-萨假说在标准的贸易模型中纳入非贸易品因素,以深入考察相对价格和汇率变动之间的关系。巴-萨假说主要有以下三个理论前提:(1)生产力增长速度放慢,可贸易品远高于非贸易品,上述不同使这两种商品之间的相对价格处于变化状态;(2)按照俞荫(2001)的研究,国际间可贸易品的平价相对固定,从而实际汇率可以用可贸易品与不可贸易品的相对价格的比例来表示;(3)对于快速发展的经济体来说,与可贸易类商品相比,其非贸易品的相对价格较高。此后,大量学者围绕巴-萨假说进行了研究。萨默斯和赫斯顿(Summers and Heston, 1991)比较了巴-萨假说在发达国家和地区与不发达国家和地区的差异,发现以收入差距的大小来看,巴-萨假说在收入差距大的国家更为适用,而收入差距小的国家则不适用；侯赛因(Hossain，1997)使用孟加拉国宏观层面的数据进行实证研究发现，孟加拉国实际汇率的上升是因为该国经济快速增长引致的对不可贸易品的需求大幅增长所致。基于亚洲经济体的数据，高海红和陈晓莉(2005)考察了经济增长与实际汇率的关系及相关影响因素，认为经济增长与实际汇率的关系受到一国或地区的制度特征和经济发展所处阶段的影响；同样使用亚洲数据进行分析，张晓军和吴明琴(2005)通过经验研究发现巴-萨假说在亚洲并不成立。李未无(2005)考察了人民币实际汇率与中国经济增长的关系，他使用格兰杰因果检验方法进行实证分析，结果表明人民币实际汇率与中国经济增长之间的关系并不显著。

上述研究发现了发展经济体的实际汇率现实与巴-萨假说之间的脱节，后来人们又进行了大量的研究以寻找上述问题存在的原因。利普西(Lipsey，1983)从资本-劳动比的视角进行了分析，认为发展中国家较低的资本-劳动比导致了其非贸易品价格的上升，可贸易品部门的生产率提升作用甚微。与利普西(Lipsey，1983)的研究视角类似，巴格瓦蒂(Bhagwati，1984)也否定了可贸易品部门生产率的作用，他认为一国非贸易品部门资本密集技术的使用是其相对价格上升的源泉。王娟和朱晓红(2004)使用中国的数据研究认为，用全国零售物价指数代理非贸易品的价格指数是极不准确的，因为零售价格指数涵盖了所有劳务和消费品，不能准确地反映非贸易品的价格变动状况，因此巴-萨假说在中国不成立。张晓军和吴明琴(2005)基于亚洲10个国家和地区的数据进行实证分析，发现样本国家和地区的实际汇率受到非贸易品相对价格变动的影响较小。他们认为国内外消费篮子中贸易品比重的差异和国内外物价黏性的存在使样本国家和地区不能满足巴-萨假说成立的假设。谷克鉴(2000)认为实际汇率受到物价水平变化的影响，而物价水平的变化受到生产率水平和工资报酬率之间差异的影响，也就是说生产率和工资报酬之间的差异使巴-萨假说在中国不成立。与谷克鉴(2000)的视角类似，陈志昂和方霞(2004)的分析表明，中国贸易品和非贸易品两大部门之间的劳动生产率差异并不能很好地解释人民币实际汇率的变动状况，巴-萨假说之所以在中国不成立，是因为中国的工资水平上涨幅度较小。杨帆(2005)认为人民币实际汇率根据中国与美国各自的可贸易品价格和非贸易品价格四种比价之间相互关系的变动而变化。卢锋(2005)集中考察了中国1980年后人民币汇率变动、劳动生产率及工资之间的关系。他将1980年后中国与发达国家和地区的经济增长状况进行了比较，发现虽然中国制造业劳动生产率实现了较快增长，但仍然远落后于发达国家和地区，并且在剔除工资上涨因素后，中国的相对劳动生产率甚至出现了较大的下滑，这就为人民币实际汇率贬值与中国经济快速增长并存的现象提供了一个解释。

第二节　汇率传递理论

作为国家的一种宏观经济调控方式，汇率变动对不同国家和地区可贸易品的价格变化具有重要影响。出口商品的价格变化在外贸依存度较高的国家往往直接影响其国际收支状况，进一步对该国的对外支付能力发挥作用。可贸易商品的价格变化会直接影响外向型企业的成本和收益，从而关系到企业的生死存亡。正因为此，汇率变动一直是学术界和政界关注的核心问题。而汇率传递问题是商品价格和汇率变动之间关系的焦点。当前国内外关于汇率传递问题的相关研究已经取得了较多的成果。由于当前研究大多以发达国家和地区为研究对象，得到的结论在发展中国家和地区的适用性相对较差，我国学者在国外相关汇率传递理论的基础上，提出了汇率传递理论来自发展中大国——中国的经验证据。

一、关于汇率传递效应的国外研究

按照凯恩斯的理论结论，汇率变动主要通过消费和生产两个机制对微观经济发挥作用。第一，汇率变化对本国的物价水平产生影响。本币贬值在需求弹性较高时，会抬高进口商品的国内售价，降低出口商品的相对价格，从而在降低进口额的同时提高出口额，本国物价水平会随着出口的增加而上升。上述作用过程可以概括为生产成本机制、货币供应机制、货币工资机制以及收入机制四种机制。与上述情况相反，当货币升值时，其通过上述四种机制会对贸易产生截然相反的作用。第二，进出口贸易额的变化对外汇余额的影响受制于本国的货币供应——预期机制。以本币升值为例，人们在预期本币升值的情况下，会纷纷将手中的外汇换为本币，这样一来，本国的外汇供给将继续上升，本国的外汇储备会进一步增加而不是减少，会加剧外汇盈余状况。第三，本币汇率的变化会对本国的产品结构和行业结构产生影响。本币贬值幅度较大的情况有利于保护本国落后的民族产业。即便是依靠消耗自然资源和使用廉价劳动力资源的低效率企业，在上述情况下也能较好地生存。长期来看，上述情况会进一步降低从事贸易的企业在产业结构方面的门槛，使得落后的民族产业无动力提高自身竞争力，最终有损经济的长期健康发展。最后，汇率变化对本国的贸易收支具有重要影响。具体来看，其对贸易收支的影响受到以下因素的制约：本国国内市场的供需结构和供需大小，本国进出口商品的需求弹性和本国是否存在"闲置资源"以及"闲置资源"的多少。

综上，汇率传递程度受到商品价格的制约。汇率传递这一概念是多恩布施(Dornbusch，1987)、迪克西特(Dixit，1989)等学者在研究汇率变动对进出口贸易的影响时提出的。汇率传递是指进出口为了缓解汇率变动的冲击而对商品的出口价格进行的调节。梅农(Menon，1995)认为汇率变动导致的一国进出口商品用目的地货币表示的价格的变动程度就是汇率传递。此处，对出口商来说目的地货币就是外币，而在进口商的角度，用目的地货币表示的商品价格是本币价格。梅农(Menon，1995)对汇率传递的定义也可以看作是价格的汇率弹性。上述研究中提到的汇率一般指的是名义汇率，在一些情况下也可能是指实际汇率。克鲁格曼(Krugman，1987)对美国的研究发现，20 世纪 80 年代美国进口商品的实际汇率传递弹性在 60%和 65%之间。值得注意的是，汇率传递的内容在不同文章有所不同，但总体来看，国内消费价格传递和进出口汇率传递是两种最基本的形式。梅农(Menon, 1995)围绕上述两种形式的汇率传递进行了详细研究。

在商品价格的传递过程中,汇率变动与国内消费价格和进出口价格的调整是同时进行的,从事出口的企业其投资和生产行为受到来自调节商品价格方面的压力,进一步地,出口企业对进出口商品数量的调整也是汇率变动影响企业行为的重要表现。考察汇率对企业进出口价格的传递效应及其对国内消费价格的影响效果是汇率传递与企业行为研究方面首先要解决的问题。基于上述分析,以下本书将主要围绕以下国外相关研究成果进行综述:汇率对商品贸易价格的传递效应、汇率对国内消费价格的传递效应以及汇率的不完全传递对企业行为影响方面的经验研究。

汇率对进出口商品价格的传递效应方面,当前国外大多基于进口的视角进行分析。梅农(Menon, 1995)就上述问题的研究在该领域具有较强的代表性。通过构建一个基于弹性理论的局部均衡两国模型,梅农(Menon, 1995)假设一国的国内进口需求与其国外出口供给相等,并据此得出了一国的进口汇率传递弹性,但他的分析仅仅局限于进口需求方面。

与梅农(Menon, 1995)的角度不同,杜瓦勒(Doyle, 2004)从企业对出口商品定价的角度也就是供给的视角,考察了汇率传递问题。为了为汇率传递问题提供来自厂商市场定价方面的证据,他用成本函数来表示供给,用成本加成表示需求,从而汇率传递弹性可以表示为一个加成和成本的函数。佐崎(Sasaki, 2002)基于进口市场的视角考察出口企业的市场定价行为。假定厂商用本币对进口进行定价。本币升值在存在规模经济时,通过降低商品生产的单位成本,降低出口商品的价格,最终减少汇率传递弹性;在存在规模报酬递减时,本币升值会抬高商品生产的单位成本,进而提高出口商品的价格,最终提高汇率的传递弹性。考虑到规模报酬不变和本国进口需求弹性无穷大的情况,本币升值使升值幅度与进口价格的下降幅度相当,进口厂商通过降低价格来应对加剧的市场竞争,此时汇率传递是完全的。而厂商在国内价格未下降、商品的国内价格高于进口价格的情况下，会有更大的定价空间。最后，汇率传递为零的情况是，进口商品价格没有任何价格下调的空间，且进口需求弹性接近于零，厂商无力通过降低价格来应对加剧的市场竞争。

国内商品和进口商品在考虑国内市场供给时具有完全替代关系。国内消费价格和商品的进出口价格在均衡状态时没有显著不同，此时汇率的国内消费价格传递与汇率的进出口价格传递等价。但在国内商品和进口商品具有不完全替代性时，国内消费价格和商品的进出口价格便会存在显著不同，并且汇率传递弹性随着模型假设的不同而不同。接下来就上述情况进行具体分析。

梅农（Menon，1995）基于一国国外供给与其国内需求相等的假设前提，通过模型分析得出结论，汇率基于进出口价格的传递效应与其对国内消费价格的传递效应在国内外商品完全替代时相等。

费因贝里（Feinberg，1989）构建了一个关于综合商品的 CES 生产函数模型，假设进口商品的替代弹性保持相对固定，且用综合商品来代理国内商品。研究发现国内消费价格和进出口商品的价格在汇率对国内消费价格传递效应发挥作用时，出现不一致。

值得注意的是，克鲁格曼（Krugman，1987）的研究认为，汇率变动对进出口商品价格的传递效应除了受到商品进出口供求弹性的影响，其对厂商的市场定价策略也较为敏感。国外关于上述问题的研究已经形成了较为系统的框架体系，马斯顿（Marston，1990）认为厂商的市场定价是指汇率变动对国内外市场之间的相对价格变动的效应。佐崎（Sasaki，2002）进一步就市场定价进行了分析，认为市场定价是厂商根据消费需求的变动状况，用商品销售市场当地货币进行定价的行为。据此分析，非市场定价应当是指用商品生产地的货币进行定价的行为。市场定价通常是一种定价策略，根据皮耶里（Pierey，1982）、罗特（Root，1987）、卡乌斯吉尔（Cavusgil，1988，1996）的分析，成本加成定价策略、边际成本定价策略以及需求弹性定价策略是目前最常用的三种定价策略。

厂商在对出口商品定价时，如果用商品生产成本与其边际利润的和作为出口商品价格，则其定价方式就是成本加成定价法。汇率完全传递时，汇率变动不能对出口商品的边际利润产生任何影响。上述定价行为可以保证单位商品的销售利润，但会对产品销售量产生不利影响，并且在市场竞争较为激烈的情况下，上述定价策略会导致贸易量出现剧烈波动，影响贸易的稳定性。比如伊夫斯吉尔（Ivusgil，1988）的研究认为，美国公司在竞争压力异常大的情况下，会放弃使用成本加成定价法。

需求弹性定价策略也就是利润最大化定价策略，它是指在边际收益与边际成本相等时，依据商品在不同市场需求弹性的差异，在不同的市场制定不同的价格。值得一提的是，上述定价策略只有在各市场之间无商品套利的情况下才能成立，也就是说，按照上述推理出口的汇率传递弹性在小国模型中等于零。汇率发生变化时，若本币价值的变化幅度与出口边际成本、边际收入相等，此时，汇率传递为零。在需求弹性定价策略下，由于出口商品价格相对稳定，汇率变动对一国贸易收支的影响甚微。

厂商按照边际成本调低出口商品价格的方法称为边际成本定价策略。该策略下，厂商假设其能够在国内市场上收回出口商品的固定成本，从而出口商品价格只需要大于变动成本，而无须考虑其他因素。此外，国内外两市场间无商品套利活动是边际成本定价策略的前提条件之一，这种情况导致出口商往往由于其设定较低的商品价格，而招致国外诸如反倾销之类的政治压力。通过上述分析容易发现，边际成本定价策略的定价基础介于国内生产成本和国外市场需求弹性之间，也就是说它既不是完全局限于国内生产成本，也不是完全基于国外市场需求弹性，从而该定价策略下出口的汇率传递弹性处于完全不传递与完全传递之间。

关于定价行为的相关理论研究认为，汇率传递程度在厂商使用成本加成定价时最大，此时是汇率的完全传递。在边际成本定价策略下汇率传递程度相对低于成本加成定价的情形，这时产生汇率的不完全传递。然而汇率传递程度在需求弹性定价策略下最小，因此，这种情况称为汇率完全不传递。

关于汇率传递的实证研究主要集中于汇率不完全传递方面。具体来看，国外学者主要基于不完全竞争、产业组织、厂商价格决策行为、汇率预期、沉淀成本、随机冲击以及市场份额等视角，考察汇率不完全传递的诱因，除了考察汇率变化对国际贸易影响的局限之外，他们也深入考察了汇率不完全传递的原因，并对研究结论进行了全面的剖析(Hawaii，1988；Krugman，1989，1987；Dixit，1989；Kotabe and Duhan，1993，1998；Knetter，1994；Gagnon and Knetter，1995；Athukorala and Menon，1995；Clark and Kotable，1999；Coughhn and Pollard，2000；Giovanni，2002；赵大平，2004；Mirzoev，2004)。

经验研究方面，国外学者通过建立多种计量模型来估算汇率传递弹性，具体来看，梅农(Menon，1996)使用成本加成模型估算了澳大利亚进口商品价格的汇率传递弹性；使用同样的方法，埃莉诺(Eleanor，2004)选择爱尔兰的进口国英国为研究对象，分别使用总量和部门数据估算了爱尔兰进口商品的汇率传递弹性。结果表明，进口汇率在短期具有不完全传递性。对不同类别商品的研究发现，作为制造品贸易小国，爱尔兰是一个进口价格的接受者，从而上述不完全传递的结论对爱尔兰制造业商品的进口并不成立。

坎帕和戈尔德贝里(Campa and Goldberg，2002)估算了25个OECD国家的进口汇率传递弹性。具体来看，他们使用滞后项的系数来估算长期的汇率传递弹性，使用差分模型中的系数作为短期汇率传递弹性。结果表明，在短期，OECD国家整体的季度进口汇率传递弹性为60%，而在长期该数值为75%，并且上述弹性受到国家规模大小的影响，汇率传递弹性随着国家规模的提高而降低，对比分析发现美国的进口汇率传递弹性最低，长期和短期的数值分别为40%和25%。

研究者对出口汇率弹性的估计大多采用与进口汇率弹性较为相似的形式。比如，阿图科拉拉和梅农(Athukorala and Menon，1994)在成本加成模型的基础上，得出用于估计日本出口汇率传递弹性的回归方程式。

关于汇率的货币政策传导机制，许多学者在假定汇率为货币政策传导工具的基础上，从汇率或国际收支的角度进行了深入分析。

关于汇率的相关研究，大多是以汇率贬值作为基准分析，并假设货币贬值与货币升值互为反命题，也就是说他们认为除了具体传导方向相反以外，汇率升值的微观传导与汇率贬值的微观传导一致。但与已有理论研究结论相悖，2005年7月21日人民币汇率制度改革后，虽然人民币经历了较大幅度的升值，但中国的对外贸易顺差始终伴随着人民币升值的过程。这个“中国问题”引起了人们对传统汇率理论的一系列疑问，并且有人开始质疑中国悖论的出现可能是因为汇率的贬值与升值对贸易的影响不是逆命题，不能根据贬值效应反推升值效应。

当前已有大量学者分别基于价格、市场结构、行业等视角考察了汇率变动对汇率传递效应的影响，此外，还有一批学者考察了汇率变动对微观经济主体的传导机制及其运行规律方面。奥布斯特费尔德（M. Obstfeld）和罗戈夫（K. Rogoff）等新宏观经济学派的学者，主要从投资者的风险偏好、投资者的财产组合偏好以及消费投资计划等主要经济主体的行为变化方面入手，考察汇率变动对宏观经济的影响。他们认为人们受宏观政策的影响会改变自身的投资和消费行为，而人们消费和投资行为的变化会进一步影响汇率变动的宏观经济效应和具体作用机理。奥布斯特费尔德和罗戈夫（Obstfeld and Rogoff，2000）认为，正是因为对上述微观因素的重视不足，才导致了传统汇率理论对现实的解释力不足。

从市场结构角度研究汇率传递效应的主要是市场微观结构理论学派，他们将金融市场的微观结构作为汇率变动理论的分析重点。其中莱昂斯（Lyons，1995，2001）的研究较为典型。他们认为：首先，外汇交易市场具有信息不对称的特点。该市场上既有公开信息也有私有信息，而私有信息对外汇交易者的行为发挥决定性作用。外汇交易者对交易信息的理解和掌握程度不同，他们便会作出不同的汇率买卖措施，由此导致汇率波动。其次，外汇交易市场具有不完全有效性。交易各方进行外汇交易的目的差异巨大。正是由于上述外汇市场交易者的异质性和外汇市场自身的不完全有效性，决定了某些国家汇率变动的效应与传统汇率理论的结论不相一致。据此，市场微观结构理论学派认为金融市场的微观结构是汇率变动的最主要原因。

此外，国际金融政治经济学从汇率与政治之间的关系视角进行了分析，他们认为作为政治和外交的手段，汇率是国家利益的表现，代表一国的特殊资产。该学派较有代表性的研究者是艾伊(Eiji, 2004)，他认为国家利益或者国家的经济安全是一国进行汇率制度选择、进行汇率调整及汇率调整幅度的决定因素。为了改变市场对某种货币汇率变动的预期，一国或多国合作对汇率进行干预是常见的现象。而政府对汇率的干预强度以及国家之间合作的真诚度直接决定了上述干预的效果。总体来看，汇率调整的过程可以看作是市场与政府以及政府与政府之间相互博弈的过程。

早期关于汇率传递效应的研究，在跨边际传导效应方面取得了一定成绩。塞洛弗和朗德(Selover and Round, 1996)首次就汇率通过国际传导机制对经济的影响进行了全面研究。日本与澳大利亚之间具有密切的贸易联系，但分析发现日本货币政策对澳大利亚的影响较为显著，而澳大利亚货币政策对日本的影响较为微弱。伯德金(Burdekin, 1989)验证了美国货币政策、通货膨胀及预算赤字对法国、德国、意大利及英国的作用。库泽扎克和默里(Kuszezak and Murray, 1986)考察了美国与加拿大在价格、产出以及利率方面的互相作用，结果表明美国的价格、产出及利率波动对加拿大相应因素的影响非常显著，而加拿大对美国的影响则较为弱小。

近年来关于汇率传递方面的研究不断深入。库什曼和扎(Cushman and Zha, 1997)将汇率和进出口贸易因素引入对美国和加拿大货币传导的分析框架，并检验了美加两国汇率对美国利率的具体反应。与之类似，在浮动汇率制度的前提下，科拉伊和麦克米林(Koray and McMillin, 1999)进一步考察了美国货币政策变动对美加两国贸易均衡和汇率的影响。奥尔曼和皮奥贾(Holman and Pioja, 2001)构建了一个关于汇率与经济增长的长期两国模型，并将劳动力供给、资本积累及名义汇率引入分析框架，考察上述因素对汇率国际传导的影响。

吉尔和丽贝卡(Jill and Rebeeca, 2002)就美国和加拿大之间货币政策对实体经济的影响进行了实证分析。他们将消费、双边贸易和投资作为实体经济变量，对货币政策变量和上述实体经济变量之间的关系进行协整检验，结果表明货币对两国经济均衡意义重大。脉冲响应和方差分解结果表明，两国货币政策确实对各自的实体经济产生了明显的作用，并且从估计结果来看，各自的影响程度大体相当。

基姆(Kim, 2001)基于结构 VAR 模型进行了分析。他首先构建了包含美国变量的基准模型，然后逐一将投资、贸易平衡和消费等外生变量加入 G7 各经济体的模型，就各国货币政策变动对其经济的影响进行实证分析。作者发现，在两国的货币传导中，世界利率和贸易平衡的变化作用重大，以美国为例，美国扩张性货币政策要达到恶化其贸易均衡的目的，仅需要一年时间，之后其贸易状况会慢慢恢复。

二、关于汇率传递效应的国内研究

国内关于汇率变动在微观层面的影响效应方面的研究也取得了一定成绩。姜波克(2002)认为汇率在不完全竞争市场上的波动问题以及汇率的微观传导机理，可以纳入国际金融理论的前沿问题。孙立坚(2005)基于汇率微观传导的视角，运用汇率传递方面的相关理论知识，分析了中国是如何“向外输出通货紧缩”这一问题，得出的结论为：由于人民币汇率的传导在中国并不顺畅，人民币汇率变动对中国的进出口规模并没有产生应有的效应。此外，他认为传统汇率理论不能为当前存在的一些汇率现象提供解释，比如远期汇率与即期汇率之间的偏离问题、现实与汇率决定理论之间的不符、外汇交易量超过贸易量问题以及汇率剧烈波动现象。李扬和余伟彬(2005)分析了人民币货币的错配问题。他们认为，在当前中国汇率机制的发挥受到行政机构作用的严重制约，从而导致中国在 1994 年以后国民经济的运行与汇率变动之间并不存在相关关系，这种观点与中国社会科学院金融研究所一篇内部报告的论点较为吻合。实质上，通过上述结论可以推测出，之所以汇率变动对中国微观经济的影响并不显著，可能是因为当前中国的微观经济环境并不适合汇率对财政和货币政策微观传导机理的发挥。姜波克(2006)围绕均衡汇率理论及其政策问题，对山东、广东、浙江等地区进行了问卷调查，并在随后的一系列相关论文中就汇率波动在微观层面的传导和人民币升值对中国微观企业的影响等问题进行了深入分析，并得出了较有意义的论点。夏斌和陈道富(2006)讨论了人民币汇率变动对实体经济的影响，认为人民币升值要求相关部门对我国国内需求和外部需求的关系进行相应的调节，通过扩大内需来抵消人民币升值对我国出口贸易可能造成的负面冲击。莫涛等人(2007)考察了人民币升值对微观企业的影响及企业的反应，相对价格变动是汇率变动杠杆作用发挥的最主要渠道，具体来看，汇率变动引致的价格变动主要表现为企业对自身成本和收益进行的相关调整。汇率波动的发生，会导致企业定价方式、投资方向、劳动雇佣及管理方式等发生变化，进一步使企业的收益和成本发生变化，最终表现为企业行为决策和价格的变化。

贾俊雪和郭庆旺(2006)考察了汇率变动的跨境传导问题，他们使用美国1992—2005年的季度数据，分析了来自美国方面的外部冲击对中国宏观经济的影响，结果表明：国际贸易和金融市场是外部冲击对一国宏观经济影响的主要方式，在国际贸易机制方面，中国实体经济受到来自美国实体经济波动的负向冲击，而中国货币供给对美国实体经济波动的反应较为微弱；在金融市场机制方面，中国实体经济受到来自美国实体经济波动的正向冲击，即美国经济波动有益于中国实体经济稳定，而不利于中国货币供给。美国金融市场变动通过国际贸易机制对中国实体经济产生了消极影响，而其通过金融市场机制会对中国实体经济产生正向拉动作用。但与国际贸易机制相比，美国经济波动通过金融市场机制对中国的产出、货币供应及投资行为产生了更为显著的影响。而国际贸易传导对中国实体经济的影响更多的是通过影响中国的消费来发挥作用。

第三节 汇率变动对国际贸易影响的国内外研究

汇率与一国或地区贸易的关系一直是政界和学界关注的关键问题。20 世纪 70 年代学者们主要基于汇率变化对贸易收支和国际贸易流量的影响进行分析,并且已经形成了系统的理论框架。

一、关于汇率变动对国际贸易影响的国外研究

重商主义学派最早提出汇率变动是国际贸易的重要影响因素,比如在《英国得自对外贸易的财富》一书中,托马斯・孟(Thomas Mun)写道"汇兑上压低我们的币值是于外人有损而于我们有利的"。细化到汇率与贸易的关系方面,托马斯・孟传达的意思是控制汇率能够增加出口、限制进口,最终使社会财富增长。托马斯・孟的思想对金本位制下的国际贸易产生了重要影响,但受制于当时的历史环境,他并没有深入研究汇率对国际贸易的具体作用渠道。

在托马斯・孟之后,大卫・休谟(David Hume)进一步深化了汇率变动对国际贸易影响方面的分析,最为典型的是"价格-现金"流动机制理论的提出。休谟认为一国出现贸易顺差时,货币供给随着其国际储备的增加而增加,货币供给的增加继而会提高本国的物价水平,这会使出口下降进而降低本国的贸易盈余。也就是说,通过价格的自动调节机制,贸易收支会随着汇率的变动自动恢复到均衡状态。该思想在金本位制时代较为盛行,对后续研究产生了深远的影响。

马歇尔(Marshall, 1923)对"价格-现金"流动机制的研究发现,贸易收支随汇率自动调节只有在一定条件下才会出现,该条件便是著名的马歇尔-勒纳条件(Marshall-Lerner Condition),它是指假定进出口商品的供给弹性无穷大,汇率贬值只有在进出口商品需求弹性之和的绝对值大于 1 时,才会改善一国或地区的贸易收支,否则可能不成立。之后,罗宾逊(Robinson)进一步在马歇尔-勒纳条件中考虑了进出口的供给弹性;梅茨勒(Metzler)在不考虑供给弹性无穷

大这一假定的条件下，分析认为进出口供给弹性和需求弹性对汇率变动与贸易收支的关系具有较强的约束力。因此，罗宾逊和梅茨勒的研究被人们称为罗宾逊-梅茨勒条件（Robinson-Metzler Condition）。上述研究进一步深化了汇率与贸易之间关系的相关研究，它们被称为弹性分析法。

由于上述方法均是基于特定市场中进出口贸易和既定供需曲线运动状况的局部均衡分析，存在整体考虑欠缺的问题，从而时滞理论、乘数分析法、吸收分析法和货币分析法在解决上述问题的基础上应运而生。

时滞理论认为本国货币贬值对贸易收支的调节作用不是一蹴而就的，而是要经过一段时间才会显现，也就是说贬值的贸易调节作用存在一定的滞后性。具体来看，货币贬值后，由于出口供给和进口需求的调整需要一定的时间，所以贬值第一时间可能会使贸易收支进一步恶化，一段时期后，随着出口供给和进口需求调整的结束，贸易收支才会得到改善，整个调整过程类似于字母 J，因此时滞理论又名 J 曲线效应。后来霍伍德等人（Horwood et al.，1996）进一步提出，在本币贬值符合马歇尔-勒纳条件的情况下，J 曲线效应也不必然发生，货币贬值开始时贸易收支出现恶化趋势，可能会引发货币的进一步贬值，使贸易收支长期围绕逆差状态上下波动，从而出现 W 曲线形状，霍伍德将其称为货币贬值的 W 曲线效应。

乘数分析法认为一国汇率变动对其国民收入具有乘数效应，进而通过国民收入对贸易收支产生影响。一方面进口支出是国民收入的函数，进口支出的变动通过乘数效应作用于国民收入；另一方面，进出口的变化会影响贸易差额，从而进出口通过贸易差额与国民收入产生了密切联系，上述即为乘数效应在汇率与贸易问题中的作用机理。之后，哈伯格在马歇尔-勒纳条件的基础上，进一步考虑了收入变动对贸易收支的影响，而形成哈伯格条件（Harberger Condition）。

亚历山大（Alexander，1952）首次提出了吸收分析方法，其核心思想为汇率变动会通过一国国民收入与其国内吸收的差额也就是贸易差额来影响贸易收支。若贸易收支的差额大于零，说明一国国内吸收小于收入，吸收不足，反之，则说明吸收大于收入。另外，总体来看，与之前的弹性分析法相比，吸收分析方法更多地强调宏观经济因素的作用。

20 世纪 60 年代，蒙代尔(Mundell，1962)等经济学家发起的货币分析法逐渐兴起。货币分析法认为一国货币升值会降低该国整体的物价水平，增加实际货币余额，进一步通过增加居民支出额提高进口额，最终贸易盈余下降，同时，本国货币升值会改变贸易品和非贸易品之间的相对价格，引起生产部门的调整来达到调整贸易收支的作用。这便是货币分析法的作用过程，因此某种程度上来讲贸易收支实质上是一种货币现象。

1973 年布雷顿森林体系崩溃，随着名义汇率和实际汇率在很多国家和地区都出现大幅波动，关于汇率波动与贸易的相关研究转而成为许多学者关注的焦点问题。奥佩尔和柯尔哈根(Hooper and Kohlhagen，1978)关注了汇率波动与贸易风险问题，认为汇率波动性与贸易风险成正比，从而对于风险厌恶型厂商来说，往往会通过减少贸易的方式来更加有效地规避风险。巴伦(Baron，1976)认为本币计价的真实收入受到结算货币币种的影响，当用本币作结算货币时进口商品的需求会改变，可能会导致汇率波动对出口贸易的不利影响。塞尔屈和凡胡尔(Sercu and Vanhulle，1992)基于期权的视角分析了汇率变动与进出口贸易的关系，在风险与收益成正比的条件下，汇率变动的风险能够对进出口贸易产生积极影响。加尼翁(Gagnon，1993)认为汇率波动是促进工业化国家对外贸易迅速发展的关键因素，科拉伊和拉斯恰普(Koray and Lastrapes，1989)基于 GARCH 模型的分析认为汇率波动对贸易增长有积极影响。此外，塞尔屈和凡胡尔(Sercu and Vanhulle，1992)的研究也得到了类似的结论。

关于汇率波动与国际贸易关系的相关实证研究也得到了丰富的结论。乔杜里(Chowdhury，1993)和卡波拉莱(Caporale，2001)等基于美国、加拿大等发达国家和地区的研究表明，汇率的持续大幅波动不利于贸易的发展。但塔维拉斯和乌兰(Tavlas and Ulan，1987)，克莱因(Klein，1990)以及朱(Chou，2000)的研究认为，汇率波动对贸易的影响因国家和行业的不同而显著不同。

与上述结论不同，巴凯塔和埃里克(Bacchetta and Eric，2000)基于一般均衡模型的分析认为，汇率制度的差异或汇率波动与对外贸易的关系在无外部冲击时并不明显。此外，亚里士多德(Aristotelous，2001)使用1889—1999年间英国和美国双边贸易数据的分析认为，双边贸易流量对汇率波动和汇率制度选择并不敏感。

二、关于汇率变动对国际贸易影响的国内研究

随着国外汇率与贸易研究的发展，国内在汇率变动与贸易、汇率变动与国际收支方面的相关研究也取得了较大成绩，同时部分研究还进一步关注了汇率变动对国际贸易结构的影响问题。

众所周知，人民币升值可以降低高科技等相关产品的进口成本，在长期对改善我国的对外贸易结构产生积极影响。杜进朝(2003)就汇率波动和贸易结构问题的分析表明，人民币升值在长期具有优化中国国际贸易结构的功能。杨帆等人(2004)的研究也得到了类似的结论，他们考察了人民币升值对我国的宏观经济效应，鉴于人民币升值能够降低先进技术和设备的进口成本、改善我国的贸易条件，并且可以使人民币资产价值上升，因此与出口的减少相比，人民币升值更多地会改善中国的贸易收支。龙强(2005)认为与经济的内在运行质量和经济基础相比，汇率并不是经济发展的决定性要素，当前人民币适当升值能够促进资本密集型产品的出口，进而改善中国的出口商品结构，因此人民币升值对中国经济发展而言，不是阻力而是动力。哈继铭(2006)基于产品结构的视角分析了人民币汇率变动与贸易结构的关系，认为人民币汇率升值对资源密集型的钢铁、塑料、有色金属等产业的影响要远大于劳动密集型产业，从而人民币升值通过适度的抑制资源密集型产品的出口可以达到改善中国贸易结构的目的。

针对上述研究，很多学者提出了不同的看法。他们基于汇率波动幅度的视角，通过就汇率对国际贸易结构的作用期限和作用主体进行区分，得出汇率变动与贸易结构负相关的结论。宋志刚和丁一兵(2005)基于不同的贸易主体，使

用协整方法考察了汇率波动对新兴市场国家出口贸易的影响，他们发现汇率波动对新兴市场国家的出口具有显著的消极影响。陈六傅等人(2007)基于作用期限的视角，在误差修正模型方法框架下分析了人民币实际汇率波动对企业出口贸易的作用，得出的结论是，实际汇率波动对企业出口贸易的积极作用和消极作用在长期和短期同时存在，并且负面效果更明显。李广众和兰(李广众和Lan，2004)采用似不相关方法分析了汇率波动与出口贸易的关系，结果显示汇率波动的回归系数在不同国家和地区，对不同的商品具有显著的异质性。汇率错位不利于中国出口贸易的稳定发展。对此他们从中国较高的加工贸易占比这一角度进行了解释，认为加工贸易的大规模存在使人民币升值对贸易结构调整的积极影响难以发挥。

此外，有部分学者认为汇率对国际贸易的影响具有不确定性。人民币升值对贸易的影响在不同贸易部门显著不同，并且其对进口和出口的影响也存在较大不同，因此应该分别加以考察，不能一概而论。肖鹞飞和黄福龙(2005)就人民币汇率与中国进出口贸易的研究表明，名义汇率和实际汇率对我国进出口贸易的长期影响均不显著，并且人民币与美元之间双边汇率的低估会对贸易差额产生显著影响，我国国内生产总值的增长能够显著促进进口贸易的增长。谷宇和高铁梅(2007)就人民币汇率波动性对中国进出口贸易的影响按照时期的长短进行了异质性分析，使用GARCH模型和误差修正模型的实证结果表明，人民币汇率的波动性对出口和进口的影响在长期存在显著差异。人民币汇率的波动性对进口产生了积极作用，却不利于出口贸易的发展。在短期，人民币汇率的波动性对进口和出口都具有消极影响，并且对进口的负面影响更大。陈云和何秀红(2008)区分了不同类型的贸易商品，基于自回归分布滞后模型考察了人民币实际汇率变动对中国出口贸易的影响，结果表明，人民币汇率波动对不同类别商品出口的影响显著不同。黄锦明(2010)使用中国1995—2009年的季度数据基于格兰杰两步法考察了人民币实际有效汇率与我国进出口贸易的关系。文章认为人民币汇率与中国的对外贸易不必然存在某种关系。人民币实际有效汇率和进口贸易在短期具有负相关关系，但在长期，与国外需求相比，中国的出口贸易受到实际有效汇率波动的影响相对不显著，也就是说中国的进口贸易对国内收入的影响更敏感。封福育（2010）使用我国1995—2008年的季度数据，实证分析了人民币实际汇率波动与我国出口贸易的关系，发现人民币汇率变化对出口贸易的影响因汇率波动幅度的不同而呈现显著的不对称性。实际汇率贬值幅度小于1.26%时，其对出口贸易具有积极影响；而当实际汇率波动幅度超过1.26%时，汇率对出口贸易的影响变得不再显著，总体上人民币实际汇率贬值对改善中国的出口贸易状况作用甚微。综上所述，关于人民币汇率变动与产业结构关系的研究，从笼统地认为存在联系，逐步发展到了从不同产品、不同行业等多个角度来进行异质性分析，同时，相应的研究方法也经历了线性到非线性的变化过程，研究视角也更具多元性。

第四节　汇率变动对出口企业行为的影响

以下本书基于微观异质性企业的视角，梳理分析汇率变动对出口企业行为的影响及其机理。

一、汇率变动与出口企业生产率

（一）汇率变动影响企业生产率的路径分析

汇率变动是影响企业生产率的重要因素，芬斯特拉（Feenstra，1989）的研究认为汇率的波动产生的效果类似于关税调整，本国货币升值的效果与进口关税下降和出口关税提高相似，而本国货币贬值的效果与进口关税提高和出口关税下降很相似。但是当前已有大量文献围绕着贸易自由化和企业生产率问题进行了研究，与之相比，关于汇率变化与企业生产率问题的研究则比较匮乏（Tomlin and Fung，2010）。以下本书将汇率变动对企业生产率的影响机制概括为资本劳动要素配置效应、企业选择效应、规模经济效应以及人力资本提升效应四个方面。

1. 企业资本劳动要素配置效应

根据新古典经济增长模型,资本深化有利于企业生产率提升。在开放经济条件下,汇率变动对企业利润和企业投资的影响主要是通过其对企业出口产品价格和进口成本价格的传递效应来实现的,进一步地,汇率会通过影响企业的资本劳动比而影响企业生产率。莱昂和袁(Leung and Yuen, 2005)使用加拿大制造业数据的分析表明,加拿大元每贬值10%将导致加拿大制造业资本劳动比例下降1.7%,其中,加拿大元的贬值导致其1991—1997年制造业资本劳动比例下降了2.7%,进而对制造业企业生产率产生了重大冲击。朗东和史密斯(Landon and Smith, 2007)基于美国和加拿大数据的研究发现,加拿大汇率贬值会导致其从美国进口的资本设备减少。这主要是由于本国货币相对于出口国货币的贬值会导致资本设备进口的增加,但相对于设备来源国货币的贬值会导致资本设备进口的减少。另外,麦卡勒姆(McCallum, 1999)和阿里斯(Harris, 2001)对加拿大的研究也得出了类似的结论。田素华(2008)就汇率变动对企业投资的影响这一问题,使用中国2000—2006年企业层面的季度投资数据进行了深入研究,结果表明人民币兑美元汇率波动程度的提高对大多数企业固定资产投资的增加有显著影响,但该效应受到企业投资资金来源和企业结构特征等因素的制约。但是也有学者研究发现,上述资本劳动要素配置效应可能受到企业定价能力和出口导向程度的影响(Campa and Goldberg, 1995, 1999)。

2. 企业选择效应

企业之间的竞争以及由此导致的企业进入和退出市场的现象又被称为企业选择机制,而由上述机制所产生的创造性破坏被视为企业生产率增长的重要动力和源泉。汇率变化会加大国内市场的竞争并由此加速企业在市场上的进入和退出,本国货币升值使国外竞争者相比本国企业在国内市场更有竞争力,市场竞争压力的增强会迫使一部分低效率的企业退出市场,而新进入市场的企业和生存下来的企业将更有效率。阿乌等人(Aw et al., 2001)使用1981—

1991年台湾企业数据进行的研究发现，企业进入和退出是影响制造业企业生产率的重要因素，其中，1981—1991年间台湾企业的进入和退出对整体制造业生产率增长的贡献约为40%。福斯特等人(Foster et al., 2001)使用美国1977—1987年服装制造业数据的研究表明，企业进入和退出对美国生产率增长的贡献高达40%～50%。拉弗朗斯和斯肯布里(Lafrance and Schembri, 2000)提出的汇率掩体假说(Exchange Rate Bunkers Hypothesis)指出，汇率低估的作用类似于本国关税的提高，面对国外企业竞争，本国低效率的企业会利用"汇率掩体"持续生存并占有稀缺的资源，这导致资源配置的低效率和行业整体生产率的下降。阿里斯(Harris, 2001)对加拿大的研究发现，20世纪90年代加拿大汇率的贬值使加拿大企业的破坏性创新能力下降，并且由于加拿大拥有较大比例的小企业，这部分小企业因面临较大的融资约束而往往无力进行技术创新和产品升级，最终阻碍了加拿大整体经济结构的升级。在这之后，汤姆林(Tomlin, 2010)围绕汇率变动和生产率的关系问题，使用1973—1997年加拿大农业机械设备制造行业的数据进行了研究，发现本国货币升值会加速企业之间的优胜劣汰，最终在市场上生存下来的企业往往具有较强的竞争力，因而有益于行业整体生产率的提高。除此之外，余永定(2003)、让纳内和华(Jeanneney and Hua, 2011)就人民币汇率和生产率之间的关系进行的研究发现，本国货币升值会提高出口商品的相对价格，价格优势的削弱有利于优势企业兼并劣势企业，从而通过企业之间的优胜劣汰最终促进企业生产率水平的提高。

3. 规模经济效应

规模经济可以降低企业的生产成本和提高其资本使用效率，从而进一步促进企业生产率的提高。已有研究发现，本国货币升值会加剧市场竞争，而市场竞争压力的提高会使部分劣势企业退出市场，其留下的市场将被新进入的企业和生存下来的企业占有，这些企业的生产规模可能会扩大，而生产规模的扩大会通过规模经济效应促进企业生产率提升。冯(Fung, 2008)通过对台湾企业1986、1991、1996年的生产率进行分析，发现新台币实际汇率升值导致较高的企业淘汰率，使生存下来的企业规模得以扩大，最终通过规模经济效应促进了这部分企业的生产率提升。

但也有部分研究得出了汇率升值不利于企业生产率的结论。冯和刘（Fung and Liu，2009）考察了新台币在1998年东南亚金融危机后的贬值对企业生产率的影响，他们使用1992—2000年中国台湾上市公司数据的研究发现，新台币贬值提高了企业出口规模、国内市场规模和总体生产规模，从而促进了企业生产率提高，新台币实际汇率贬值10%将导致企业生产率提高14.05%，即汇率升值不利于企业生产率提高。巴格斯等人（Baggs et al.，2009）对加拿大制造业企业的研究也得出了类似的结论，他们发现加拿大元升值降低了企业尤其是出口型企业的生产规模，从而阻碍了企业生产率的提高。基于此，汤姆林和冯（Tomlin and Fung，2010）进一步使用分位数回归的方法，围绕着汇率变动对加拿大大型制造业企业的影响这一问题进行了深入探讨，发现加拿大元升值加剧了进口市场上的竞争并使出口市场萎缩，激烈的市场竞争使部分低效率企业被迫退出市场，但是，那些生存下来的生产率相对较高的企业也由于市场规模缩小和规模不经济等原因，出现了生产率下滑的想象。

总体来看，汇率变动对企业生产率的影响方向具有不确定性，其可能受到企业融资状况等因素的影响（Aghion and Rogoff，2009）。

4. 人力资本提升效应

按照斯托尔珀-萨缪尔森定理（Stolper-Samuelson），如果一国贸易品部门是人力资本密集型部门，实际汇率的贬值会降低企业技能型劳动力的工资水平，并导致该类人才发生迁移。阿里斯（Harris，2001）使用加拿大数据的研究发现，加拿大元贬值降低了加拿大与美国之间的相对工资水平，导致部分技术人才流失前往美国，而人才的流失最终不利于加拿大企业生产率的提升。让纳内和华（Jeanneney and Hua，2011）认为，实际汇率的升值将提高工人的整体福利，在一个非熟练劳动力工人工资很低的国家，这种变化可以提高工人的效率，降低熟练技术工人的频繁流动倾向，技术水平较高的工人在学习和使用新技术方面具有比较优势，这有助于提高企业生产率。张涛和张若雪(2009)对珠三角和长三角企业技术进步的对比研究发现，珠三角企业的技术进步从2003年以来明显落后于长三角地区，究其原因主要是因为珠三角地区的外来低技能劳动力相对较多，劳动力的总体素质低于长三角地区，而人民币升值导致熟练工人工资比非熟练工人上涨更快，因此导致珠三角地区工人的整体工资低于长三角，受到工资的影响，技术熟练工人纷纷从珠三角向长三角流动，基于工人技能与厂商技术水平之间的互补性，高技能工人的增加通过激励厂商采用新技术而最终促进了长三角地区企业生产率的提高。

（二） 制约汇率变化对企业生产率影响的因素分析

1. 一国或地区的金融市场发展状况

阿吉翁和罗戈夫(Aghion and Rogoff，2009)利用1960—2000年83个国家或地区的面板数据进行分析，发现一国或地区的汇率波动对企业生产率的影响受到该国或地区金融市场发展的影响，使用GMM方法的回归表明，汇率变化对该国或地区企业的生产率提升作用显著，但是该作用受到该国或地区金融市场发展水平的影响，金融市场发展可以减缓汇率大幅变动可能对其生产率产生的负面冲击。在长期，企业生产率的汇率灵活性与金融市场发展水平呈正相关关系。此外，他们发现创新和投资是企业生产率增长的动力源泉，在汇率大幅波动可能降低企业利润率的情况下，企业的创新和投资在企业内源性融资成本远远小于外部融资成本时会受到相应的制约，进而导致了企业生产率和技术创新动力不足且增长迟缓，相反的情况下，企业能够实现较快的生产率提升。娄伶俐(2008)就汇率变动对企业技术进步的影响进行了分析，并发现汇率升值对企业技术进步的影响呈现有效和失效两个区间效应。此外，她还考察了人民币汇率变动对企业产生的“技术承载能力约束”和“技术替代能力约束”。具体来看，在一国或地区金融市场相对落后的情况下，劳动密集型企业向资本密集型转变时，由于受到资本要素供给稀缺性的制约，上述转变过程会受到技术承载能力方面的约束，最终使出口企业由于部分先进工艺设备和技术手段超过其资本承载能力无法应用，而出现“低技术锁定”困局。刘泌清(2007)综合考虑了人民币汇率变动和企业流动性约束问题，发现人民币升值使企业资金压力变大，这会限制企业的技术投资行为，从而会进一步限制企业生产率改进。上述情况在人民币大幅升值，而企业融资不畅和外部融资成本较高的情况下，会导致企业因为资金流动性不足而停业。

2. 汇率对企业生产率的影响存在短期和长期差异

圣保罗(Saint-Paul，1993)构建了一个企业内生生产率的增长模型，对模型的分析发现暂时性的实际汇率贬值会导致企业为实现短期利润最大化而不断扩大产量，反而不利于企业研发积极性的发挥。在价格竞争型行业，企业的技术水平普遍较低，从而在上述情况下研发替代会发生。姜波克(2006)考察了汇率与经济增长的关系，结果表明，在长期一国或地区货币贬值会阻碍其经济持续增长，而可能会促进经济实现短期增长；与之相反，货币升值能够促进经济的长期增长，而短期则阻碍经济增长质量的提升。

3. 汇率变动对企业生产率的影响在不同企业具有显著的异质性

许多研究表明汇率变动对企业生产率的影响在不同类型的企业显著不同。彦根论丛(2001)就日本的相关研究表明，面对 1987 年的日元升值，电子等相对技术密集型行业基于其较强的汇率变动抵御能力，依然实现了生产率的持续提高和出口贸易的稳步增长。与之相反，日本轻工业的技术水平相对较低，抵御汇率升值的能力较差，在货币升值的压力下轻工业整体的出口迅速萎缩。布加梅利等人(Bugamelli et al.，2008)就欧元汇率在欧元区经济发展水平不同的国家和不同行业的异质性影响进行了分析。基于跨国横截面数据的实证研究说明，在希腊和葡萄牙等技术水平较低的国家和地区，汇率变动对它们的负面冲击较大，并且汇率变动对部门生产率和资源配置的作用在不同部门具有显著的异质性，与高技术行业相比，低技术行业对汇率波动风险的抵御能力较差。张帆(2010)使用 2000—2008 年数据的实证分析发现，密集使用劳动力要素的企业和一般贸易企业受到汇率波动的消极影响较大；对于从事出口加工贸易的企业而言，技术含量相对较高的电器电子企业受汇率波动的负面影响较小，面对汇率升值依然实现了产值的翻倍增加，而生产率较低的纺织服装行业面对汇率升值的影响，出口额大幅下降。徐涛等人(2013)分析了人民币汇率变动通过出口企业产品的国内外价格调整进而对企业技术进步的影响。他们将厂商的资本调整成本引入了包含生产制造资本和技术的生产函数，通过测算中国制造业行业层面的人民币实际汇率水平，考察汇率变动对中国制造业行业技术进步的作用。研究发现，中国制造业行业生产率对人民币实际汇率变动具有非对称的反应，在资本调整成本较低的行业比如劳动密集型行业，行业层面的人民币实际汇率升值可以提升行业整体的技术水平，而在资本劳动比率较高的行业，人民币升值由于该行业较大的资本调整成本而较难发挥其技术促进作用。

总体来看，通过文献梳理，不难发现作为国际政治和经济争论的焦点，至本书写作时，国内外关于人民币汇率对企业生产率的影响并没有达成一致。大多数学者仅仅就人民币汇率与企业生产率问题进行定性分析，并且限于中国企业层面贸易数据的可得性和准确性，关于人民币汇率是否以及在多大程度上影响企业生产率的研究几乎采用国家、地区或行业层面的数据，从而只能使用国家层面或者行业层面的人民币汇率指标进行分析，忽略了汇率变动在企业之间的异质性。同时，已有研究往往限于 2006 年之前的数据，没有就汇率变动对生产率的具体作用机制进行深入研究，而从企业层面就汇率对企业生产率的影响进行定量分析的文献还没有出现，因此上述研究对于人民币汇率变动与企业生产率之间关系的认识仍然是有限的。

二、汇率变动与企业出口动态

分析汇率变动对一国或地区企业出口行为的影响渠道具有重要的政策含义。奥布斯特费尔德和罗戈夫(Obstfeld and Rogoff, 2000)认为汇率变动对贸易的影响甚微，并首次提出了“汇率无效之谜”。基于上述问题，德克尔等人(Dekle et al., 2010)从数据的加总性偏差角度提出了解释。基于多产品企业的视角，汇率变动可能通过以下几个渠道影响企业的出口行为：(1)企业层面的扩展边际，即企业在出口市场的进入和退出行为；(2)产品层面的扩展边际，即持续在出口市场存在的企业，其出口产品的进入和退出行为；(3)集约边际，即持续存在的产品其出口量的增减。邓希炜和张轶凡(Tang and Zhang, 2012)使用中国2000—2006年的海关数据就汇率变动对企业出口行为影响的研究发现，人民币实际汇率变动对中国企业的影响主要体现为扩展边际。受到数据方面的限制，大多微观层面的实证研究主要使用截至2006年的数据。由于中国在2005年7月的汇率改革之后逐步放松了对汇率变动的限制，使用截至2006年的数据进行分析将难以准确地考察2006年之后人民币汇率变动对企业出口行为的影响，不能考察汇率变动对企业出口行为的长期影响，并且可能会低估企业对汇率的反应。考虑到出口进入成本的存在，汇率对企业出口行为的影响具有一定的持续性，并且在短期内很难发生变化。

大量文献就汇率变动对微观企业出口行为的影响进行了分析。本部分主要基于以下几类文献：国际贸易边际、国际竞争对多产品企业的影响及汇率变动对中国出口企业的影响。伯纳德等人(Bernard et al., 2009)将企业与其贸易伙伴之间的总出口和总进口分解为从事进口和出口贸易的企业的数量、产品的数量、贸易关系的集中度以及每种产品的平均贸易量四部分。他们将前三部分定义为扩展边际，最后一部分定义为集约边际，并进一步使用美国贸易数据实证考察了扩展边际和集约边际的相对重要性，得出对美国来说集约边际的作用大于扩展边际。邓希炜和张轶凡(Tang and Zhang, 2012)分析了人民币实际汇率变动对中国出口企业的影响，发现汇率变动对中国出口企业扩展边际的作用大于集约边际。李宏彬等人(Li et al., 2012)考察了汇率变动对中国不同生产率水平的企业的价格决策和数量调整的影响，发现生产率较高的企业主要通过调整出口价格来应对汇率冲击，而生产率较低的企业主要进行数量调整。上述研究得到的结论与伯曼等人(Berman et al., 2012)对法国的研究一致，他们在企业扩展边际和集约边际分析的基础上进一步比较了加工贸易企业和其他企业对汇率变动的异质性反应，发现加工贸易出口企业并没有明显的成本优势。刘青等人(Liu et al., 2013)考察了汇率变动对总出口的影响,为奥布斯特费尔德和罗戈夫(Obstfeld and Rogoff, 2000)提出的"汇率无效之谜"提供了一个解释。国内研究方面,赵勇和雷达(2013)从金融市场发展和出口边际的角度,考察了中国出口贸易与汇率变动之间的关系,以求为中国出口贸易和汇率变动之间的弱相关提供一些解释。研究发现,中国的"汇率不相关之谜"现象可能是由于中国出口扩展边际的存在、外资企业的大量存在以及中国外部金融市场的落后所导致的。人民币升值不但会抑制已有产品出口总额的提高,而且会促进新贸易关系的建立。值得注意的是,金融市场发展与一国或地区出口贸易的汇率敏感性正相关,但外资企业的大量存在会减弱金融市场发展与出口汇率弹性之间的相关性。

汇率变动对企业的影响类似于关税的作用,芬斯特拉(Feenstra, 1989)认为汇率波动产生的结果类似于关税调整,本国货币升值的效果类似于进口关税的下降和出口关税的上调,而本国货币贬值的效果则类似于进口关税的上调和出口关税的下降。从而,汇率升值如同关税下降,会加剧本国的市场竞争。巴格斯等人(Baggs et al., 2009)研究发现汇率变动会影响出口企业的出口量和出口值,除此之外,它对多产品企业的出口产品组合同样具有重要影响。埃克尔和尼里(Eckel and Neary, 2010)的模型分析表明,多产品企业往往在某种产品的生产方面具有比较优势,并且当企业生产的产品离其核心技术的距离越远,其效率越低。基于迈耶等人(Mayer et al., 2012)的研究,产品生产成本随着该产品离核心技术距离的增加而提高,从而加剧的市场竞争会使企业集中于其核心产品的生产,也就是说企业会停止并减少非核心产品的生产和出口。刘润娟(Liu, 2010)的实证研究支持了上述论断,并发现进口竞争会导致企业内部资源的重新配置,提高了企业的产品集中度。进一步地,伯纳德等人(Bernard et al., 2010,2011)基于产品利润率的异质性,构建了一个多产品企业的理论模型。此外,阿克拉基斯和穆恩德勒(Arkolakis and Muendler, 2011)通过理论模型分析,认为当地销售成本随着出口范围的增加而增加,与此同时生产率出现下降。基于上述理论和实证研究,货币升值引致的市场竞争加剧会缩小企业的产品范围,使企业集中于核心产品的生产和出口。同时,曼诺娃和张志伟(Manova and Zhang, 2012)的研究发现,中国出口企业的核心产品在价格和质量方面往往高于非核心产品。

此外,冯炳萱(Fung, 2008)构建了一个汇率变动对企业生产规模和生产率影响的理论模型,并进行了实证分析。冯炳萱等人(Fung et al., 2011)考察了不同所有制企业对汇率变动的异质性反应,埃克霍尔姆等人(Ekholm et al., 2012)考察了汇率变动对企业生产率的影响,巴格斯等人(Baggs et al., 2009)分析了汇率变动对企业生存和销售额的影响,巴格斯等人(Baggs et al., 2013)对比了货币升值和贬值对企业的非对称影响。上述研究均是基于制造业企业,巴格斯等人(Baggs et al., 2010)进一步将分析的范围扩展到了非制造业企业,他们实证分析了汇率变动对参与贸易的服务业企业的影响。坎贝尔和拉帕姆(Campbell and Lapham, 2004)考察了实际汇率变动对美国边境州零售业扩展边际和集约边际的异质性影响。

中国已经成为世界最大的制造品出口商,越来越多的研究考察了中国的国际贸易发展状况和中国企业的出口行为。曼诺娃和张志伟(Manova and Zhang, 2012)使用中国海关数据,分析了中国出口商和进口商的贸易行为;勃兰特等人(Brandt et al., 2012)分析了中国出口企业的生产率增长状况;芬斯特拉等人(Feenstra et al., 2014)考察了企业融资约束对企业出口行为的影响;邓希炜和张轶凡(Tang and Zhang, 2012)发现中国出口商往往是低资本密集度企业;戴觅等人(Dai et al., 2011)从加工贸易的视角解释了中国出口企业的低生产率之谜。

关于多产品企业的相关研究均发现加剧的市场竞争会缩小企业的产品范围,使企业集中于其具有核心竞争力的产品的生产和出口(Eckel and Neary, 2010; Liu, 2010; Mayer et al., 2012;彭国华和夏帆,2013)。钱学锋等人(2013)首次基于多产品企业异质性贸易模型,分析了中国多产品出口企业及其产品范围的特征性事实,发现企业内的扩展边际是中国出口增长的主导力量。此后,彭国华和夏帆(2013)基于2002—2006年中国微观企业的数据分析了中国多产品出口企业的行为模式,他们发现生产率与企业出口的广度和深度正相关,并且更大的市场规模、更激烈的市场竞争会导致企业相对集中于出口在当地市场具有核心优势的产品。不过,上述文献在考察中国企业出口行为时均未考虑汇率变动的影响。

近年来,还有一系列文献专门考察了人民币汇率变动与企业出口行为之间的关系。巴斯耶和佩尔顿(Bussiere and Peltonen, 2008)及库伊等人(Cui et al., 2009)讨论了人民币汇率变动的价格传递效应,但他们均是基于宏观数据进行分析,并且结论迥异。弗罗因德等人(Freund et al., 2011)使用中国1997—2005年的贸易数据,估计了不同贸易方式企业的进出口汇率弹性,发现加工贸易对汇率变动不敏感,并且出口产品的国内投入比例越高,其对汇率变动越敏感。邓希炜和张轶凡(Tang and Zhang, 2012)使用中国微观企业数据进行分析,发现汇率升值对中国出口企业的进入退出以及产品生产具有显著影响。李宏彬等人(Li et al., 2012)使用中国企业层面的微观数据深入分析了双边实际汇率波动对企业定价行为和出口量的影响,发现人民币每升值10%,企业出口价格将下降50%左右,出口量将下降2%～4%。张会清和唐海燕(2012)基于2005—2009年中国工业企业的样本数据,采用Heckman选择模型评估人民币升值对出口贸易的整体影响和结构影响。研究发现,人民币升值对企业出口产生了显著的负面冲击,人民币升值不利于中国出口贸易结构的优化调整。刘青等人(Liu et al., 2013)使用倍差法实证考察了人民币汇率波动对中国企业出口行为的影响,发现人民币每升值1%,中国出口总值将下降1.89%。

三、汇率变动与企业出口产品质量

(一) 关于企业出口产品质量问题的理论梳理

克鲁格曼(Krugman, 1979)假设企业具有“同质性”,并开创了新贸易理论。

20 世纪 90 年代后期有学者逐步开始使用企业层面的贸易数据进行实证研究，得出了企业的行为因其是否从事出口贸易而存在显著差异，并且出口企业之间也具有异质性。之后，通过在克鲁格曼（Krugman，1979）模型的基础上引入企业生产率的异质性，梅里兹（Melitz，2003）开创了新新贸易理论，并由此开启了基于企业异质性视角进行分析的相关研究。梅里兹（Melitz，2003）使用经典的 CES 效用函数，在考虑消费者多样性偏好的前提下，假设生产率的差异是企业异质性的主要表现。

正如上面所述，梅里兹（Melitz，2003）的模型没有考虑产品的垂直差异，从而他的模型不能为企业的诸如出口价格等问题提供全面的解释，鲍德温和哈里根（Baldwin and Harrigan，2011）在梅里兹模型的基础上，进一步使用美国数据分析了企业的出口产品价格问题，他们认为地理距离越远，企业出口产品价格会越高；这与梅里兹（Melitz，2003）得出的地理距离与企业出口获利之间的正相关关系相反，按照梅里兹的逻辑，从事出口的企业往往是生产率较高的企业，它们具有价格优势，从而企业出口产品价格和地理距离之间具有反向关系。此外，阿拉和西瓦达桑（Hallak and Sivadasan，2009）等使用智利、印度、美国和哥伦比亚数据的实证分析表明，非出口企业的产品价格低于出口企业，这与梅里兹（Melitz，2003）的结论不同，他认为与出口企业相比，非出口企业由于生产率较低其价格往往较高。

上述分析发现梅里兹（Melitz，2003）的结论并不符合很多国家和地区企业出口价格的事实。这可能是因为梅里兹（Melitz，2003）的假设问题，于是很多学者将关注的焦点置于产品质量的异质性，并认为与企业生产率差异类似，企业产品质量的异质性对企业而言意义重大，从而也是企业异质性的重要方面，上述研究中菲尔霍根（Verhoogen，2008）、热尔韦（Gervais，2009）、阿拉和西瓦达桑（Hallak and Sivadasan，2009）、鲍德温和哈里根（Baldwin and Harrigan，2011）、约翰逊（Johnson，2012）、克罗泽等人（Crozet et al.，2012）等较为典型。但是鲍德温和哈里根（Baldwin and Harrigan，2011）等构建的模型中，产品质量均被视为效用函数中的外生变量，而没有就此进行解释。除此之外，大多数模型都建立了产品质量内生化的相关模型，通过求解企业利润函数，认为产品质量是企业利润最大化的均衡解，产品质量进而出口价格随企业投入的相关成本的提高而提高；有些研究基于消费需求的视角来分析企业出口价格的异质性。他们认为产品价格随着产品质量的提高而提高，但消费者在进行产品消费时往往会考虑产品的“性价比”，认为高质量产品虽然价格较高，但与其高质量相比实际价格甚至更低，从而对于消费者而言，高质量和高价格的产品更受认可。

当前，企业产品质量异质性已经成为国际贸易研究的前沿问题。虽然中国已经成为全球第一大产品贸易国，然而在考虑产品质量因素时，很多学者认为当前中国的贸易实力仍远远落后于发达国家和地区，并且短期内这一差异难以改变。近年来随着政府和企业对研发支持力度的加大，中国出口产品技术含量提高的同时，整体出口贸易结构也逐步得到优化。罗德里克（Rodrik，2006）、杨汝岱和姚洋（2008）就中国出口产品技术复杂度的相关研究均证实了上述结论，他们发现中国在产品技术复杂度提高的同时，贸易广度也不断提高，以2010年为例，中国在HS六分位产品层面上的贸易广度全球排名第一，接近40万，同时，美国和德国的贸易广度分别为341 518和329 755，远低于中国。此外，2010年中国前10位贸易伙伴占中国出口贸易总额的比例为50.3%，在美、德、日三国，该比例分别是61%、59%和69%；在出口产品集中度方面，按照前100种出口价值量最大的产品占出口的比例来看，2010年中国该指标为53%，美、德、日该指标分别为49%、45%和60%；最后，在出口稳定性方面，2008—2009年间由于全球金融危机爆发，全球贸易量降低了25%，美、日、德三国的降幅分别为21%、24%和26%，但中国出口贸易的下降幅度仅为16%，远低于其他贸易大国，这也说明中国在出口贸易方面具有较强的应对冲击的能力。陈勇兵等人（2011）就进口贸易和国民福利的研究证实了两者之间的正相关关系；此外，钱学峰等人（2013）基于微观企业数据的研究发现扩展边际是中国贸易增长的主导力量。

虽然中国在出口贸易方面取得了巨大成绩，但是，在考虑产品质量因素后，中国在对外贸易方面的巨大成就将出现缩水。一方面，国内消费者对本土产品的质量难以相信，虽然中国居民的整体收入水平已经得到大幅的提高，但从消费品的国内外分布来看，国外奢侈品受到消费者的巨大青睐，与之形成鲜明对比，国内品牌虽然具有较大的价格优势但是仍然面临销售困境。另一方面，在国际市场上，“中国制造”常被贴上低价格和低质量的标签，并且随着中国全球制造业大国地位的确立，相关发达国家和地区为了维持自身贸易的发展，加大了使用各种贸易壁垒进行贸易保护的力度。当前，国内企业面临的一个严峻问题是广受认可的国际品牌匮乏，消费者对国产品牌认可度差，从而不愿支付高价，国内高端品牌经营遭遇瓶颈。上述困境出现的一个关键原因便是产品质量较低。产品质量问题已经成为政府和学术界关注的焦点问题，施炳展（2010）对中国出口产品质量的研究认为，出口产品的低质量是其低价格的决定因素，随着中国出口贸易的迅速增长，中国出口产品质量仍处于低水平徘徊的阶段，出口价格上涨幅度较小，并且改善空间较有限；罗德里克（Rodrik，2006）从产品内角度对中国出口贸易结构的分析认为，当前中国出口结构优化趋势不明显，虽然中国在贸易规模增长、贸易广度提升、出口集中度降低以及贸易稳定性提升方面取得了巨大成绩，但与发达国家相比，其出口产品质量改善仍然任重道远，提高中国出口产品质量也成为中国发展为贸易强国的关键。

企业产品质量已经成为国际贸易领域的前沿话题，也是当前中国出口贸易持续壮大的核心力量，但囿于相关数据和研究方法的可得性，关于该问题的经验研究进展迟缓。产品质量的测算需要产品层面的相关贸易数据，这样才能考察不同种类产品之间的垂直差异，从而传统的按照三分位、五分位和十分位SITC数据难以满足产品质量测算的要求；同时，除了产品的具体贸易价值量数据，产品质量的测算还需要贸易数量方面的数据，从而根据价值量和贸易数量可以得到每种产品的单位价值量，也就是说最终计算需要的数据应该是有价值量和交易数量的两维数据;也正是因为满足上述要求的大型微观数据较难得到,才导致关于产品质量的相关经验分析一直进展迟缓。具体来看,研究产品质量遇到的第一个研究方法方面的问题便是产品质量指标的测算,与之类似的指标如技术复杂度和贸易广度指标,由于测算方法具有较为标准和较易操作的优势而形成了较为成熟的系统,比如,豪斯曼等人(Hausman et al., 2007)的技术复杂度测算方法。与之相比,产品质量的测算具有多样性且过程复杂的特点,截至目前还没有出现能被大家普遍认可的方法,这再次为关于产品质量方面研究的缓慢进展提供了一个解释。基于上述情形,肖特(Schott, 2004)用产品的单位价值量代理产品质量指标,首次使用美国十分位进口数据,测算并比较了美国与其所有进口来源国之间交易的产品单位价值量的不同。随后胡梅尔斯和克莱诺(Hummels and Klenow, 2005)、阿拉(Hallak, 2006)等学者普遍采用该方法考察了产品质量问题。与国外相比,国内关于产品出口质量的经验研究还较少,李坤望等人(2012)基于发展趋势、跨国比较和产品分布等视角,使用肖特(Schott, 2004)的方法首次分析了中国出口产品质量状况,他们发现加入世界贸易组织以来中国出口产品质量一直处于较低的阶段,并且具有不断恶化的倾向。但是施炳展(2013)的研究指出单位价值量在质量信息之外还包含成本信息,从而单位价值量可能更多体现的是产品的成本,并不能准确衡量出口产品的质量。之后,以阿拉和肖特(Hallak and Schott, 2011)为代表,学者们开始使用事后推理的方法考察产品质量,从而打破了以往使用单位价值量考察产品质量的传统,事后推理和单位价值量方法是两种截然不同的方法,在价格相同的情况下,产品质量随着市场绩效的改善而提高。尽管事后推理方法为测算出口产品质量提供了方便,但不容忽视的一点是阿拉和肖特(Hallak and Schott, 2011)测算的并不是企业层面的产品质量,而是行业或产品层面,从而严格来讲并不能准确地反映产品质量在企业之间的异质性。在此逻辑下,以热尔韦(Gervais, 2009)和马克等人(Mark et al., 2012)为代表的研究,尝试在上述方法的基础上反推企业层面的产品质量数据。其中,马克等人(Mark et al.,

2012)通过对中国工业企业数据库和中国纺织业海关数据进行合并,考察了产品质量和生产率对企业贸易行为的异质性影响,但文章的重点是考察纺织业行业的产品质量,并没有关注企业出口产品质量的异质性问题,结论的普遍性值得怀疑。此外,曼诺娃和张志伟(Manova and Zhang, 2012)分别基于不同企业间、同一企业内部以及企业-产品内的视角,考察了中国出口产品价格的异质性问题,通过对中国海关数据进行分析,试图借助分析中国出口产品质量来剖析中国企业的出口定价行为。

总而言之,作为当前国际贸易理论研究的前沿问题,产品质量的异质性对中国出口贸易尤为重要,而当前关于该问题的研究还极为匮乏。

(二) 汇率变动对企业出口产品质量的影响

当前,国内外已有大量学者就产品质量与国际贸易问题进行了深入研究,并且大量研究表明,高收入国家和地区生产并出口的产品质量往往高于低收入国家和地区(Schott, 2004; Hummels and Klenow, 2005; Hallak, 2006)。尽管已有研究有助于增强我们对出口产品质量升级影响因素方面的认识,但研究者均没有考虑一国或地区尤其是微观企业是怎样实现产品质量升级的。基于此,埃米蒂和坎德维尔(Amiti and Khandelwal, 2013)首次使用美国与56个国家(或地区)近10 000种产品的贸易数据,考察了进口关税对产品质量升级的影响。他们发现进口关税对产品质量的影响取决于产品离世界质量前沿之间的距离,并且进口关税降低或者进口竞争增强有利于高质量产品(离世界质量前沿距离近的产品)质量升级,而不利于低质量产品质量提高。与关税的作用类似,汇率变动也是影响企业出口产品质量的重要因素。芬斯特拉(Feenstra, 1989)认为汇率波动产生的结果类似于关税调整,本国货币升值的效果类似于进口关税的下降和出口关税的上调,而本国货币贬值的效果则类似于进口关税的上调和出口关税的下降。

关于产品质量与出口贸易问题的相关研究。弗朗和赫尔普曼(Flam and Helpman, 1987)是产品质量与国际贸易问题理论研究方面的典型代表。此后,格罗斯曼和赫尔普曼(Grossman and Helpman，1991)、胡梅尔斯和克莱诺(Hummels and Klenow，2005)分别从理论和实证角度考察了产品质量对贸易进而对经济增长的影响。菲尔霍根(Verhoogen，2008)基于墨西哥制造业企业层面的数据，分析了产品质量、国际贸易与工资的关系，研究发现，汇率波动引致的产品质量升级增加了行业内的工资不平等。巴斯托斯和席尔瓦(Bastos and Silva，2010)首次使用葡萄牙企业层面的数据分析了出口质量、企业生产率和出口属性之间的关系，发现高技术企业倾向于出口高质量产品。马克等人(Mark et al.，2012)利用中国纺织业海关数据和工业数据库的匹配数据，研究了产品质量和生产效率对企业贸易行为影响的相对重要性。曼诺娃和张志伟(Manova and Zhang，2013)用进口中间产品的价格作为中间投入的质量衡量指标，使用中国2003—2005年的海关数据，考察了多产品企业生产选择和产品质量的关系。在国内方面，李坤望等人(2012)从发展趋势、产品分布、跨国比较三个维度分析了中国出口产品质量，发现中国出口产品大多处于低质量阶段，而且加入世界贸易组织后呈恶化趋势。施炳展(2013)利用2000—2006年海关细分贸易数据，采用事后反推的方法，系统测算中国企业出口产品质量，发现本土企业的产品质量升级效应、出口稳定性、持续时间、广度均劣于外资企业，提升产品质量应成为中国本土企业出口的更高追求。

第五节　小结：文献评述

首先，关于人民币汇率变动与出口企业生产率方面。通过文献梳理，发现现有研究存在以下几点不足：

第一，当前关于中国人民币汇率变化与企业生产率方面的研究相对匮乏。已有研究大多使用国家、行业层面的总量宏观数据探讨汇率变动对一国或地区产业结构、收入分配、就业或者国际贸易的影响，而具体到汇率变动与微观企业行为的相关研究仅仅局限于定性分析，大多数学者均认同本国汇率升值有利于促进企业进行结构调整以增强对汇率变动的冲击。截至目前,还未有文献专门考察汇率变动对企业行为的具体作用机制,而从企业层面定量考察汇率变动对企业生产率影响的文献极为匮乏。

第二,研究方法方面几乎均没有考虑市场竞争结构的影响。目前大多数研究均假定市场属于完全竞争型,显然这与现实不符,现实中不同行业面临的市场竞争结构是截然不同的,从而企业面对汇率升值之后相互博弈的过程也会呈现显著的异质性。布兰德和斯彭切尔(Brander and Spencer,1983)基于战略性贸易政策的理论研究发现,出口退税或者出口补贴等政策是研发国际分布的重要影响因素。与之类似,一国或地区的货币贬值在研发为战略性替代品时,可能会导致企业减少本国的研发投资而增加对对方国家的研发投资。汇率的变化对于本国和对方国家企业的生产能力扩建等方面的投资决策也具有重要影响,进一步会影响企业的生产率,基于上述分析,为了使研究结论更加符合现实,在将来关于汇率变动与企业生产率的相关研究中进一步引入企业所处的市场结构因素具有较强的现实意义。

第三,关于汇率变化的资本劳动要素流动效应的相关研究,均忽略了要素流动成本因素。现实中企业生产要素的再配置到均衡状况需要支付相应的成本,并且随着要素流动成本的提高,汇率变动引致的要素重新配置速度会降低。当前大多研究关于要素流动零成本的假定是有悖现实的,如此一来,怎样在将来的研究中引入要素流动的调整成本是一个值得深入思考的话题。

第四,关于汇率变动与企业出口动态方面。当前,已有不少学者考察了汇率变动对中国对外贸易的影响。限于企业及产品层面贸易数据的可得性,上述研究主要使用中国国家层面的进出口数据,围绕人民币汇率与中国贸易收支的关系及上述关系在不同行业和不同贸易方式下的差异、中国进出口贸易的汇率弹性等问题展开(陈学彬等,2007;Thorbecke and Smith,2010),并且检验手段也基本上以基于时间序列回归的最小二乘法、向量自回归和协整分析法为主,而这种使用宏观数据进行分析的方式往往会存在加总偏差(Dekle et al.,

2007)、同步偏差(Adolfson, 2001)以及构建总量指标时可能出现的测量误差,从而无法探查汇率变动对异质性企业的微观影响。

尽管已有文献在考察人民币汇率对中国微观企业出口的影响时,综合考虑了扩展边际和集约边际,但仍然存在一些不足。一方面,囿于数据的可获得性,研究者或者仅使用中国工业企业数据库,或者仅使用海关数据库,从而只能使用国家层面或者行业层面的人民币汇率指标进行分析,忽略了汇率变动在企业之间的异质性;另一方面,分析的重心仍然放在人民币汇率变动对企业出口价格和出口量的异质性影响,没有考虑人民币汇率变动对企业出口持续时间的影响,并且已有研究并没有从多产品企业的视角出发,分析人民币汇率变动对中国多产品出口企业产品范围和出口行为的影响,因此上述研究对于人民币汇率变动与企业出口之间关系的认识仍然是有限的。

最后,关于汇率变动与企业出口产品质量方面。已有文献或者考察了汇率变动对企业出口行为的影响,或者分析了汇率变动对国家、地区或行业出口质量的影响。但是,首先,研究者均没有将汇率变动与微观企业的出口产品质量纳入统一的分析框架,从而对汇率影响出口质量的认识是有限的,并且关于中国该领域的研究更是少之又少;其次,研究者均没有考虑人民币汇率变动对不同产品质量层次的企业出口持续时间的影响,不能从企业出口动态的视角认识人民币汇率变动与企业出口产品质量之间的关系。

第三章　人民币汇率
——制度演变与指标量化

第一节　人民币汇率制度的演变路径分析

一、汇率制度分类

汇率制度是开放经济条件下，关于本国与其他国家之间名义汇率决定和调整的相关制度安排。根据货币当局或政府对名义汇率的干预程度以及名义汇率自身的灵活度，本书对汇率制度进行分类，并且该分类在理论和现实中是一致的。理论方面，学术界常将汇率制度分为自由浮动、完全固定或中间汇率制度。现实方面，各国更多的是根据自身实际选择汇率制度，且各国的汇率制度与其对外宣布的汇率制度也可能有所出入，但总体来看，它们的汇率制度介于完全浮动汇率制度和完全固定汇率制度之间。据此，在研究各国的汇率制度时，关于各国汇率制度的分类问题，学者们往往需要在国际货币基金组织公布的各国汇率制度的基础上，开发一系列其他方法。

按照国际货币基金组织的方法，现实中关于汇率制度的分类主要经历了名义分类和实际分类两个不同的阶段，前者主要适用于1999年之前，而后者适用于1999年之后。按照名义分类方法，汇率制度主要包括有限弹性汇率制度(Limited Flexibility Regimes)、钉住汇率制度(Pegged Regimes)以及弹性汇率制度(Flexible Arrangements)三类。

1999年后，国际货币基金组织开始启用实际汇率分类方法，其分类标准是货币当局对汇率制度的干预程度及各国名义汇率的实际灵活度，按照这种分类标准进行分类得到的结果可能不同于各国对外公布的汇率制度。按照实际分类标准，当前国际货币基金组织划分的实际汇率制度包括以下方面。

第一，货币局制度。该体制要求本币发行机构切实履行自身义务，并且以法律形式保证按照固定汇率在本币和其他某种外国货币之间的兑换比例。据此，本国需要彻底依靠外汇资产来支撑自身的货币发行，从而本国不但失去了诸如最后贷款人和货币控制等中央银行职能，也失去了货币政策的独立性和自主性。

第二，没有独立的法定货币。比如，在以下两种汇率制度下，一国货币当局便失去了对本国货币政策的控制权：其一，国际货币基金组织的成员国（或本国）属于某个要求成员国统一法定货币的某种货币联盟；其二，本国以其他某个国家或地区的货币为唯一的法定流通货币。

第三，其他传统钉住汇率制度。本国货币与另一国货币之间的汇率相对固定，波动幅度围绕1%上下浮动；或者本国货币钉住由该国主要贸易和金融伙伴构成的一篮子货币，各种货币的权重可以体现该国资本流动、贸易和服务的地理分布状况。其中，值得注意的是，这种钉住的汇率制度并不表示该国会永远保持一个固定的平价水平。其中，名义汇率要在3个月以上保持2%以内的上下波动幅度。货币当局或者政府为了维持固定的平价往往采取直接或间接干预的方式。这种情况下，政府可以低频率地对汇率水平进行调整，所以该国货币政策的灵活度小于货币局或无法定货币的情况。

第四，波幅钉住汇率。这种汇率制度要求货币围绕中心汇率上下波动，但波动幅度在2%以上。其可以参考货币篮子或单一货币，这与传统的钉住汇率制度一致。由于受到汇率波动幅度的影响，该种货币政策的灵活性往往受到约束。

第五，爬行钉住汇率制度。这种汇率制度要求币值按照一定的速度，或者按照一定指标进行小幅调整，主要贸易伙伴国与本国通货膨胀率的差额、主要贸易伙伴国自身通货膨胀的预期值和目标值之间的差额均可以作为上述参照指标。为了维持爬行钉住汇率制度，而对货币政策实行一定的约束，使爬行钉住汇率制度与钉住汇率制度较为类似。

第六，爬行区间汇率制度。这种汇率制度要求币值围绕中心汇率上下波动，但波动幅度在2%以上，同时波动幅度和中心汇率根据固定的指标或者按照一定的速度进行调整。汇率波动的灵活度直接影响其波动范围。这种汇率制度要求名义汇率的波动幅度在一定的范围内，从而使该国的货币政策独立性受到汇率波动幅度的制约，该国货币政策的作用受到制约。

第七，汇率无前定路径的管理浮动汇率制度。这种汇率制度下，货币当局或者政府由于无确切的方式和目标，并且大部分根据当局自身的判断力进行诸如国际收支头寸、国际储备等方面的决策，导致其对汇率的调整受到约束，其货币政策干预的作用也是比较间接的。

最后，独立浮动的汇率制度。这种情况下市场可以决定一国的汇率水平，而政府或货币管理部门为了防止汇率的大幅波动并缓和汇率波动速度，往往会对外汇市场进行干预。

二、人民币汇率制度演变历程

中国人民银行自1949年1月公布人民币汇率至今，人民币汇率制度分别经历了以下几个阶段：计划经济时期实行的相对固定的汇率制度，1978年后开始实行的“双轨制”，1994开始实行的有管理的浮动汇率制度，该制度一直持续到2005年，2005年汇率制度改革后开始实行的以市场供求为基础的、参考一篮子货币进行调节、有管理的浮动汇率制度。当前国际汇率制度变化多端，并且我国政治经济体制改革呈现不断深入的趋势，在此背景下，人民币汇率制度改革不断向前推进。

（一）计划经济时期的人民币汇率制度

1. 1949—1952年

这个阶段人民币汇率呈现贬值和回升不断更迭的特征。中国人民银行于1948年12月成立，之后将人民币确定为统一货币，并发行了人民币。该时期人民币汇率制定相对比较市场化，是一种根据物价水平确定汇率的制度安排。人民币与西方国家货币之间的汇率最初主要以“物价对比法”为基础，这主要是考虑到人民币无规定的含金量，不能按照我国与其他国家之间货币的黄金平价来进行计算。考虑到中华人民共和国成立之初全国较为严峻的通货膨胀引致的各地物价水平相对混乱，货币当局规定各地应当在服从中央统一管理的前提下，根据自身情况，以天津口岸汇价为标准公布各自外汇牌价。到 50 年代，我国经济秩序稳步恢复，也逐步建立了全国统一的财经制度，在此背景下，中国人民银行总行在 1950 年 7 月 8 日宣布实行全国统一的人民币汇率。

20 世纪 50 年代开始美国对我国实施“封锁禁运”政策，与此同时，我国国内物价在 1950—1952 年经历了先涨后降的过程，在上述国内外形势下，我国需要降低人民币汇率来维持进口贸易的发展。这段时间我国不断提高人民币汇价，“进出口兼顾”替代以往的“推动出口”成为我国汇率政策的新重点。人民币与美元之间的汇率在 1952 年 12 月达到 1 美元/26 170 元旧人民币。

1949—1952 年间，我国对外贸易以民营进出口商为经营主体，而贸易的最主要伙伴国是美国。中央银行对人民币汇率的及时调整，保证了这段时间我国出口贸易的增长。总而言之，我国按照迅速恢复国民经济的目标，建立了外汇集中管理制度，根据物价制定人民币汇率，同时保证外贸调节和照顾侨汇。

2. 1953—1972 年

这个阶段人民币汇率基本保持稳定。我国在 1953 年开始实行高度集中的计划管理体制，进入社会主义建设时期以求发展国民经济。由于对民营进出口商的社会主义改造已经完成，我国外贸系统实行以进贴出，进出统算的方式，由外贸部下设的外贸专业公司按照国家计划对对外贸易进行统一经营。这段时间，我国与西方发达国家和地区之间的直接贸易借贷和贸易往来相对较少，加上各国之间的汇价得益于以美元为中心的固定汇率制度的确立也保持了相对稳定，因此我国人民币汇率很少受到西方各国汇率波动的影响。

人民币汇率在原定汇价的基础上，坚持稳定原则，参考其他各国政府公布的汇率，仅在外国货币汇率变动时进行相应调整，从而做到了人民币汇率稳定，促进了人民币编制和内部核算的顺利进行。我国于 1955 年 3 月发行新版人民币，自此截至1971年11月，人民币与美元之间的汇率始终固定在1美元兑2.4618元人民币的水平。

该时期人民币汇率在原定汇率的基础上，参考其他国家和地区的汇率，做到了汇率与物价的分离，从而实现了人民币汇率的基本稳定。但是由于国内外物价差距不断扩大，加大了我国出口与进口的成本差距，我国采取了以进口盈利弥补出口亏损和对外贸易统负盈亏的方式来应对上述形势，但是也造成了人民币汇率的贸易调节效应下降。

3. 1973—1978年

这段时间，我国实行“钉住汇率制”，人民币钉住一篮子货币，对汇率进行频繁调整。随着1973年布雷顿森林体系的瓦解，西方各国开始实行浮动汇率制度，同时各国经济开始出现衰退，在此背景下，我国实行“钉住汇率制”，在保持与主要贸易伙伴国之间汇率相对稳定的同时，增强人民币汇率的弹性，推动人民币对外计价以促进外贸的顺利开展。受到所用货币和权重的影响，人民币汇率在该时期变动较为频繁。在1971年和1973年两次对美元贬值，1972年到1979年间人民币开始快速升值，人民币与美元之间的汇率由1972年的1美元兑2.46元人民币的水平升为1979年的1美元兑1.49元人民币，人民币汇率高估愈发严重。

总体来看，人民币汇率的“钉住汇率制”具有操作简便的优点，可以抵御或降低国际汇率波动对本国货币的负面影响，相对稳定的汇率可以减少外贸企业的汇兑风险并促进我国对外经济贸易的平稳发展。同时上述汇率制度也有很多缺陷，首先汇率水平的制定缺乏可靠保证，在篮子货币的币种选择及权数确定方面缺乏依据；其次，这种汇率制度安排使国际和国内市场价格脱钩，汇率的经济杠杆作用不复存在，商品的贸易价格和非贸易价格与世界市场不一致，加剧了贸易和非贸易部门之间的矛盾，最终不利于我国对外贸易的稳步推进。

我国1953年开始实行对外封闭、对内集权的高度集中的计划管理体制，自此截至20世纪80年代，我国处于外贸收支平衡和外汇储备为零的状态。该时期虽然人民币汇率被严重高估，但由于我国外贸对象主要局限于几个社会主义国家，因此升值没有对我国造成显著的消极影响。

在计划经济时期，作为计划经济的调节工具，我国政府按照一定原则统一制定人民币汇率，政府完全掌握汇率变动的主动权。但政府制定使人民币汇率脱离了市场力量，从而不能真实地反映外汇市场的实际。

（二）经济转轨时期的“双轨制”

我国计划经济时期形成的固定汇率制度在1978年改革开放后，由于我国汇率高估使我国不断遭遇出口亏损，固定汇率制度已经不能满足我国国内外经济迅速发展的迫切需要。人民币汇率体制改革的序幕由此拉开。

1. 1979—1984年

该阶段我国处于人民币内部结算价和官方汇率并存的双重汇率时期。

国务院于1979年8月开始一系列包括建立外贸企业自我运行机制、消除外贸垄断经营、改变汇率和价格扭曲问题、改革外汇管理体制等在内的外贸体制改革措施。同时，我国开始实行外汇留成制，规定从事贸易的单位将贸易所得的外汇卖给国家，国家按照一定比例拨付外汇留成，这种制度达到了平衡外汇收支，促进出口的目标。我国从1981年1月初开始实行人民币与美元的贸易内部结算价，规定在1978年1美元兑2.53元人民币的全国平均换汇成本的基础上附加10%的出口利润，得到人民币与美元的贸易内部结算价为1美元兑2.8元人民币。考虑到全国出口平均换汇成本较为稳定，贸易内部结算价在1981—1982年间基本保持不变。同时仍然按照“钉住汇率制”的计价原则公布牌价。通过上述措施，最终形成了改革开放初期的双重汇率制度，具体表现为官方牌价汇率与贸易内部结算价同时存在。

2. 1985—1993年

该阶段我国处于外汇调剂市场汇率与官方汇率并存的时期，内部结算价被逐步取消。

我国于1985年1月初放弃人民币内部结算价，使用官方汇率进行非贸易外汇兑换和贸易结算。1985—1990 年我国多次依据国内物价的变化对官方汇率进行大幅调整，达到了人民币汇率与物价变化相适应，消除汇率高估，调节国际收支等多重目标。1985 年出于鼓励出口的考虑，我国实行按商品出口收汇额占比留成的办法，再次调高外汇留成的比例，同时下调了人民币汇率。为了促进出口贸易持续稳定增加并补偿出口亏损，我国在 1985 年底在深圳成立了第一家外汇调剂中心，从而改变了由中国银行举办外汇调剂业务的一贯方式。随后，我国于 1988 年再次对外贸体制进行了较大改变，在贸易领域引入承包责任制。进入 21 世纪 90 年代，我国取消了财政补贴机制，并且自负盈亏机制在 1991 年取代外贸补贴机制。人民币汇率随着外贸体制改革的不断深入，成为调节对外贸易的重要方式。

我国政府在 1991 年 4 月开始对人民币汇率进行小幅度微调。考虑到官方汇率难以独立解决外贸核算存在的问题，我国开始实行调剂市场汇率与官方汇率并存的“双轨制”。主要措施包括：在各地设立外汇调剂中心，增加外汇留成占比，鼓励进口的同时限制非必需品的进口，放开调剂市场汇率以扩大外汇调剂量，通过市场利率减少出口亏损。

贸易内部结算价有很多优势：它有利于外贸部门出口换汇成本过高或者出口亏损等问题的解决；该段时间美元汇率处于升值状态，西方国家经济逐步恢复，在国内物价较为稳定的形势下，我国外汇储备显著提高，贸易收支开始转好。值得注意的是，任何措施都具有两面性，贸易内部结算价也存在很多不足，它仅仅是一种过渡性质的应急措施。比如，它可能会导致外汇管理的混乱，在影响非贸易部门积极性的同时，增大外贸亏损度，更为严重的是它甚至可能加重国家的财政负担。

为了纠正计划经济时期的人民币高估问题，人民币与美元之间的汇率在 1978—1994 年间，表现为大幅连续贬值的趋势。该时期，我国坚持汇率改革主要原则之一，根据出口换汇成本确定人民币汇率。不幸的是，此种汇率决定思想给我国带来了巨大的财政负担。

有学者指出，随着出口换汇成本的提高，国家财政负担不断加重，当达到通过贬值的方式保证出口，这便是“汇率随换汇成本走”现象。我国于 1994 年初完成汇率并轨，此后人民币汇率受出口换汇成本的制约大幅降低。

人民币的持续大幅贬值，可以部分解释我国的高通货膨胀率和价格水平的剧烈波动问题。本质来看，换汇成本和汇率之间存在某种双向刺激，而不是单向相关关系。王振中(1986)的研究发现，按照换汇成本对汇率水平进行调节，通货膨胀会因价格波动引致的贬值变得更加严重。

双轨制是传统的计划经济转向开放的市场经济过程的必然产物，人民币汇率体制便是这个特定历史时期的产物。我国外汇调剂市场汇率与官方汇率并存的状况，使得人民币逐渐形成了两种核算准则和对外价格的问题，而随着我国对外开放程度的提高和对外贸易体制改革的深入，以及我国内部经济体制改革的持续推进，上述状况对外汇资源配置的消极影响逐渐显现，这对我国市场经济的深入发展非常不利。不可忽视的是，这个阶段我国依然实现了进出口贸易的迅速增长，虽然从 20 世纪 80 年代到 90 年代，为了实现建设工业化国家的目标，我国大量进口国外的先进技术和设备，但整体来看，我国的贸易在大多数时间维持了平衡状态，贸易逆差仅是个例。

(三) 经济“并轨”后的人民币汇率制度

1993 年 11 月 11 日至 14 日召开的十四届三中全会审议并通过了《中共中央关于建立社会主义市场经济体制若干问题的决定》，在此之后，国务院本着建立社会主义市场经济体制的指导思想，在 1994 年初推出了一系列改革方案，其中就包括汇率制度改革，方案指出人民币汇率制度改革的最终目的是“建立以市场为基础的有管理的浮动汇率制度和统一规范的外汇市场，逐步使人民币成为可兑换的货币”。

1. 1994—1997 年

这一阶段有管理的浮动汇率制度得以逐步实施，并实现了人民币汇率的并轨。人民币与美元之间的官方汇率从 1993 年底的 1 美元兑 5.80 元人民币降为1994年初1美元兑8.70元人民币，自1994年初改变以往以行政决定进行汇率调节的做法，开始实行以市场供求为基础、单一的有管理的浮动汇率制度，逐步实现外汇调剂价和人民币官方汇率的并轨，充分发挥市场在汇率调节中的作用。

人民币汇率并轨后，用外汇银行结售汇制代替外汇留成和上缴制度，同时用经常性项目的台账制代替国内企业的外汇调剂业务，规定央行公布的人民币汇率使用在银行间外汇市场形成的汇率为基础，作为汇率并轨后的一项临时措施，上述举措在统一的银行间外汇市场的建立过程中发挥了积极作用。此后人民币汇率开始稳步升值，也就结束了此前的连续贬值过程。

银行结售汇制于1996年7月开始被外商投资企业使用，此后，我国在1998年12月1日将外资企业的外汇买卖整体纳入银行结售汇体系，并关闭了外汇调剂中心。此外，我国扩大了境内居民个人因私用汇的供汇范围，提高了供汇标准，并且由外汇指定银行为通过外汇管理局审核的超额用汇提供汇源。

这一阶段的汇率改革基本消除了1994年汇率制度改革以来尚存的一些汇兑限制。1996年12月初，我国接受国际货币基金组织第八条款的规定，跨出了人民币自由兑换的重要一步，将对外支付的范围进一步扩大到有实际交易需求的所有正当的经常项目用汇，从而实现了人民币经常项目可兑换的目标。

2. 1998—2005年

该阶段实行事实上钉住美元的汇率制度。以泰铢为首的东南亚各国货币在1997年亚洲金融危机后大都出现了贬值，1998年日元也出现了贬值，在此背景下，中国人民银行对外宣布人民币汇率不贬值，以减弱金融危机的进一步恶化对各国产生的消极影响。为了维持人民币汇率的稳定，我国央行持续在外汇市场上采取了一系列强有力的干预措施，从而保证了人民币与美元汇率的相对稳定，但是上述干预市场的举措有悖于我国“有管理的浮动汇率制度”，导致IMF将我国1999年实行的汇率制度定义为“事实上钉住美元”的人民币汇率制度。

人民币贬值的压力在2001年后彻底消除，但是面对持续多年的中美贸易双顺差，以美国为首的西方发达国家和地区在2003年以后不断对我国施压，要求人民币升值。尽管如此，考虑到我国企业抗风险能力不足和国内金融系统的不健全等原因，我国加大了对外汇市场的干预力度，实现了将人民币汇率保持在高度稳定状态的目标，而稳定的汇率通过扩大出口进一步弥补了我国国内需求相对不足的劣势。

人民币与美元之间的汇率除了1997年出现较大波动以外，其在1998—2005年基本保持不变。我国的通货膨胀水平在实行相对浮动的汇率制度时较高，而在钉住美元时期物价较为稳定。王水林和黄海州(2005)研究发现，亚洲金融危机后钉住美元的汇率制度，对我国货币政策发挥了名义锚的作用，并且该作用在20世纪80年代到90年代中期的名义锚效应最为显著。人民币汇率从1994年开始实施钉住美元的机制以来，截至20世纪末，相当于将美国低通货膨胀的货币政策引入我国，对实现中国经济持续快速增长意义重大。

汇率"并轨"引致的人民币大幅贬值，在导致人民币实际汇率低估的同时，通过增强我国出口产品的国际竞争力，对我国贸易的快速增长产生了积极影响，我国经常账户处于长期顺差的状态。然而，亚洲金融危机使亚洲大多国家和地区的货币出现大幅贬值，在抬升我国实际汇率的同时，削弱了我国出口商品的国际竞争力。我国的贸易顺差在亚洲金融危机结束后迅速恢复并保持强劲的增长态势。其一，我国的贸易顺差在2005年超过1 000亿美元，贸易顺差的迅速增长提高了我国在世界市场的地位；其二，我国在世界市场的地位进一步提高，出口贸易占世界出口贸易总额的比例在2004年为6.5%，而在2005年该比例上升到7.3%，进口贸易占世界进口贸易总额的比例在2004年为5.9%，2005年该比例升为6.1%。最后，我国外汇储备随着贸易顺差的提高也出现了持续增长趋势，2005年末我国外汇储备突破8 100亿美元。当然对外贸易的迅速发展和外汇储备的迅速增长往往与贸易摩擦伴随而来，截至2005年我国已经连续11年成为世界上遭遇反倾销调查最多的国家，仅2005年一年我国就遭遇51起反倾销调查。

多年来持续的贸易顺差和巨额的外汇储备导致我国经济结构出现了内外失衡等问题。自2005年以来,我国实现了国民经济的持续快速增长,但出口和投资导向型的经济增长模式并未改变,这种外向型的经济增长模式将大多要素汇聚在出口部门,巨大的资源消耗恶化了我国的环境,阻碍了我国可持续发展模式的实行,有损于我国非贸易部门的发展,使我国面临更严峻的贸易摩擦。改革开放以来,我国依靠廉价和充足的劳动力资源,大力发展加工贸易,使加工贸易成为我国出口贸易的重要支撑力量,虽然推动我国对外贸易额迅速增长,使我国成为全球最大的制造品出口商,但是我国获得的净利润是微乎其微的,并且巨额的贸易顺差也招致了更多的贸易摩擦,使我国成为很多国家的"眼中钉"。

(四) 人民币汇率制度改革的新阶段

中国人民银行在2005年7月发布的〔2005〕第16号文件中,公布了完善人民币汇率形成机制改革的相关内容,开启了新一轮的人民币汇率制度改革之旅。该次人民币汇率改革改变以往的钉住一篮子货币的要求,也不再单一钉住美元,力图建立调节自如和管理自由、以市场供求为基础、更富弹性的人民币汇率形成机制。在此之后,中央银行又相继公布实施了一系列市场化方式以进一步推进人民币汇率机制改革。

第一,增加市场交易的主体。中国人民银行自2005年8月8日起放宽了对进入银行间即期外汇市场的主体,使更多符合条件的非金融性企业或非银行金融机构进入即期外汇市场成为可能。银行间即期外汇市场的会员在2007年5月底达到268家,具体来看,外资银行有151家、企业会员1家,此外中资金融机构超过100家。

第二,不断健全外汇交易方式。中国人民银行在2006年1月4日将询价交易和做市商制度引入银行间即期外汇市场,从而使交易费用大幅降低,交易的灵活性大幅提高。2006年1月4日至2007年5月,我国共有22家做市商,具体来看,外资银行有 9 家、中资银行有 13 家。做市商往往拥有独立的报价能力,对我国汇率中间价的形成和汇率形成机制的市场化产生了积极影响。

第三,改革和完善相关的管理政策。2005 年 9 月 22 日,国家外汇管理局就结售汇周转头寸管理办法进行了调整,自此之后结售汇综合头寸管理得以实施,2006 年初进一步允许做市商将远期敞口并入结售汇综合头寸管理,同年 7 月 1 日权责发生制头寸管理原则开始在所有外汇指定银行进行推行。

第四,不断增加人民币汇率弹性。2005 年以来,我国不断调整人民币与美元在银行间即期外汇市场汇率的浮动幅度,以求增强人民币汇率弹性,促进我国外汇市发展。具体来看,人民币与美元在银行间即期外汇交易价的波动幅度从 3%上升为 5%,人民币和非美元货币之间的交易价也经历了浮动幅度从 1.5%到 3%的变化过程。

第五,增加外汇市场交易品种。为了满足不同市场主体对人民币汇率风险管理方面的要求,我国扩大了银行对客户远期结售汇业务的范围,并在银行对客户零售市场上不断开展外汇掉期业务。同时更为重要的是,中国外汇市场的业务范围和交易品种自汇率改革以来不断扩大。具体来看,外币买卖业务于 2005 年 5 月中旬推出,远期外汇业务于 2005 年 8 月初推出,最后,在 2006 年 4 月底推出人民币对外币掉期交易业务。

第六,有序拓宽资本流动渠道。在规定的比例内,鼓励保险机构使用自有外汇进行对外金融投资。允许对境外直接投资企业提前支付前期相关购汇费用,并取消其在购汇额度方面的限制。继续完善境外机构投资的相关管理制度,促进国内资本市场平稳发展。

随着人民币汇率弹性的不断加大,在各种外汇体制改革措施实施后人民币汇率开始出现大幅升值趋势,人民币汇率的波动性和大幅升值对我国居民和企业等微观主体产生了显著影响。比如,居民通过购买外汇进行海外市场投资,企业使用各种避险工具以应对汇率风险的可能冲击等。宏观经济方面,2007 年国内出现了一定程度的通货膨胀,对外贸易方面,我国的“双顺差”形势不断加剧。

面临强大的升值压力，人民币汇率的波动性在2005—2007年间不断扩大，具体表现为人民币与美元汇率的不断上升，其中人民币升值速度在2006年7月之后逐渐加快；同一时间内，人民币与美元之间的汇率在汇率改革当天升值了2.1%，之后继续升值了1.6%，升值幅度在2007年最大，超过6.8%。

人民币与其他国家货币的汇率也在汇改期间经历了一些波动，以日元和欧元为例，人民币兑日元的汇率呈现升值趋势，人民币兑日元汇率在2005—2007年间升值了15%。人民币兑欧元之间的汇率在2005年至2006年上升了2.2%，随后的一年，人民币兑欧元实际汇率再次上升了2.5%，但整体呈现先升后贬的趋势。人民币渐进升值对我国宏观经济产生了较大的影响。具体表现为：其一，人民币升值没有对我国贸易企业产生较大冲击，我国对外贸易总量仍然保持了较快的增长态势，同时，与汇率理论的预期相左，我国贸易顺差继续扩大，其中，贸易顺差在2007年增长了47.7%，达2622亿美元，这也导致了美、欧等国对我国人民币继续升值的国际压力；其二，人民币升值助长了国际游资进入我国资本市场进行无风险套利的势头。持续的贸易顺差和大量短期套利资本的进入使我国外汇储备以越来越快的速度大幅增长。我国外汇储备在2007年底超过1.5万亿美元。面临巨额的外汇储备，中国人民银行通过增加基础货币投放的方式对外汇储备增加进行冲销式干预，随着基础货币的大量投放，我国出现了流动性过剩问题，具体表现为结构性通货膨胀的隐现。

央行于2010年6月宣布，为了增强人民币汇率的弹性，继续推进和完善人民币汇率形成机制改革。之后人民币与美元之间的汇率出现大幅上升，但整体来看，人民币汇率一直在合理的汇率均衡水平上正常浮动，并且基本保持稳定，人民币升值的预期开始弱化。

（五） 未来的人民币汇率制度改革方向

综上所述，一方面，汇率改革前我国宏观经济的内外失衡问题并没有得到解决，从而进一步加大了人民币升值的压力。另一方面，为了防止人民币汇率大幅波动可能对我国宏观经济产生的负面冲击，我国政府在人民币升值的巨大压力下，仍坚持按照“自主性”“渐进性”和“可控性”的原则继续人民币汇率体制的改革。我国政府将在未来一段时间内逐渐推进人民币汇率的市场化改革，力求在人民币汇率的灵活性方面取得较大进展；但当前，考虑到汇率的大幅升值可能对我国出口企业造成的负面冲击和企业对人民币升值的承受能力有限的现状，同时更为重要的是为了防止金融危机引致的全球经济衰退对我国经济的负面影响，在汇率改革方面，我国政府短期内仍将坚持稳步推进和审慎的方式。

人民币汇率在2005年汇率制度改革后逐渐形成了持续小幅的升值特征，并且其兑美元汇率的中间价不断推高。2008年底开始，人民币兑美元汇率的中间价一改以往单向升值的趋势，呈现涨跌更迭的现象。有专家指出这种迹象说明人民币汇率的双向浮动弹性得到很大的提升，未来人民币汇率将可能维持这种趋势。当前，很多学者和研究机构建议将来人民币汇率制度改革应依靠市场力量调整汇率水平，并不断增加人民币汇率弹性。奥布斯特费尔德(Obstfeld，2007)研究指出中国资本账户向国际市场开放需要满足的一个重要条件是由市场决定人民币汇率，而上述条件只有在成熟的金融体系下才能满足。所以将来人民币汇率制度改革应将增加人民币汇率弹性和汇率波动范围作为目标之一，不断健全和完善我国的金融体系和外汇市场。

当前中国拥有充足的国际支付能力，外汇储备超过3万亿美元，这使人民币升值成为可能。同时，人民币也具有贬值的条件，中国的储蓄率甚至远高于发达国家和地区，储蓄额超过国内生产总值的1.8倍，达75万亿元人民币。也就是说，对中国而言，建立双向浮动和更有弹性的人民币汇率形成机制条件已经成熟。

第二节　改革开放以来人民币汇率的变动趋势

本节具体考察我国自1978年改革开放以来的三十多年中人民币汇率制度

的变迁过程。将1978—1993年划分为我国人民币汇率变动的第一阶段，这一阶段我国先后实行了双重汇率制并引入了外汇调剂中心，通过单一汇率制向双重汇率制的转变，最终使人民币汇率与其市场价值相符，极大地促进了汇率形成的市场化。通过观察图3-1容易看出，1978—1993年间人民币汇率从1978年的1美元兑1.5771元人民币到1993年的1美元兑5.7619元人民币，并且人民币汇率出现阶段性贬值。

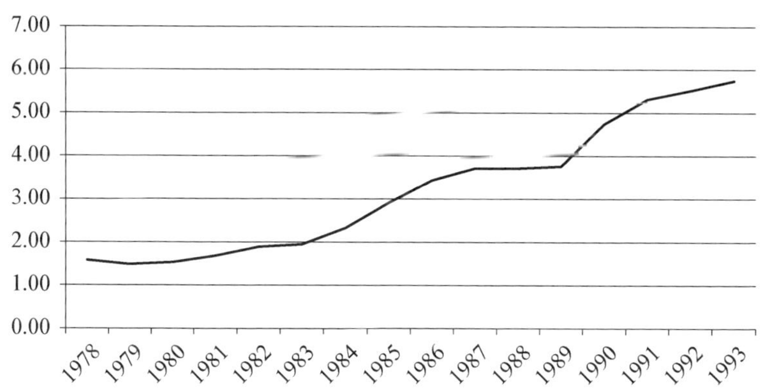

图3-1　人民币名义汇率变动趋势：1978—1993(USD/RMB)

数据来源：国家统计局网站。

1994年至2005年7月是我国汇率变动的第二个阶段。在这期间我国通过取消留成外汇制度和外汇调剂中心，实行以市场供求为基础、有管理的浮动汇率制度，逐步实现了人民币汇率的并轨，并逐步建立了统一规范的外汇交易市场，人民币逐步走上了可兑换货币的道路。人民币汇率自1994年开始的汇制改革，总体呈现持续缓慢上升的态势，汇率由1995年的1美元兑8.351元人民币升值到2005年的1美元兑8.1917元人民币，同时一个很明显的现象是该阶段人民币汇率出现了两个明显的拐点：首先是1997年东南亚金融危机时期的人民币汇率大幅升值，此后人民币出现持续小幅升值，然后在2005年人民币汇率制度改革之后，人民币汇率再次呈现迅速升值趋势(图3-2)。

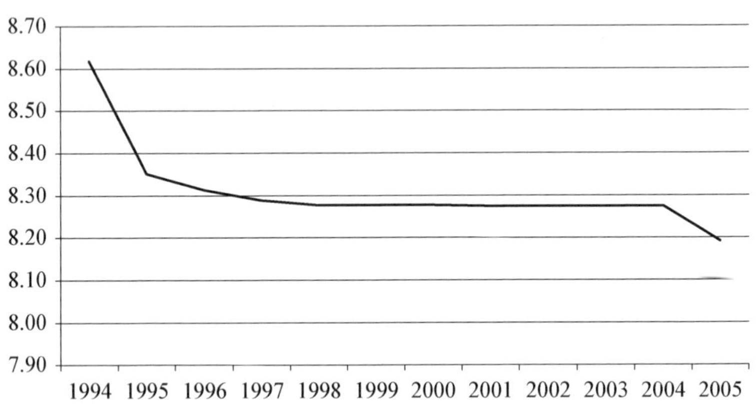

图 3－2 人民币名义汇率变动趋势：1994—2005(USD/RMB)

数据来源：国家统计局网站。

自 2005 年 7 月人民币汇率制度改革至今是我国汇率变动的第三个阶段。2005 年 7 月 21 日，我国开始实行"以市场供求基础、参考一篮子货币进行调节、有管理的浮动汇率制度"，从此，人民币汇率开始了一个持续稳步升值的新阶段。"汇改日"当天人民币对美元升值了 2%。按照国际清算银行的统计，人民币与美元之间的名义汇率从"汇改日"起持续上升，从 2005 年的 1 美元兑换 8.19 元人民币到 2011 年的 1 美元兑换 6.46 元人民币，人民币与美元之间的名义汇率在这几年间累计升值 26.78%。此外，自"汇改日"起至 2011 年底，人民币兑美元实际有效汇率累计升值幅度接近 31%。与 2005 年汇率制度改革后第一年里人民币汇率的缓慢升值相比，人民币兑美元汇率在 2006 年和 2007 年以更快的速度提高，其中 2006 年升值了 5.5%，2007 年则实现了 10.9%的升值幅度，成为"汇改日"后升值速度最快的一年。

图 3－3 给出了 2006—2012 年间人民币汇率的变化趋势，从中不难看出，人民币兑美元汇率处于不断升值的状态，人民币汇率从 2006 年的 1 美元兑 7.971 8元人民币升值到 2012 年的 1 美元兑 6.312 5 元人民币，人民币与美元之间的汇率升值了 20.81%。其中值得格外注意的是 2007 年底到 2008 年初这一

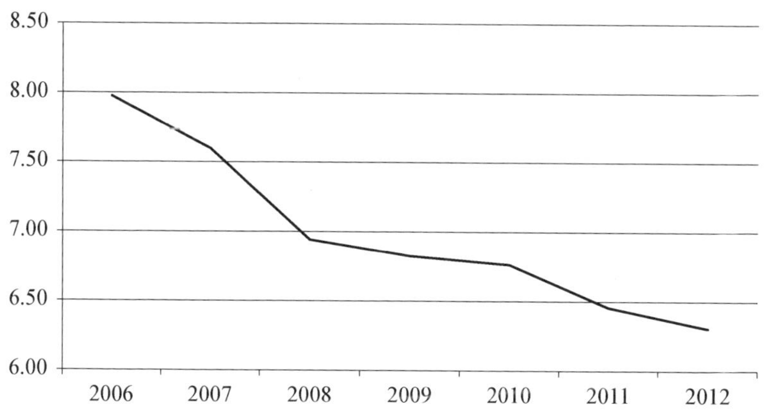

图 3-3　人民币名义汇率变动趋势：2006—2012(USD/RMB)

数据来源：国家统计局网站。

时间段，这段时间全球金融危机爆发，受危机的影响，美元走势变弱，从而人民币达到了历史上的升值高峰。自此之后，人民币与美元之间的汇率在 2008 年到 2012 年间逐渐放慢了升值幅度。

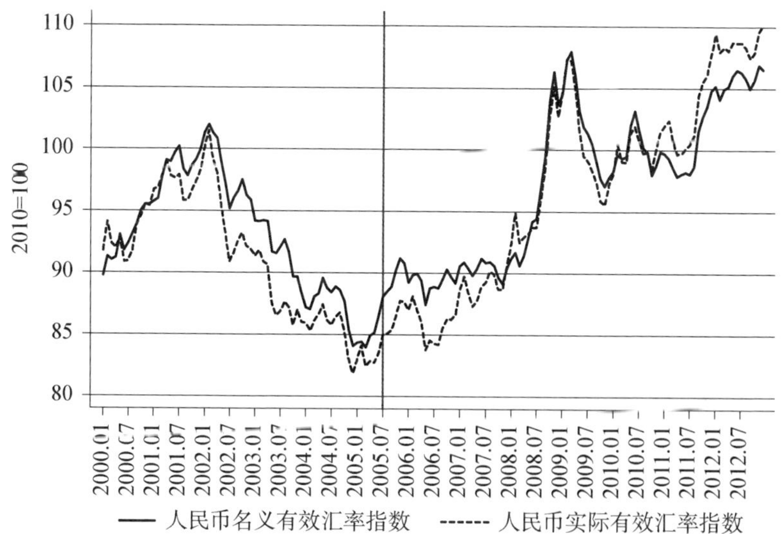

图 3-4　人民币名义和实际有效汇率指数(2000—2012)

数据来源：国际清算银行(BIS)。

图3-4显示,2005年7月至2008年11月这段时间,人民币名义有效汇率累计升值幅度达到20.0%,与之几乎同步,人民币实际有效汇率累计升值25%。此后,受到美国次贷危机引致的全球金融危机的影响,人民币的升值幅度开始步入下降通道。截至2009年12月,人民币名义和实际有效汇率的累计升值幅度分别达到10.6%和16%。2010年开始,随着全球经济的缓慢复苏,全球进入后金融危机时期,该段时期人民币汇率在国内促经济恢复和增长的各种措施的作用下依然保持了缓慢升值的趋势,人民币名义和实际有效汇率的累计升值幅度在2012年12月分别达到26%和33%,此外,图3-4也表明中国人民币汇率制度改革后的较长时间里,人民币名义和实际有效汇率保持了相对比较平缓的增长趋势,这可能是因为汇率的大幅变动不利于经济平稳健康发展,甚至会阻碍经济发展引起经济退缩,鉴于此,为防止汇率的大幅波动可能会引起的经济衰退和失业增加,防止类似日本20世纪90年代货币迅速大幅升值导致的经济衰退,相关部门保持了审慎的态度,针对人民币汇率升值采取了一些宏观调控措施,也就是因为这样,人民币汇率在2005年7月"汇改日"之后的一段相当长的时期内保持了稳定的变动趋势。但不容忽视的问题是,后金融危机时代各国之间的联系更加紧密,同时国际竞争也更加激烈,以美、日为代表的部分发达国家和地区纷纷抛出"人民币威胁论",人民币升值压力巨大,从而较长一段时间内人民币的升值预期将难以改变。

第三节　企业层面人民币汇率指标的构造与测算

一、汇率测算方法概述

接下来简要介绍测算一国汇率的方法。

(一)　名义汇率

名义汇率一般是指市场汇率或者银行买卖外汇的汇率,它表示一种货币兑换成另外一种货币的比率,也就是在名义上一个单位的某种货币可以兑换的另一种货币的数量。

（二） 实际汇率

与名义汇率相对而言，实际汇率的含义相对更加复杂。实际汇率一般有两种表述形式：其一，一国或地区政府往往通过对一些出口产品进行税收减免或财政补贴，对进口产品征收附加税的形式来增加出口或者限制进口，因而名义汇率和上述补贴率或者税率之间的和或差就可以理解为实际汇率，其公式可以表述为：实际汇率＝名义汇率＋财政补贴率或税收减免率。

其二，当不考虑税收减免和财政补贴的情况，而仅考虑通货膨胀因素时，实际汇率又可以解释为剔除通货膨胀因素的名义汇率，也就是说对名义汇率剔除通货膨胀因素便是实际汇率。进一步地，这种情况下的实际汇率在具体表达方面形式有二：

（1）外部实际汇率，如果对名义汇率根据外国和本国之间购买力水平的差异进行调整，可以得到实际汇率，这也便是根据购买力平价理论进行的解释，由此得到的实际汇率可以反映一揽子国内外商品之间价格的变化，从而可以就商品在相对价值方面的差异进行比较。

（2）内部实际汇率，根据一国内部的贸易品和非贸易品的国内价格之比定义的实际汇率便是内部实际汇率，根据此指标可以明确看到一个国家内部居民消费的贸易品和非贸易品之间相对价格比例的变化状况。

（三） 名义有效汇率

将一国货币与其各个贸易伙伴国的货币之间的名义汇率进行加权平均可以求得该国货币的名义有效汇率，计算时权数的确定方法有很多种，其中以双方之间贸易额的比重作为权数最为常见，值得强调的是，这种定义方式中贸易权数的确定取决于各贸易伙伴国在本国贸易额中占的比例。

（四） 实际有效汇率

对上文中的外部实际汇率以贸易比重为权数进行加权平均，便可以得到实际有效汇率指标。

二、选取实际有效汇率测算企业层面人民币汇率变动

（一） 汇率测算方法评述

当前，汇率的测算标准有许多种，比如名义汇率、实际汇率、名义有效汇率和实际有效汇率等，但是实际有效汇率在分析汇率变动对出口的影响方面比其他几种测算方法更有优势，基于此，本书最终使用实际有效汇率来测算人民币汇率的变动情况。

一方面，名义汇率测算方法存在一些明显的不足，虽然其数据采集相对比较方便，但是该方法容易受到贸易双方国家之间货币环境变化的影响，比方说，两国之间相对通货膨胀率和通货紧缩率的变化都会使名义汇率失真而不能体现真实的货币价值，从而在考察汇率与出口之间的关系时使用名义汇率具有较大的不准确性。此外，由于一个国家或地区往往同时拥有许多贸易伙伴，如果只使用其与某一贸易伙伴之间的名义汇率来衡量该国的总体贸易状况是不准确的。

另一方面，相比名义汇率，实际汇率剔除了货币因素的干扰，但实际汇率只能反映一国或地区与其某一个贸易伙伴之间汇率的变动情况，关于该国和其全部贸易伙伴之间汇率的变动情况却无法得以反映；由此，名义有效汇率在某种程度上可以弥补实际汇率存在的上述问题，名义有效汇率是一个整体的汇率指标，它可以反映一国或地区与其所有贸易伙伴之间汇率的变动情况，同时又考了价格因素的影响。

从 2005 年“汇改日”起，人民币开始实行参考一篮子货币进行调节、有管理的浮动汇率制度，随之而来，人民币有效汇率取代了人民币美元双边汇率逐渐成为人民币汇率水平调整的参考指标。中国人民银行副行长胡晓炼(2010)提出了未来可尝试定期公布名义有效汇率的说法，改变公众主要关注人民币兑美元双边汇率的习惯，建议逐渐把有效汇率作为人民币汇率水平调控的参考和参照系。这也就是从决策层再次肯定了有效汇率指标的重要性。进一步地，笔者认为把实际汇率和名义有效汇率两者优点结合起来的实际有效汇率是分析汇

率对一国贸易影响情况的最佳标准。比如，周阳(2011)研究发现，人民币双边汇率变动对贸易的影响较为微弱，与之相比，人民币实际有效汇率变动的作用较为显著。

（二） 使用企业层面实际有效汇率的必要性

汇率与一国或地区宏观经济的关系一直都是经济学研究中受到广泛关注的焦点话题之一。汇率变动可以影响一个国家或地区的对外贸易和投资状况，并且对一国或地区的就业、物价水平和工资等宏观经济变量也具有重要影响，通过上述变量，汇率进一步可以影响整个社会的福利状况。关于汇率的经济效应的相关实证研究中，所用的汇率数据也经历了几个不同的发展阶段。早期关于汇率影响方面的研究大多是基于国家宏观层面的时间序列数据进行的，主要代表研究有奥佩尔和柯尔哈根(Hooper and Kohlhagen，1978)、巴克斯特和斯托克曼(Baxter and Stockman，1989)以及拉斯恰普和科拉伊(Lastrapes and Koray，1990)等。自20世纪90年代后，很多学者渐渐开始使用行业层面的数据来考察一国或地区货币汇率的变化，并使基于行业数据的研究成为该时期研究的主导，主要代表研究包括布兰松和洛夫(Branson and Love，1988)，戈尔德贝里(Goldberg，1993)，布格斯和克内特(Burgess and Knetter，1998)，坎帕和戈尔德贝里(Campa and Goldberg，1995，2001)，戈尔德贝里等人(Goldberg et al.，1999)等。近年来，一些国家开始公布微观企业层面的数据，这为汇率方面的微观研究创造了条件，从而大量研究开始使用企业层面的数据研究汇率与企业绩效问题，其中努奇和波佐洛(Nucci and Pozzolo，2010)，埃克霍尔姆等人(Ekholm et al.，2012)，以及伯曼等人(Berman et al.，2012)最为典型。

纵观有关汇率影响的相关文献，其中使用最为频繁的便是有效汇率指标。但一个有趣的问题是，虽然关于汇率方面的实证研究大多在研究数据和研究对象方面经历了从宏观到微观的较大发展，但与之相比，汇率的衡量方法却变化较小。较早时期，关于汇率方面国家层面、行业层面或企业层面的实证研究大多使用加总层面的名义有效汇率和实际有效汇率指标进行分析，这种加总层面的名义有效汇率和实际有效汇率以一国或地区与其所有贸易伙伴之间的整体贸易份额为权重直接对双方之间的汇率进行加权平均。上述测算汇率的方法对以往基于宏观层面的相关实证研究发挥了重要作用。但是,不得不提的一点是,由于无法反映汇率变动在不同企业间的异质性,使用上述有效汇率指标进行微观企业层面的相关研究时存在重要问题。加总层面的汇率指标在分析时暗含的一个假设是汇率变化对所有企业是无差异的,并且所有企业均面临着整体的贸易加权汇率的平均变化情况,这与事实是不符的。现实中,不同企业往往与多个不同国家存在贸易往来,并且每个企业面临的汇率变化随着时间的变化也不同。从而上述因素会使传统加总汇率的做法不能准确地反映现实,导致实证分析的偏差。由此本书需要计算微观企业层面的实际有效汇率指标,以便更加准确地考察实际有效汇率变动在企业之间的异质性变动。但就笔者对已有文献的把握,当前这一基础性研究较为匮乏。

当前在实际有效汇率的测算方面,由于贸易国的选择和贸易权数的确定不统一,很多学者分别从不同的角度进行了计算,得到的实际有效汇率值也存在较大差异。本书按照目前该领域较为认可的 IMF(国际货币基金组织)和巴格斯等人(Baggs et al., 2009)的方法计算企业层面的人民币实际有效汇率。众所周知,IMF 测算的人民币实际有效汇率是目前国际上公认的权威性指标。IMF 通过选择包括中国香港、日本、美国在内的 11 个与中国内地贸易密切的国家和地区的货币汇率作为测算基础来测算人民币汇率,其中,根据各种货币与中国的贸易额来确定权数,进一步用贸易额的比例作为权重通过加权计算的方法得到贸易加权的人民币实际有效汇率指标,值得注意的是,在计算过程中剔除了货币因素的干扰。在此基础上,进一步采用 34 个国家和地区的货币汇率作为测算基础,提高了本书测算结果的全面性和准确性,本节第三部分对比了本书和 IMF 的测算结果,发现本书计算的企业层面的人民币实际有效汇率的平均数与国际清算银行计算的实际有效汇率高度接近,它们之间的相关系数高达 99.4%。

通过收集文献，不难发现目前计算企业层面实际有效汇率指标的研究较少，这可能是因为计算企业层面实际有效汇率值要求使用企业层面的详细贸易数据，而当前拥有如此精细数据的国家非常有限。李宏彬等人(2011)按照进口加权和出口加权分别计算了2000—2006年中国进出口企业层面的人民币实际有效汇率指标，并考察了人民币汇率变动对中国企业进出口贸易的具体影响。之后，戴觅和施炳展(2013)根据贸易总体加权的方法，利用2000—2006年企业层面的贸易数据分别测算了中国企业层面的名义和实际有效汇率指标，并进一步测算了企业层面的汇率风险指标。本书与上述两篇基于微观企业数据的研究主要存在以下几点不同：(1)由于国际清算银行和国际货币基金组织等机构均根据贸易加权的方法测算一国或地区的加总的有效汇率数据，因而按照它们的方法使用贸易加权方法计算企业层面的实际有效汇率进行实证分析，将更容易与它们的加总有效汇率进行直接比较，基于上述考虑，本书最终使用贸易加权方法测算中国出口企业层面的人民币实际有效汇率数据；(2)与已有研究相比，本书使用更多的样本国家货币进行计算，从而通过增加样本货币种类可以更全面和准确地考察企业面临的汇率变动状况；(3)已有研究均是使用截至2006年的数据进行测算，但是中国在2005年7月的汇率改革之后逐步放松了对汇率变动的限制，使用截至2006年的数据进行分析将难以准确地考察2006年之后人民币汇率变动对企业出口行为的影响，不能考察汇率变动对企业出口行为的长期影响，并且可能会低估企业对汇率的反应。为此，本书使用目前可得的中国2000—2007年的微观企业层面的数据进行测算，试图缓解上述问题的影响。

三、数据库的匹配

在计算人民币汇率指标之前，首先需要将中国工业企业数据库和海关贸易数据库进行合并。其中海关数据包括中国境内所有的进出口企业。在数据内容方面，主要包括企业进出口类型，进出口商品的数量和金额，企业所有制形式，进出口商品种类、贸易方式和运输方式，企业所在地，出口商品的目的地和进口商品的来源地等。数据信息由各企业直接报送给海关总署[①]。企业层面数据来自由国家统计局提供的工业企业统计数据库，它包括了中国所有的国有企业以及非国有企业中的规模以上(即总产值超过 500 万元)企业。在出口总额占比方面，这些企业的出口总额达到了中国制造业出口总额的 98%。该数据提供了包括企业资产负债表和利润表中的 80 多个变量，并且对企业身份、企业的所有制类型、就业人数以及固定资产总额等信息进行了详细的统计。

众所周知，由于企业数据库中的企业代码和海关贸易数据库中企业的代码采用的是两套完全不同的编码系统，也就是说同一家企业在两套数据中的代码会存在较大差异，基于此，对上述两套数据进行匹配是一项相当繁琐的工作。这里，对两套数据的匹配主要借鉴田巍和余淼杰(2012)以及厄普瓦尔德等人(Upward et al.，2013)的方法进行。

具体而言，主要包括三个步骤：第一，直接利用企业名称进行匹配。首先用未剔除任何企业的原始的工业企业数据进行匹配，可以匹配成功的企业有 82 425 家。第二，将已经匹配成功的样本从原样本中剔除，其余的样本继续按照"企业所在地的邮政编码＋企业电话号码的后七位"这一标准来识别两套数据库中相同的企业。其假设是企业在邮政编码相同的地区会使用同一个电话号码。之所以使用电话号码的后 7 位，具体解释见田巍和余淼杰(2012)。第三，继续将已经匹配成功的样本从原样本中剔除，其余样本的匹配按照"企业所在地的邮政编码＋企业联系人"这个标准来进行识别。其中第二步和第三步共匹配上的企业有 21 210 家。

最后匹配成功的 103 635 家企业占海关数据库中 314 824 家企业的比例为 33%，占工业数据库中 505 023 家企业的比例为 21%(表 3－1)。

① 笔者所在课题组购买的海关数据中 2000—2006 年数据为月度数据，2007 年为年度数据，为了分析的需要，将月度数据加总到年度。

表 3－1　数据库匹配前后的统计量：企业数目

年份	海关数据库企业数	企业数据库企业数	匹配数据	
			企业名称	企业名称&邮编 电话&邮编联系人
	(1)	(2)	(3)	(4)
2000	82 063	162 885	18 682	24 304
2001	89 660	171 256	21 766	27 545
2002	104 245	181 557	24 956	29 938
2003	124 299	196 222	28 923	33 724
2004	153 779	279 092	44 521	49 386
2005	179 665	271 835	44 486	51 787
2006	208 425	301 961	51 821	55 273
2007	209 427	336 768	55 285	61 702
所有年份	314 824	505 023	82 425	103 635

注：(4)是本书最终进行实证分析的基础样本。该统计没有对指标存在零值或负值的样本进行剔除。

四、贸易加权的人民币实际有效汇率的测算

具体采用两种方法计算企业层面的人民币实际有效汇率指标：算术加权算法和几何加权算法。其中算术加权算法按照巴格斯等人(Baggs et al.，2009)的方法进行，将国家 k 在 t 期的实际有效汇率表示为：$rer0_{kt}=(E_{k/CNYt})\times(P_{ct}/P_{kt})$，$E_{k/CNYt}$ 表示 t 期人民币与货币 k 的名义汇率(间接标价法)，P_{ct} 为 t 期中国的居民消费价格指数(1 999＝100)，P_{kt} 是 t 期 k 国的居民消费价格指数(1 999＝100)。然后将每个国家的实际有效汇率折算为以 1999 年为基期的实际有效汇率：$rer_{kt}=(rer0_{kt}/rer_{k99})\times 100$，最后企业 i 在 t 期的实际有效汇率表示为：

$$reer_{it}=\sum_{k=1}^{n}(X_{ik}/\sum_{k=1}^{n}X_{ik})\times rer_{kt} \tag{3-1}$$

其中，$(X_{ik}/\sum_{k=1}^{n}X_{ik})$ 表示企业 i 在 t 期与国家 k 的贸易额占其与当期总贸易额的比例。

几何加权算法，本书采用让纳内和华(Jeanneney and Hua，2011)的方法，对企业 i 在 t 期面对的 $reer$ 定义如下：

$$reer_{it} = 100 \times \prod_{k=1}^{n} \left(\frac{E_{kt}}{E_{k0}} \times \frac{P_{ct}}{P_{kt}} \right)^{w_{k,t}} \tag{3-2}$$

其中，E_{kt} 为 t 期外币 k 的人民币价格；E_{k0} 为基期外币 k 的人民币价格，本书的基期定为1999年。w_{kt} 为贸易权重，用企业 i 在 t 期与 k 国的贸易额占其 t 期总贸易额的比例来表示。因此，基期的 $reer$ 值为100，若 $reer$ 值上升，表示人民币实际有效汇率升值，反之则表示人民币实际有效汇率贬值。其中，中国与贸易伙伴之间的名义汇率及CPI数据来自国际货币基金组织IFS数据库。几何加权算法得到的汇率指标将在后文稳健性分析中作为人民币实际有效汇率的替代性指标。

本书使用匹配完成的企业样本计算贸易加权的人民币实际有效汇率，其中，根据企业与各国的贸易权重，采用23种货币(34个国家和地区)①对人民币实际有效汇率进行计算：美元、欧元、英镑、港币、日元、韩元、新台币、新加坡元、马来西亚林吉特、印度尼西亚卢比、泰铢、菲律宾比索、澳元、加拿大元、瑞典克朗、瑞士法郎、俄罗斯卢布、巴西雷亚尔、墨西哥比索、南非兰特、匈牙利福林、新西兰元、印度卢比。从样本数据来看，我国企业出口到这些国家和地区的平均出口值占出口总值的86%以上(相应的平均贸易额比重为81%)。其他出口目的地货币的汇率，借鉴李宏彬等人(2011)的方法，使用美元兑人民币的汇率来代替。

图3-5对本书计算得到的样本期间内各年企业实际有效汇率的平均数和国际清算银行计算的人民币实际有效汇率做了对比。不难发现，使用算术加权

① 这34个国家和地区包括：美国、奥地利、比利时、芬兰、法国、德国、希腊、爱尔兰、意大利、卢森堡、荷兰、葡萄牙、西班牙、英国、中国香港、日本、韩国、中国台湾、新加坡、马来西亚、印度尼西亚、泰国、菲律宾、澳大利亚、加拿大、瑞典、瑞士、俄罗斯联邦、巴西、墨西哥、南非、匈牙利、新西兰、印度。

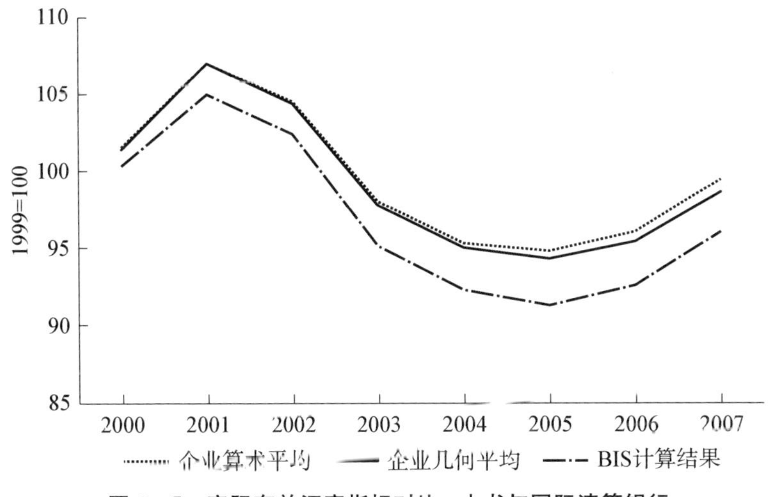

图 3－5　实际有效汇率指标对比：本书与国际清算银行

方法和几何加权方法得到的企业实际有效汇率均与国际清算银行计算的结果非常接近。另外，在相关系数方面，本书得到的企业实际有效汇率的平均数与国际清算银行计算的实际有效汇率之间的相关系数接近 99.4%，并且通过了 1%水平的显著性检验。

表 3－2 显示了贸易加权的企业实际有效汇率位于不同变化区间的企业数所占份额。尽管加总有效汇率在 2000—2007 年间下降了 1.3%①，企业实际有效汇率降幅在 10%以内的企业仅占所有企业总数的 17.98%，有超过 41%的企业降幅在 10%以上，另外，实际有效汇率上升的企业大约占到 40.98%。统计数据表明，由于在出口地等方面存在较大差异，许多企业面临的汇率变动与加总的汇率变动之间极有可能存在较大差异。正如戴觅和施炳展（2013）的研究，他们认为当有效汇率在企业间存在较大差异时，使用加总的有效汇率来代理所有企业面临的汇率变化会导致相关估计结果出现严重偏差。

① 根据 IMF 提供的人民币汇率数据整理得到。

表 3－2　实际有效汇率变化区间及相应企业所占份额(2000—2007)

汇率区间	所占份额(%)
(−∞, −0.4]	16.52
(−0.4, −0.3]	8.21
(−0.3, −0.2]	6.98
(−0.2, −0.1]	9.33
(−0.1, 0]	17.98
(0, 0.1]	9.2
(0.1, 0.2]	10.78
(0.2, 0.3]	8.92
(0.3, 0.4]	10
(0.4, +∞]	2.08

注：汇率区间表示($\ln reer_{i2007}-\ln reer_{i2000}$]的相应区间。(0, 0.1]表示 IMF 加总实际有效汇率变化率所在区间。

表 3－2 呈现了实际有效汇率变动在企业之间的显著异质性。那么上述异质性可能有两个来源：其一，行业间的差异。假如不同行业的企业出口异质性产品，而出口到不同国家或地区的产品因进口国成本、消费偏好等方面具有较大差异，所以处于不同行业的企业面对的实际有效汇率也存在较大差异，处于同一行业内的企业面对相同的实际有效汇率；其二，行业内的异质性。处于同一行业内的企业也可能因为企业自身的异质性而导致各企业实际有效汇率的不同。正如戈尔德贝里(Goldberg, 2004)认为的那样，如果企业实际有效汇率的差异主要来自行业间，那么为了较好地衡量不同企业面临的汇率差异，需要使用行业层面的实际有效汇率。但是若企业实际有效汇率的差异主要来自行业内，那么行业层面的实际有效汇率便不能反映企业间汇率的差异，这时需要使用企业层面的实际有效汇率指标。

为此，本部分借鉴赫尔普曼等人(Helpman et al., 2011)，戴觅和施炳展(2013)的方法来分析行业间(B_t)和行业内(W_t)差异对企业实际有效汇率差异的贡献度，通过将实际有效汇率的总体差异(T_t)分解为行业内差异和行业间差异两部分：

$$T_t = W_t + B_t \qquad (3-3)$$

$$T_t = \frac{1}{N_t}\sum_j \sum_{i\in j}(reer_{it} - \overline{reer_t})^2 \qquad (3-4)$$

$$W_t = \frac{1}{N_t}\sum_j \sum_{i\in j}(reer_{it} - \overline{reer_{jt}})^2 \qquad (3-5)$$

$$B_t = \frac{1}{N_t}\sum_j N_{jt} \sum_{i\in j}(\overline{reer_{jt}} - \overline{reer_t})^2 \qquad (3-6)$$

其中，i 表示企业，j 表示行业，t 表示年份。$reer_{it}$ 表示企业层面的实际有效汇率指标，$\overline{reer_{jt}}$ 为行业内企业实际有效汇率的平均数，$\overline{reer_t}$ 表示 t 年所有行业企业实际有效汇率对数值的平均数。

根据海关数据库与工业企业数据库的合并数据，能够得到企业所在行业的具体信息，工业企业数据库提供的 4 位行业代码可以衡量每个企业所处的行业。表 3－3 给出了根据(3－3)至(3－6)式对 2007 年实际有效汇率数据的分解结果。正如戴觅和施炳展(2013)的研究所发现的，一般而言，行业间的贡献会随着对行业分类的细化而变大。但是表 3－3 的结果表明，在 4 位行业分类标准下，行业内差异的贡献率依然高于 97.89%。这一结论说明同一行业内不同企业间的差异而非行业间的差异是导致企业在实际有效汇率方面存在差异的主导原因。这说明使用加总层面甚至行业层面的实际有效汇率均不能准确地反映企业有效汇率的变化(Goldberg，2004)。从而，最终本书使用企业层面的实际有效汇率进行相应的实证研究。这也再次验证了本章"(二)使用企业层面实际有效汇率的必要性"这一部分的说法。

表 3－3　行业内差异与行业间差异对企业汇率变动的贡献率(2007 年)

有效汇率种类	贡献率(%)
行业内	97.89
行业间	2.11

作为对外贸易活动的主体，企业是汇率的直接作用受体，从而基于微观企业的视角考察汇率与出口企业行为之间的关系尤为重要。其中值得说明的一点是，计算企业层面的实际有效汇率才能准确衡量不同企业面临的汇率变化状况。本书研究发现，不论是采用算术加权方法得到的企业实际有效汇率，还是使用几何加权方法得到的企业实际有效汇率，都与国际清算银行计算的实际有效汇率相当接近。并且平均来看，企业层面实际有效汇率的变动情况与 IMF 加总的有效汇率走势比较一致，但不同企业面临的汇率变化差异显著。进一步地，本书计算发现行业内异质性企业的差异是企业实际有效汇率差异的主导原因，可以解释企业汇率变动的 97.89%，这再次验证了本书使用企业层面贸易加权的人民币实际有效汇率指标的合理性。

第四章　人民币汇率与中国制造业出口企业生产率

第一节　引言

作为学术界和政策层关注的焦点，人民币汇率变动会对一国或地区的经济发展带来深刻影响。我国于 2005 年 7 月 21 日实施了人民币汇率制度改革，具体而言，实行以市场供求为基础、参考一篮子货币进行调节、有管理的浮动汇率制度。通过计算汇率的合理均衡水平，"汇改"当天人民币兑美元升值了 2%。自此截至 2011 年，人民币兑美元实际汇率累计升值幅度超过 30%(图 4 - 1①)，人民币汇率不断走强。当前已有大量学者围绕人民币汇率变动与中国贸易收

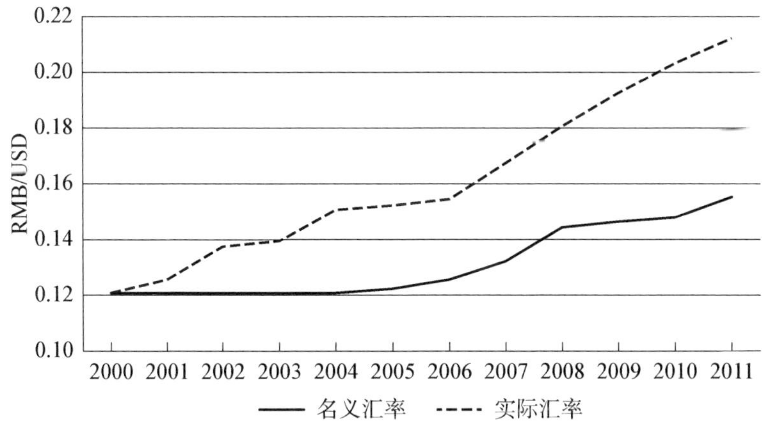

图 4 - 1　人民币兑美元的名义和实际汇率(2000＝100)

① 对人民币名义汇率按照 2000 年为基期的中美单位劳动成本指数进行折算，得到人民币兑美元的年度实际汇率。其中，人民币兑美元的名义汇率数据来自国际清算银行，美国的单位劳动成本及指数来自 OECD 数据库，中国的单位劳动成本及指数由笔者计算得到。

支(Kamada and Takagawa, 2005;叶永刚等,2006)、人民币汇率变动与企业进出口行为(李宏彬等,2011; Freund et al., 2011)等问题进行了深入研究,但少有研究关注人民币汇率变动对出口企业生产率的影响。

关于汇率变动与企业生产率之间的关系,国际上已有研究大多认为汇率升值有利于促进企业生产率提升。例如,马斯顿(Marston, 1986)、施纳布尔和博尔(Schnabl and Baur, 2002)以日本为例的研究表明,日元在1985年的升值对日本出口商生产率的提升产生了积极影响。阿里斯(Harris, 2001)认为加拿大元在20世纪90年代相对美元出现贬值,是导致其生产率增长速度落后于同期美国生产率增长速度的关键原因。高(Gao, 2006)研究发现,实际汇率升值会通过资本和劳动力资源配置效应促进企业生产率提高,但也有研究认为汇率升值并无益于企业生产率的提升。此外,张斌(2011)对德国马克和日元的研究发现,马克和日元在20世纪的大幅波动对两国劳动生产率提升的作用甚微,由此他认为汇率变化可能与生产率之间没有必然的关系。

人民币汇率方面,胡晓炼(2010)指出2005年的汇率机制改革对于提高企业创新力度和产品升级换代意义重大,她进一步认为人民币升值可以提升企业核心竞争力,对优化中国的出口贸易结构、促进外贸发展方式转变并最终实现经济的内涵式增长具有不可忽视的作用。余永定(2003)的研究也得到了类似的结论,他认为人民币实际汇率升值可以促进企业生产率提高,最终促使企业迈入通过提高技术创新能力以增强国际竞争力的道路。与之相呼应,让纳内和华(Jeanneney and Hua, 2011)使用中国1986—2007年间29个地区的省级面板数据考察了人民币实际汇率升值对地区劳动生产率的作用,发现人民币实际汇率升值对地区劳动生产率提升具有积极作用,并且两者形成了良性互动。与上述结论相反,宗伟濠(2013)使用中国行业层面数据的分析发现,人民币汇率变动对行业全要素生产率(TFP)影响较小,并且呈反向相关关系,即人民币升值无益于行业生产率提升。

企业生产率提升无疑是中国实现内涵式增长的关键环节。那么,在当前我国经济发展方式转型、人民币汇率升值呼声高涨的严峻形势下，作为外贸经济活动微观主体的出口企业，其全要素生产率对人民币汇率变动的具体反应如何？同时，由于我国存在诸如一般贸易和加工贸易、内资企业和外资企业等不同导向型的制造业企业，并且上述不同类型的企业在融资约束程度和汇率风险程度等方面存在显著差异，人民币汇率对这些企业生产率的影响是否有所不同？然而迄今为止，鲜有研究工作通过运用企业数据来系统地探讨人民币汇率对中国出口企业生产率的微观影响，本书力图填补这项空白。本章使用中国工业企业数据库和海关数据库的匹配数据，着力于考察人民币汇率对微观出口企业生产率的影响。

可以将汇率变动对出口企业生产率的影响机制概括为资本劳动要素配置效应、企业选择效应、规模经济效应以及人力资本提升效应四个方面。

首先，企业资本劳动要素配置效应。根据新古典经济增长模型，资本深化有利于企业生产率提升。在开放经济条件下，汇率变动对企业利润和企业投资的影响主要是通过其对企业出口产品价格和进口成本价格的传递效应来实现的，进一步地，汇率会通过影响企业的资本劳动比而影响企业生产率。其次，企业选择效应。企业之间的竞争以及由此导致的企业进入和退出市场的现象又被称为企业选择机制，而由上述机制所产生的创造性破坏被视为企业生产率增长的重要动力和源泉。汇率上升会加大国内市场的竞争并由此加速企业在市场上的进入和退出，本国货币升值使国外竞争者相比本国企业在国内市场更有竞争力，市场竞争压力的增强会迫使一部分低效率的企业退出市场，而新进入市场的企业和生存下来的企业将更有效率。再次，规模经济效应。规模经济可以降低企业的生产成本和提高其资本使用效率，从而进一步促进企业生产率的提高。已有研究发现，本国货币升值会加剧市场竞争，而市场竞争压力的提高会使部分劣势企业退出市场，其留下的市场将被新进入的企业和生存下来的企业占有，这些企业的生产规模可能会扩大，而生产规模的扩大会通过规模经济效应促进企业生产率提升。最后，人力资本提升效应。按照斯托尔珀-萨缪尔森效应，如果一国贸易品部门是人力资本密集型部门，实际汇率的贬值会降低企业技能型劳动力的工资水平，并导致该类人才发生迁移。实际汇率的升值将提高工人的整体福利，在一个非熟练劳动力工人工资很低的国家，这种变化可以提高工人的效率，降低熟练技术工人的频繁流动倾向，技术水平较高的工人在学习和使用新技术方面具有比较优势，这有助于提高企业生产率。

本章剩余部分的结构安排为：第二部分是计量模型设定、变量和数据说明；第三部分给出基准和分组的估计结果，并进行稳健性检验；第四部分进一步就企业融资状况在人民币汇率对出口企业生产率影响中的作用进行深入分析；最后为本章小结。

第二节　计量模型、变量与数据

一、计量模型设定

首先，为了考察人民币汇率变动与出口企业生产率之间的关系，本部分在既有理论和实证研究文献的基础上，构建以下回归模型：

$$\ln tfp_{ijkt} = \alpha_0 + \alpha_1 \ln reer_{ijkt} + \alpha_2 X_{ijkt} + v_i + v_t + \varepsilon_{ijkt} \qquad (4-1)$$

其中，下标 i、j、k、t 分别表示企业、行业、地区和年份。tfp_{ijkt} 表示出口企业全要素生产率，*reer* 为企业层面的人民币实际有效汇率指标，v_i 和 v_t 分别表示企业和年份特定效应，ε_{ijkt} 表示随机扰动项。控制变量 X_{ijkt} 具体包括：企业资本劳动比(*kl*)，企业退出虚拟变量(*exit*)，企业规模(*scale*)，企业的人力资本水平(*human*)，赫芬达尔指数(*hhi*)，企业年龄(*age*)及其平方项，企业融资约束(*fin*)；国有企业虚拟变量(*soe*)，$soe = 1$ 表示国有企业，否则为其他企业；外资企业虚拟变量(*foreign*)，$foreign = 1$ 表示外资企业，否则为其他企业；加工贸易企业的虚拟变量(*style*)，$style = 1$ 表示加工贸易企业，否则为其他企业。

为了具体考察人民币汇率对出口企业生产率影响的具体作用机制，在回归分析时，进一步在方程(4－1)的基础上引入汇率指标和资本劳动比(*kl*)、企业退出(*exit*)、企业规模(*scale*)以及企业人力资本(*human*)指标的交互项。

二、指标测度

(一) 企业全要素生产率的测算

关于全要素生产率的测算，已有研究大多使用柯布-道格拉斯(Cobb-Douglas)生产函数来体现技术进步的作用：

$$Y_{it} = A_{it} L_{it}^{\beta_l} K_{it}^{\beta_k} \tag{4-2}$$

其中，Y_{it} 表示企业 i 在第 t 年的产出，K_{it} 表示资本存量，L_{it} 表示劳动力投入，A_{it} 为企业 i 在第 t 年的全要素生产率。对上式两边取对数，得到：

$$\ln Y_{it} = \beta_0 + \beta_k \ln K_{it} + \beta_l \ln L_{it} + \varepsilon_{it} \tag{4-3}$$

其中，ε_{it} 包含生产率冲击和随机误差项。通过获得真实产出和拟合值 $\ln \hat{Y}_{it}$ 之间的索洛残差便可以得到全要素生产率：

$$\ln tfp_{it} = \ln Y_{it} - \ln \hat{Y}_{it} \tag{4-4}$$

由于容易受到选择性偏差和联立性偏差等问题的困扰，全要素生产率和企业要素投入之间可能会存在内生性问题。若忽略此问题，便会导致对企业利润最大化决策的错误估计。此外，按照新新贸易理论，在市场上得以存活的企业往往具有较高的生产率，而那些被淘汰的企业大多具有较低的生产率，这种企业动态行为会导致全要素生产率估计的选择性偏差问题(Melitz，2003)。在实际操作中，那些生产率较低且被淘汰的企业样本是被遗漏的，从而能够观测到的是生存下来的那些企业。也就是说，统计回归中样本的非随机性会导致估计的偏误。

鉴于以上分析，为了提高企业层面生产率估计的准确性，本章拟使用半参数法来测算企业的生产率，具体包括 Olley-Pakes 法(以下简称"OP 法")和 Levinsohn-Petrin 法(以下简称"LP 法")两种方法。

1. OP 法

奥莱和帕克斯(Olley and Pakes, 1996)的方法在一定程度上可以处理选择性偏差和联立性偏差问题。OP 法认为当企业受到生产率冲击时,其将通过调整投资来应对,从而使用 OP 法的关键环节便是估算企业的投资。借鉴毛其淋和盛斌(2013)的做法,采用永续盘存法进行估算:$I_{it}=K_{it}-(1-\sigma)K_{it-1}$,其中 I_{it} 和 K_{it} 分别为企业 i 在 t 年的投资和资本存量,与埃米蒂和科林斯(Amiti and Konings, 2007)、张杰等人(2009)、余淼杰(2010)类似,笔者将折旧率 σ 设定为 15%。

首先,关于生产函数的测算,由于以货币变量的形式来衡量产出可能会导致估计误差(Felipe et al., 2004),基于此,本章将使用相应的价格指数对企业的产出进行平减。其次,考虑到中国加入 WTO 会使企业的生产规模得以扩大,而由此产生的正向需求冲击会影响企业的生产率,这样一来便会加重计算全要素生产率时的联立性偏差问题。鉴于此,在计算企业生产率时,这里也考虑了中国在 2001 年加入 WTO 这一事件。再次,前文已经多次强调,我国在 2005 年开始实行人民币汇率制度改革,这里为了能够体现汇率制度改革对企业生产率的可能影响,在计算全要素生产率时引入了一个虚拟变量,2005 年将其赋值为 1,否则为 0。最后,借鉴比塞布鲁克(Biesebroeck, 2005)、毛其淋和盛斌(2013)的做法,进一步将企业的出口决策作为企业投资函数的一个关键变量纳入投资函数的估计中。

OP 法测算的企业全要素生产率可以表示为:

$$\ln tfp_{it}^{OP}=\ln Y_{it}-\hat{\beta}_k^{OP}\ln K_{it}-\hat{\beta}_l^{OP}\ln L_{it} \tag{4-5}$$

2. LP 法

莱文索恩和彼得林(Levinsohn and Petrin, 2003)认为将企业的中间品投入变量作为企业受到生产率冲击时的调整变量可以有效缓解同时性问题,因为在现实世界中,当意外冲击来临时,企业对中间品投入的调整可能相对更容易。

所以，将企业的中间品投入变量作为企业受到生产率冲击时的调整变量是LP法与OP法的关键差异。

LP法测算的企业全要素生产率可以表示为：

$$\ln tfp_{it}^{LP} = \ln Y_{it} - \hat{\beta}_k^{LP} \ln K_{it} + \hat{\beta}_l^{LP} \ln L_{it} \tag{4-6}$$

本章在估算企业生产率时，使用工业增加值来衡量产出，并用分行业的工业品出厂价格指数对产出变量进行平减。由于2001年和2004年的样本数据中缺失了工业增加值变量，这里借鉴刘小玄和李双杰(2008)的方法进行补齐。具体地，使用工业总产值减中间品投入加增值税来衡量2001年的工业增加值；使用销售收入加期末存货、减期初存货、减中间品投入、加增值税来衡量2004年的工业总产值。关于投入变量，借鉴盛丹等人(2011)的方法，使用固定资产净值余额作为资本存量的代理指标，并用以1999年为基期的固定资产价格指数进行平减，劳动力变量使用全年职工就业人数来衡量。

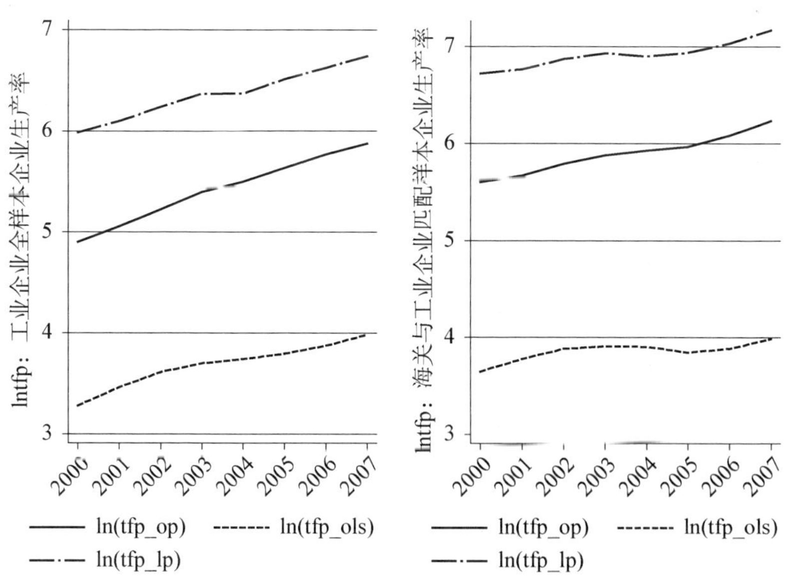

图4-2　全样本与匹配样本企业年度平均生产率的变动趋势

图 4-2 显示,从事贸易的企业其生产率高于工业企业的平均生产率,并且,无论是全样本还是匹配成功的样本,使用传统 OLS 法估算得到的企业生产率始终低于 OP 法和 LP 法得到的企业生产率,也就是说,由于传统 OLS 方法在估计企业的生产率时容易忽略样本的同步偏差和选择性偏差问题,其得到的生产率是明显低估的。同时值得注意的是,OP 法估算得到的企业生产率始终介于 OLS 法和 LP 法之间,这在一定程度上说明 OP 法估算得到的生产率可能是较为可靠的,因此,本章将使用 OP 法测得的企业生产率进行后文的实证分析,并使用 LP 法和 OLS 法估算的企业生产率进行相应的稳健性检验。

(二) 人民币实际有效汇率指标的测度

人民币实际有效汇率指标的测度详见本书第三章第三节。

(三) 赫芬达尔指数

其计算式为 $hhi_{jt}=\sum_{i\in I_j}(sale_{it}/sale_{jt})^2=\sum_{i\in I_j}S_{it}^2$,其中 $sale_{it}$ 表示企业 i 在 t 年的销售额,$sale_{jt}$ 表示行业 j 在 t 年的总销售额,S_{it} 表示企业 i 在 t 年的市场占有率。如果 hhi 越大则表明行业的市场集中程度越高,也就是说行业的垄断程度越高。埃米蒂和科林斯(Amiti and Konings, 2007)的研究发现,行业的市场竞争程度对企业生产率提高具有正向影响,因此这里预期该变量的符号为负。

(四) 资本密集度

资本密集度用固定资产净值年平均余额和从业人员年平均人数的比值取对数来衡量,其中对固定资产净值年平均余额剔除价格因素的影响,具体使用以 1999 年为基期的固定资产投资价格指数进行平减。整体来看,与劳动密集型企业相比,资本密集型企业往往更加重视企业的研发投入和设备更新,从而其生产率也往往高于前者,基于此,预期该变量的符号为正。

(五) 企业退出状态的虚拟变量

当企业 i 在 t 期存在,而在 $t+1$ 期不存在时,$exit=1$,否则 $exit=0$。另外退出市场的一般是效率较为低下的企业(毛其淋和盛斌,2013),因此 $exit$ 预期符号为负。

（六） 企业规模

企业规模与生产率之间的关系已引起国内外学者的广泛关注（Maiti and Singh，2011；聂辉华等，2008）。一般而言，规模越大的企业，其拥有的资本和人力资源就越多，相应地更有能力进行技术改进，预期企业规模对企业生产率具有正向影响。衡量企业规模的指标主要有从业人员数、资产总额和销售额，其中销售额对于生产要素的比例是中性的，而且还能反映短期需求的变动，是最合适的企业规模代理变量（Scherer，1965）。因此，本章采用企业销售额取对数来衡量企业规模。

（七） 平均工资

赵伟等人（2011）以及毛其淋和盛斌（2013）都将平均工资水平作为企业劳动力质量的替代指标，他们认为高工资企业往往更有实力吸引高技能人才，也更注重研发投入和技能密集型生产方式的采用，从而其生产率往往较高，据此预期该变量的估计系数符号为正。本章采用应付工资与应付福利费之和再除以从业人员数并取对数来衡量企业的平均工资。为了增强数据的可比性，使用1999年为基期的居民消费价格指数对名义量进行了平减处理。

（八） 企业年龄

用当年年份与企业开业年份的差来衡量。根据企业生命周期理论，在企业创立的初期，由于企业此时正处于学习曲线的初级阶段，因此其生产率比较低；而后随着企业年龄和投资的逐步增加，企业规模得以扩大，此时企业可以通过规模经济和“干中学”来提高自身的效率，企业也由此进入学习曲线的成熟阶段；随着企业年龄的继续增加，其生产设备等硬件设施开始出现老化迹象，企业的生产率也开始进入下滑阶段。因此，在方程（4－1）中加入了企业年龄的平方项。

（九） 融资约束

使用利息支出与固定资产的比值取对数来衡量（孙灵燕和李荣林，2011）。

该值与企业面临的融资约束成反比。众所周知，企业对员工技能培训以及设备更新等方面的投资都会受到融资约束问题的约束，较大的融资约束会阻碍企业生产率的提高，据此预期该变量的符号为正。

三、数据说明

本章实证分析中使用的是2000—2007年中国海关数据库和工业企业数据库匹配得到的出口企业的数据，其中海关数据包括中国境内所有的进出口企业，数据信息由各企业直接报送给海关总署。企业层面数据来自由国家统计局提供的工业企业统计数据库，它包括中国所有的国有企业以及非国有企业中的规模以上(即总产值超过500万元)企业。在出口总额占比方面，这些企业的出口总额达到了中国制造业出口总额的98%。该数据提供了包括企业资产负债表和利润表中的80多个变量，并且对企业身份、企业的所有制类型、就业人数以及固定资产总额等信息进行了详细的统计。

众所周知，由于企业数据中的企业代码和海关贸易数据中企业的代码采用的是两套完全不同的编码系统，也就是说同一家企业在两套数据中的代码会存在较大差异，基于此，对上述两套数据的匹配是一项相当繁琐的工作。这里借鉴田巍和余淼杰(2012)、厄普瓦尔德等人(Upward et al.，2013)的方法来匹配上述两套数据。具体地，主要包括三个步骤：第一，直接利用企业名称进行匹配。首先用未剔除任何企业的原始的工业企业数据进行匹配，可以匹配成功的企业有82 425家。第二，将已经匹配成功的样本从原样本中剔除，其余的样本继续按照企业所在地的邮政编码＋企业电话号码的后7位这一标准来识别两套数据库中相同的企业。其假设是企业在邮政编码相同的地区会使用同一个电话号码。之所以使用电话号码的后7位，具体解释见田巍和余淼杰(2012)。第三，继续将已经匹配成功的样本从原样本中剔除，其余样本的匹配按照企业所在地的邮政编码＋企业联系人这个标准来进行识别。

对于匹配成功的样本，进行了如下处理：(1)删除雇员人数小于8人的企业样本；(2)删除企业代码不能一一对应，商品价格(贸易量、贸易额)为零值或负值的样本；(3)删除工业增加值、中间投入额、固定资产净值年平均余额以及固定资产中存在零值或负值的企业样本；(4)删除企业销售额、平均工资存在零值或负值的企业样本；(5)删除企业年龄小于零的企业样本；(6)删除非生产型企业样本，即企业名称中带“贸易”和“进出口”字样的企业(Amiti et al.，2012；Yu，2013)。此外，鉴于本章是基于制造业出口企业的分析，删除行业代码为6—11以及44—46的企业样本。最终分析的样本共有79 265个企业。

表4-1 各主要变量的描述性统计

变量	样本量	均值	标准差	最小值	最大值
lntfpop	203 623	5.914 67	1.130 43	−3.948 34	13.983 06
lnreer	203 607	4.583 21	0.126 52	3.799 45	4.957 65
kl	203 607	3.632 63	1.402 16	−6.349 28	14.289 26
exit	203 607	0.179 02	0.380 11	0	1
scale	203 607	10.720 03	1.376 73	1.609 44	18.643 82
human	203 607	8.127 89	1.277 63	0	15.478 35
hhi	203 607	0.004 76	0.008 56	0.000 94	0.920 81
age	203 607	9.095 08	8.901 16	1	89
fin	203 620	0.049 56	0.207 73	−7.771 22	9.948 22
soe	203 607	0.160 15	0.236 57	0	1
foreign	203 607	0.654 98	0.457 82	0	1
style	203 607	0.483 208	0.491 35	0	1

第三节 估计结果及分析

一、基准回归

表4-2的第(1)—(5)列显示了使用跨度为2000—2007年的非平衡面板数据所得的基准回归结果。在基准模型的基础上，笔者在第(1)列中进一步加入了其他控制变量以及标示加工贸易企业的虚拟变量(*style*)。结果表明，加工贸易企业虚拟变量的回归系数显著为正，即加工贸易企业的生产率高于非加工贸

易企业，这与余淼杰(2011)的结论吻合。此外，其他控制变量的符号与预期相符。

第(2)—(5)列逐步加入了汇率与资本劳动比(*kl*)、汇率与企业退出(*exit*)、汇率与企业规模(*scale*)以及汇率与企业人力资本(*human*)指标的交互项。回归结果显示四个交互项的系数几乎全部为正，并且大部分通过了较高的显著性检验，这也验证了本章理论分析的结论，对其可能的解释是：(1)在一个开放的经济体系中，汇率升值降低了出口企业资本设备的进口成本，这有助于激励出口企业增加资本设备投资，从而提高企业的资本劳动比例，加快企业资本深化，并最终促进出口企业利润提高和生产率提升；(2)汇率变化会加大国内市场的竞争并由此加速企业在市场上的进入和退出，本国货币升值使国外竞争者相比本国企业在国内市场更有竞争力，市场竞争压力的增强会迫使一部分低效率的企业退出市场，而新进入市场的企业和生存下来的企业将更有效率；(3)人民币升值会加剧本国市场上的竞争，而市场竞争压力的提高会使部分劣势企业退出市场，其留下的市场将被新进入的企业和生存下来的企业占据，这些企业的生产规模可能会扩大，而生产规模的扩大会通过规模经济效应促进企业生产率提升；(4)随着人民币汇率的升值，熟练工人工资相对非熟练工人上涨更快，由此导致技术熟练工人从低效率企业向高效率企业流动，而工人的技能水平和厂商的技术水平存在互补性，技术水平较高的工人在学习和使用新技术方面具有比较优势，这有助于提高企业生产率。

值得注意的是，汇率独立项对出口企业生产率的影响系数大多为正，并且整体来看，汇率对出口企业生产率也产生了积极影响，由第(5)列结果可见，人民币实际有效汇率对出口企业生产率的净效应为 1.1780[①]，表明人民币汇率每升值 1%，将导致出口企业生产率提高 1.2%。

---

① 其计算方法为：$-0.0233+3.63263\times 0.0162+0.17902\times 0.0057+10.72003\times 0.0512+8.12789\times 0.0729=1.177958$。

此外，已有相关研究发现，由于效率低下和激励机制失效，国有企业的生产率甚至会低于非国有企业(Wu, 2005)。因此，本章在回归中均加入了国有企业的虚拟变量(*soe*)来控制回归结果。结果显示，国有企业虚拟变量的回归系数在各列中均显著为负。这与杰斐逊等人(Jefferson et al., 2000)的研究成果一致，他们认为中国国有企业的生产率相对较低。

借鉴余淼杰(2011)的做法，本章根据企业是否接受境外投资，使用一个虚拟变量(*foreign*)来标示外资企业。只要涉及包括港澳台在内的任何境外投资，该企业就归入外资企业。表4-2的回归结果显示外资企业相对于非外资企业具有较高的生产率。

表4-2　基准估计结果：人民币汇率与出口企业生产率

	(1)	(2)	(3)	(4)	(5)
lnreer	−0.0369	−0.0579	−0.0370	−0.0530	−0.0233
	(−1.074)	(−1.095)	(−1.554)	(−0.349)	(−0.800)
kl	0.0570***	0.0601	0.0159***	0.0567***	0.0159***
	(15.540)	(0.976)	(15.94)	(6.35)	(15.94)
exit	0.1018***	0.1012***	0.0533***	0.0129***	0.0203***
	(10.744)	(10.680)	(2.72)	(4.33)	(2.72)
scale	0.0023***	0.0022***	0.0075***	0.0480***	0.0078***
	(128.845)	(128.836)	(7.23)	(13.32)	(7.23)
human	0.0664***	0.0662***	0.0124***	0.1385***	0.0124***
	(14.682)	(14.654)	(5.23)	(9.32)	(5.21)
hhi	−0.0248*	−0.0122*	0.0011	−0.0056	0.0011
	(−1.854)	(−1.811)	(0.80)	(−1.43)	(0.81)
age	0.0067***	0.0047***	0.0562*	0.0033***	0.0561*
	(10.646)	(10.645)	(1.78)	(7.10)	(1.78)
age^2	0.0471***	0.0860***	0.0271***	0.0032	0.0849***
	(6.761)	(6.825)	(4.005)	(0.229)	(8.278)
fin	0.0474***	0.0478***	0.0470***	0.0475***	0.0476***
	(3.843)	(3.865)	(3.841)	(3.472)	(3.854)
lnreer×*kl*		0.0255*	0.0583	0.0745*	0.0162***

续表

	(1)	(2)	(3)	(4)	(5)
		(1.899)	(1.075)	(1.940)	(14.654)
lnreer×exit			0.0042*	0.1060	0.0057*
			(1.910)	(0.983)	(1.817)
lnreer×scale				0.0015***	0.0512***
				(6.392)	(10.654)
lnreer×human					0.0729***
					(2.678)
soe	−0.3537***	−0.1373***	−0.4890***	−0.4573***	−0.1320***
	(−5.742)	(−6.024)	(−4.963)	(−10.372)	(−5.589)
foreign	0.1435***	0.0019***	0.1384***	0.0124***	0.1385***
	(15.02)	(22.42)	(19.31)	(5.23)	(19.32)
style	0.0544***	0.0848***	0.0601***	0.0745***	0.0242**
	(9.812)	(8.339)	(4.976)	(5.140)	(2.154)
常数项	−0.2009	−0.6470*	−0.2003	−0.1270	1.1239*
	(−0.807)	(−1.913)	(−0.786)	(−0.174)	(1.900)
企业效应	是	是	是	是	是
年份效应	是	是	是	是	是
样本量	203 607	203 607	203 607	203 607	203 607
R^2	0.831	0.831	0.831	0.831	0.831

注：(　)内数值为纠正了异方差后的 t 统计量；***、** 和 * 分别表示 1%、5% 和 10% 的显著性水平。

我国于 2005 年开始实行以市场供求为基础、参考一篮子货币进行调节、有管理的浮动汇率制度，因此，2005 年可能是一个结构性断点。为此，本部分首先对人民币汇率指标进行了 Chow 断点检验，以 2005 年为断点分时段考察了人民币汇率对出口企业生产率的影响，Chow 断点检验结果表明，接受“人民币汇率在 2005 年不存在断点”的原假设，而且检验效果较为理想(表 4－3)，表明本章结论不会受到结构性断点问题的影响。

表 4－3　Chow 断点检验：人民币汇率与出口企业生产率

F 统计值	P 值	Wald 统计量	P 值
12.673	0.153	16.336	0.120

为了进一步验证上述结论的可信性，这里进一步将样本划分为 2000—2005 年以及 2006—2007 年两个子样本，分别进行计量检验(表 4－4)，人民币汇率指标对出口企业生产率的影响在两个时间段并不存在显著差异。具体来看，在两个时间段人民币汇率指标对出口企业生产率的影响在系数大小和显著性方面均不存在显著差异，其中在第一阶段，人民币实际有效汇率对出口企业生产率的净效应为 1.28，第二阶段净效应为 1.26，与基准结果相比，没有发生实质的变化。这再次验证了本章结论不会受到结构性断点问题的影响。

表 4－4　子样本回归：人民币汇率与出口企业生产率

	2000—2005 年	2006—2007 年
lnreer	−0.0170	−0.0122
	(−1.281)	(−1.216)
kl	0.0475***	0.0503
	(4.599)	(4.219)
exit	−0.0009	−0.0006
	(−0.186)	(−0.149)
scale	0.7204***	0.7125***
	(6.337)	(6.579)
human	0.0593***	0.0597***
	(5.823)	(4.793)
hhi	0.3026	0.3125
	(1.132)	(1.127)
age	0.0052**	0.0060***
	(2.146)	(2.327)
age^2	0.0456***	0.0603***
	(6.543)	(6.647)

续表

	2000—2005 年	2006—2007 年
fin	0.0423***	0.0496***
	(4.216)	(4.336)
lnreer×*kl*	0.0189	0.0186
	(1.657)	(1.376)
lnreer×*exit*	0.0070*	0.0075*
	(1.892)	(1.883)
lnreer×*scale*	0.0613**	0.0586***
	(2.103)	(2.843)
lnreer×*human*	0.0705***	0.0701***
	(3.732)	(3.682)
soe	0.0835***	0.0895***
	(3.837)	(3.942)
foreign	0.0387***	0.0311***
	(3.605)	(4.237)
style	0.8321***	0.9063***
	(2.995)	(3.216)
常数项	1.2383***	1.2350
	(5.893)	(4.672)
企业效应	是	是
年份效应	是	是
样本量	152705	50902
R^2	0.563	0.552

注：同表 4-2。

二、分组回归

（一）不同贸易类型估计结果

坎帕和戈尔德贝里(Campa and Goldberg，1995)的研究发现，汇率对企业生产率的影响受到企业出口导向程度的制约。比如，美国的制造业在 20 世纪 70 年代以出口导向型为主，美元每升值 10%将导致企业投资下降 1.2%；但到了 80 年代，美国制造业转为进口导向型，同样 10%的美元升值幅度只能使企业投资增加0.7%。也就是说出口倾向较高的企业,企业的设备购进成本对汇率变动越敏感,汇率升值会显著降低企业的设备购进成本,导致企业投资增加,利润和生产率提高,即出口倾向与汇率的生产率提升效应之间存在紧密关系。

为此,本部分将样本划分为纯出口企业和混合型出口企业两类子样本,以考察汇率对出口企业生产率的影响是否会受到企业进口行为的影响,结果分别报告在表4-5的前两列。从中可以看出,人民币汇率对纯出口企业和混合型出口企业生产率的净效应分别为0.7203和1.1938,汇率升值促进了出口企业的生产率提升,但是对混合型出口企业的正面影响相对更强。具体来看,人民币汇率升值对纯出口企业的资本劳动要素配置效应为负,而对混合型出口企业的资本劳动要素配置效应却显著为正。汇率升值降低了混合型出口企业的设备购进成本,导致企业投资提高,生产率上升,这与坎帕和戈尔德贝里(Campa and Goldberg, 1995)的结论一致。此外,人民币汇率升值对两类企业的选择效应、规模经济效应和人力资本提升效应均为正,且纯出口企业的上述三个效应小于混合型出口企业。这是因为人民币升值可以在一定程度上降低混合型出口企业的进口成本,在一定程度上降低了升值对该类企业的负面冲击,因此相比纯出口企业,人民币升值对混合型出口企业的上述三个效应相对较大。

表4-5　不同所有制和贸易方式估计结果

	按企业贸易类型		按不同贸易方式分类		
	混合型出口企业	纯出口企业	一般贸易	加工贸易	
				来料加工	进料加工
lnreer	0.0750	−0.2712	0.1967	−0.1510	−0.0269
	(0.344)	(−0.778)	(0.970)	(−1.133)	(−0.758)
kl	−0.0459	0.0070	0.0572	0.2743	0.0235
	(−0.609)	(0.070)	(0.684)	(0.986)	(0.120)
exit	−0.1409	0.1120***	0.0527***	−0.8232*	0.0486***
	(−1.215)	(5.592)	(5.573)	(−1.762)	(5.362)
scale	0.9074***	0.8437***	0.8790***	0.8504**	0.8087***
	(7.822)	(5.455)	(6.968)	(2.174)	(2.696)

续表

	按企业贸易类型		按不同贸易方式分类		
	混合型出口企业	纯出口企业	一般贸易	加工贸易	
				来料加工	进料加工
human	0.3812***	0.4192***	0.3131**	0.5307	0.4583
	(3.314)	(2.725)	(2.500)	(1.284)	(1.529)
hhi	0.3115	−0.6184*	−0.2485	0.3237	−2.5063*
	(0.718)	(−1.881)	(−0.545)	(0.985)	(−1.943)
age	0.0061***	0.0076***	0.0065***	0.0092***	0.0068***
	(9.058)	(8.842)	(8.555)	(2.943)	(4.456)
age^2	0.1334***	0.0512***	0.0583***	0.0037	0.1738***
	(7.001)	(3.795)	(2.679)	(0.260)	(6.594)
fin	0.0528***	0.0385*	0.0435***	0.1510***	0.0344
	(4.177)	(1.920)	(2.951)	(2.842)	(1.220)
lnreer×*kl*	0.0246***	−0.0236	0.0050	−0.2467*	0.0105
	(2.719)	(−1.159)	(1.334)	(−1.784)	(0.223)
lnreer×*exit*	0.0090	0.0018	0.0013	0.1336	0.0015***
	(0.263)	(0.029)	(0.048)	(1.343)	(4.787)
lnreer×*scale*	0.0552	0.0447***	0.0031	0.0032	0.0110***
	(1.601)	(2.912)	(1.202)	(0.467)	(6.063)
lnreer×*human*	0.0752**	0.0520	0.0617**	−0.0218	0.0160***
	(2.256)	(0.1789)	(2.123)	(−0.204)	(5.289)
soe	−0.0489	0.0305	0.1232	−0.3160**	−0.1677
	(−0.658)	(0.383)	(1.193)	(−2.229)	(−0.719)
style	0.1148**	0.1191***			
	(2.103)	(2.594)			
foreign	0.0365**	0.0181	0.0061	0.0261***	0.1834***
	(1.969)	(0.962)	(0.101)	(4.352)	(16.395)
常数项	4.4722***	6.0392***	0.0170	3.5004	1.7965
	(19.553)	(27.017)	(0.021)	(1.000)	(0.904)
企业效应	是	是	是	是	是
年份效应	是	是	是	是	是
样本量	165234	38373	145652	15678	42277
R^2	0.832	0.7203	0.854	0.832	0.822
净效应	1.1938	0.7218	0.7498	−1.1661	0.2595

注：同表4-2。

（二）按不同贸易方式估计结果

张帆(2010)发现汇率变化对于一般贸易出口企业和加工贸易出口企业生产率的影响存在显著差异。中国的加工贸易在2000—2007年期间占中国贸易总额的比例约为67.87%，当时的加工贸易企业大多是利用廉价的劳动力资源为国外产品“贴牌”和代工生产，然后从事出口，它们的生产环节大都集中于劳动密集型和低技术水平的阶段。基于此，为了更全面地考察人民币汇率变动对企业生产率的影响，对样本按照贸易方式进行分类是很有必要的。由于海关数据库中提供了企业贸易类型的详细信息，根据分析的需要将样本划分为加工贸易出口企业和一般贸易出口企业两种类型①，其中加工贸易出口企业又按照来料加工贸易和进料加工贸易分别进行分析。这两类贸易都属于加工贸易，但是前者主要是在外方提供全部或部分原材料的基础上按照外方的要求进行简单的加工装配，以收取一定的加工费为目的；而后者则需要承担一定的经营风险，因为这种贸易方式下，我方需要自行购进进口的原材料，将其加工成成品或半成品后进行外销，也就是说企业需要自行开拓境外市场并寻找供货渠道。分析结果显示在表4-5的最后三列。

回归结果显示，人民币实际有效汇率对三类企业的净效应分别0.7498、−1.1661和0.2595，即人民币汇率升值无益于来料加工贸易出口企业的生产率提升。具体来看，人民币实际有效汇率对来料加工贸易出口企业生产率的资本劳动要素配置效应显著为负。坎帕和戈尔德贝里(Campa and Goldberg, 1999)的研究认为汇率对企业生产率的资本劳动要素配置效应可能受到企业定价能力的影响。他们基于美国、英国、日本和加拿大制造业行业的研究发现，汇率变化对投资的影响在定价能力高的部门相对较小，而在定价能力低的部门则较强烈。在我国，一般贸易出口企业和进料加工贸易出口企业的产品定价能力

① 贸易方式为进料加工贸易和来料加工装配贸易的将其标识为加工贸易。其他贸易包括保税仓库进出境货物、边境小额贸易、补偿贸易、租赁贸易等10种，它们仅占企业样本总数的0.54%，将其归入一般贸易进行回归。

相对高于来料加工贸易出口企业，其投资对汇率变化较不敏感，从而受汇率升值的冲击相对较小。

人民币实际有效汇率对来料加工贸易出口企业生产率的人力资本提升效应为负，而其对一般贸易出口企业和进料加工贸易出口企业的影响显著为正。对于一般贸易和进料加工贸易出口企业而言，人民币实际汇率升值将提高工人的整体福利，这可以降低熟练技术工人的频繁流动倾向，技术水平较高的工人在学习和使用新技术方面具有比较优势，这有助于提高企业生产率。而对于来料加工贸易出口企业而言，这部分企业的生产行为更多是受到跨国公司的控制，以进行简单的流水线加工赚取微薄的加工费，并且其对劳动力的技术水平要求较低，从而汇率升值对人力资本提升效应几乎不存在(Freund et al.，2011)。此外，对于进料加工贸易出口企业的回归结果显示，人民币实际有效汇率的企业选择效应和规模经济效应均显著为正。

(三) 不同技术水平估计结果

汇率变动对出口企业生产率的影响依赖于行业的技术特征。彦根论丛(2001)对日本的研究发现，日本的轻工业出口在1987年日元升值的时候出现迅速降低，他认为这主要是因为轻工业对汇率升值的吸收能力较低。与轻工业相反，包括电子行业在内的几个技术先进行业，凭借对汇率升值的较强吸收能力，实现了出口的快速增长，并因此带动了行业生产率的持续提高。布加梅利等人(Bugamelli et al.，2008)就欧元汇率在欧元区经济发展水平不同的国家和不同行业的异质性影响进行了分析。基于跨国横截面数据的实证研究说明，在希腊和葡萄牙等技术水平较低的国家和地区，汇率变动对它们的负面冲击较大，并且汇率变动对部门生产率和资源配置的作用在不同部门具有显著的异质性，与高技术行业相比，低技术行业对汇率波动风险的抵御能力较差。

基于此，按照企业技术水平的高低对出口企业进行了分组。具体按照考察期内所有出口企业生产率的中位数值进行分类，把小于中位数值的企业视为低技术企业，其余的为高技术企业。表4-6前2列显示了对这两组企业进行检验的结果。从中可以看出,对高技术企业而言,人民币实际有效汇率与资本劳动比(*kl*)、企业退出(*exit*)、企业规模(*scale*)及人力资本(*human*)指标交互项的回归系数均为正值,且分别通过了10%、1%、1%及5%的显著性检验。人民币实际有效汇率对高技术企业生产率的净效应为0.654 2,说明人民币实际有效汇率升值可以促进高技术企业的效率提升。而在低技术企业,人民币实际有效汇率对企业生产率的净效应为负。具体来看,人民币实际有效汇率与企业退出(*exit*)指标交互项的回归系数显著为正,而与资本劳动比(*kl*)、企业规模(*scale*)和人力资本(*human*)交互项的系数却为负,这说明人民币汇率升值不利于低技术出口企业资本劳动要素配置效应、规模效应以及人力资本提升效应的发挥。对高技术出口企业和低技术出口企业的结果存在差异的可能解释是:其一,相比低技术的出口企业,面临汇率升值时,高技术出口企业更有能力增加资本设备投资,从而尽快加快企业资本深化,并最终促进企业利润提高和生产率提升;其二,汇率升值使得国外竞争者在国内市场更具竞争力,同时本国企业在国际市场面临更大的竞争压力,这种压力将迫使低效率的企业退出出口市场,而相比高技术出口企业,低技术出口企业往往效率较低,面临汇率升值带来的竞争压力,更倾向于退出出口市场,这从另一个角度扩大了"存活"的高技术出口企业的市场空间,也为高技术出口企业扩大规模和效率提升创造了契机;其三,人民币汇率升值,熟练工人工资相对非熟练工人上涨更快,由此导致技术熟练工人从低效率出口企业向高效率出口企业流动,从而提高高技术出口企业的人力资本水平,进一步增加高技术厂商采用新技术的动力,促进企业生产率进步。与之相反,低技术出口企业往往面临高技术人才流失和生产率增长乏力等问题。

(四) 不同所有制估计结果

考虑到中国的企业具有不同的所有权类型,特别是外资企业享有其他类型企业所不具有的优惠待遇,外资企业与其他类型企业在技术水平、管理水平等各方面都存在很大差异,基于此,将样本区分为内资出口企业和外资出口企业子样本，分别研究人民币汇率变动对它们生产率的影响。同时，由于中国制度发展不完善、国内市场分割等原因，与国有企业相比，民营企业在融资条件、与政府关系协调等方面都具有劣势，为此，本章进一步把内资出口企业区分为民营出口企业和国有出口企业两类(表 4－6)。

表 4－6　不同技术水平和所有制估计结果

	按企业技术水平分类		按不同所有制分类		
	高技术企业	低技术企业	外资企业	国有企业	民营企业
lnreer	－0.2282	－0.3181	－0.2352	0.6782*	0.3850
	(－0.940)	(－0.987)	(－1.127)	(1.832)	(1.002)
kl	0.0392	0.0172	0.0134	－0.0207	－0.0157
	(0.463)	(0.155)	(0.163)	(－0.099)	(－0.105)
exit	0.0257***	0.3145*	－0.0311	－0.1944	0.0256***
	(4.672)	(1.861)	(－0.214)	(－0.552)	(5.738)
scale	0.7544***	0.6857***	0.8893***	1.2713***	0.8781***
	(5.108)	(3.419)	(6.581)	(4.413)	(3.781)
human	0.3432***	0.2804	0.4703***	0.5210*	0.1916
	(2.792)	(1.514)	(3.578)	(1.860)	(0.816)
hhi	－0.5626*	0.3651	－0.6108*	0.6859	－1.2388
	(－1.957)	(0.402)	(－1.808)	(0.688)	(－0.917)
age	0.0054***	0.0035***	0.0107***	0.0046***	0.0044***
	(6.738)	(3.892)	(8.648)	(5.741)	(3.248)
age^2	0.0002	0.0000**	－0.0003	0.0001	0.0005***
	(1.622)	(1.987)	(－0.616)	(1.207)	(3.579)
fin	0.0601***	0.0348	0.0315*	0.0553*	0.0805***
	(4.278)	(1.494)	(1.950)	(1.883)	(3.258)
lnreer×*kl*	0.0158*	－0.0176	0.0069	0.0285*	0.0023**
	(1.858)	(－0.719)	(0.382)	(1.717)	(2.050)
lnreer×*exit*	0.0072***	0.0436*	－0.0196***	0.0231	0.0066***
	(4.243)	(1.942)	(－5.611)	(0.287)	(3.195)
lnreer×*scale*	0.0290***	－0.0063	－0.0514*	0.0073**	－0.0078
	(2.902)	(－0.137)	(－1.694)	(2.021)	(－1.090)
lnreer×*human*	0.0631**	－0.0125*	0.0930***	0.1014*	0.0398
	(2.359)	(－1.738)	(3.144)	(1.687)	(0.730)

续表

	按企业技术水平分类		按不同所有制分类		
	高技术企业	低技术企业	外资企业	国有企业	民营企业
soe	0.0781	−0.0060			
	(0.570)	(−0.091)			
style	0.0537***	0.0362***	0.0855***	0.0880***	0.0422***
	(4.252)	(6.343)	(5.762)	(5.916)	(2.887)
foreign	0.0346***	0.1478			
	(4.601)	(1.369)			
常数项	1.2800	0.2461	1.0132	−3.9145**	−2.4635
	(1.188)	(0.168)	(1.087)	(−2.392)	(−1.467)
企业效应	是	是	是	是	是
年份效应	是	是	是	是	是
样本量	99913	103694	133107	32483	38017
R^2	0.771	0.616	0.817	0.859	0.853
净效应	0.6542	−0.5434	−0.0088	1.6883	0.6344

注：同表4-2。

表4-6后三列结果显示人民币汇率上升对外资出口企业、国有出口企业及民营出口企业生产率的净效应分别为−0.0088、1.6883和0.6344，说明人民币汇率升值不利于外资出口企业的生产率提升，但有利于国有和民营出口企业的生产率进步。一方面，中国的外资出口企业以市场寻求型和资源寻求型为主，它们利用中国的廉价劳动力优势进行生产，并且囿于东道国市场技术保护的考虑，技术研发动力往往不足，人民币升值使外资出口企业的劳动力成本上升，企业的利润空间缩小，导致企业生产效率下降，如果升值幅度过高，外资出口企业可能因为利润空间下降而停止经营；另一方面，人民币升值之后，外资出口企业可能会选择退出出口市场或者减少生产规模，并将资源转移到一些具有成本优势的国家中。另外，汇率对民营出口企业生产率的净效应小于国有出口企业，这可能是因为民营出口企业往往受到融资约束等方面的限制，面临人民币升值带来的成本冲击，仅有极少数资金雄厚的民营企业能通过改进技术，吸

引优秀人才促进自身生产率提升，大多数小型民营企业往往选择退出市场。与之相反，国有出口企业受到国家融资方面的政策倾斜，生产规模往往较大，其对汇率升值的反应相对较小，并且生产利润函数中包含了其他的一些政策导向性行为(李宏彬等，2011)，因而面临汇率升值，国有出口企业相比其他出口企业更有优势提高自身生产率。

值得注意的是，人民币汇率对民营出口企业生产率的选择效应显著为正，这可能是因为：其一，民营出口企业中小规模企业占比较大，而在我国，小企业往往面临资本市场融资渠道不畅等问题，因此更倚重企业现金流，但在货币升值时，这些企业由于利润的降低而纷纷退出市场，也由此加剧了企业之间的兼并重组和市场竞争，最终能够在市场上存活下来的企业和新进入的企业将更有效率；其二，边际生产者的竞争威胁，货币升值会导致行业整体的生产率上升，由此提高了行业整体的进入门槛，依此循环最终提高了行业整体的生产率水平。

三、稳健性分析

(一) 对样本分位数回归方法的再估计

表 4－7　分位数回归估计结果

解释变量	25%	50%	75%	90%
lnreer	−0.0376	−0.0020	0.0190	0.0266
	(0.592)	(1.350)	(1.516)	(0.534)
lnreer×*kl*	−0.1077	0.0421***	0.0653***	0.0916***
	(−1.195)	(2.887)	(5.762)	(3.667)
lnreer×*exit*	0.0001	0.0115	0.0164**	0.0196***
	(1.396)	(0.189)	(1.995)	(2.860)
lnreer×*scale*	−0.0116***	−0.0223	0.0181	0.4607***
	(−2.947)	(−1.469)	(0.962)	(5.632)
lnreer×*human*	0.0515	0.0146***	0.0312***	0.0748***
	(0.189)	(4.685)	(2.934)	(3.021)
样本量	292976	292976	292976	292976
R^2	0.640	0.634	0.440	0.434

注：(1)同表 4－2。(2)本表省略了回归方程中其他控制变量的估计结果。

前文分组估计表明，人民币汇率对出口企业生产率的影响因企业技术水平的不同而具有显著的异质性，但是并不能准确体现汇率变动对生产率分布的影响。鉴于此，以下本章进一步使用分位数回归模型来分析实际有效汇率变动对出口企业生产率的影响。这里依次取分位数 0.25、0.5、0.75 和 0.9，对方程(4-1)进行分位数回归，估计结果报告在表 4-7 中。

从以上对总体系数估计的情况来看，汇率对出口企业生产率影响的大小受到出口企业生产率分布的影响。表 4-7 列出了实际有效汇率对出口企业在 25%分位点、50%分位点、75%分位点和 90%分位点上的参数估计。结果显示从 0.25 分位数开始，企业资本劳动要素配置效应、选择效应、规模效应以及人力资本提升效应的回归系数基本呈现稳步增加趋势，并且随着生产率水平的提高，系数的显著性逐步提高。这也验证了本章按技术水平分组估计结果的稳健性。

（二） 人民币汇率的内生性问题

由于贸易加权的实际有效汇率指标的测算过程中涉及多国数据，并且从指标构造来看，汇率变动会对贸易权重产生影响，从而人民币实际有效汇率变量可能是内生的，不满足经典线性回归中严格外生性的要求并导致估计偏差。对于该类内生性问题，通常的改进方法是寻找一个与人民币汇率紧密相关但独立于或者弱相关于企业生产率的变量作为工具变量进行两阶段最小二乘法估计。为此，本章使用人民币实际有效汇率指标的滞后一期值和滞后两期值作为工具变量。

基于工具变量的 2SLS 估计结果报告在表 4-8 第(1)列。从中可以看出，人民币实际有效汇率对出口企业生产率的净效应均为正，说明人民币实际有效汇率升值有利于出口企业生产率提升，这与前文基准分析的结果吻合。这也说明，在进一步考虑人民币实际有效汇率的内生性问题之后本章结论依然稳健。另外，这里还通过多种统计量来检验所选工具变量的合理性。首先，关于未被包括的工具变量是否与内生变量相关这一问题，采用克莱因别尔根和帕普

(Kleibergen and Paap, 2006)的 LM 统计量来进行检验,结果拒绝了“工具变量识别不足”的原假设,即未被包括的工具变量与内生变量不相关。其次,使用克莱因别尔根和帕普(Kleibergen and Paap, 2006)的 Wald rk F 统计量来检验工具变量是不是有效的,回归结果显示 Wald rk F 统计量大于 Stock-Yogo 检验10%水平上的临界值,这表明本部分使用的工具变量不是弱识别的。最后,安德森和鲁宾(Anderson and Rubin, 1949)的 Wald 检验以及 Stock 和 Wright 的 S 检验都表明本书使用的工具变量与内生变量之间具有较强的相关性。据此可以认为本章选取的工具变量是合理的。这也说明,在进一步考虑人民币实际有效汇率的内生性问题之后,本章结论依然稳健。

(三) GMM 估计方法

在上述的所有分析中,均未涉及出口企业生产率的动态行为,然而企业的生产率可能与其在上一时期的活动有关。为了考察企业生产率是否具有持续性特征,本部分在前面静态模型的基础上进一步引入出口企业生产率的滞后一期项将其扩展为一个动态面板模型,这样处理的好处还体现在可以涵盖未考虑到的其他影响因素,进而减轻遗漏变量偏差。动态面板模型的估计方法主要有差分 GMM 和系统 GMM,其中系统 GMM 充分利用了差分方程与水平方程的信息,适合于估计具有“大截面、短时期”特征的样本。此外,相对于一步法估计而言,两步法系统 GMM 估计不容易受到异方差的干扰,不过在有限样本下,由两步法估计得到的标准误会出现下偏,对于这一点,本章采用温德梅杰(Windmeijer, 2005)的方法对两步法标准误的偏差进行矫正。在处理内生性问题方面,动态面板系统 GMM 方法的优势在于只需用到变量的滞后项作为工具变量,通过选择生产率和人民币实际有效汇率变量的两阶及其更高滞后项的水平变量作为差分方程的工具变量进行估计,结果显示在表 4-8 第(2)列。需要指出的是,两步法系统 GMM 估计的可靠性取决于工具变量的可靠性和模型设置的合理性,为此进行了两类检验:其一是 Hansen 过度识别检验,其原假设是“工具变量是有效的”;其二是 Arellano-Bond AR(1)检验及 AR(2)检验,其原假设分别为“模型的残差序列不存在一阶序列相关”和“模型的残差序列不存在二阶序列相关”，如果不能在10%水平上拒绝 Arellano-Bond AR(2)检验，则表明模型的设定是合理的。从检验结果可以看出，Hansen 检验的 p 值大于0.1，说明不能拒绝“工具变量是有效的”原假设；Arellano-Bond AR(1)检验的 p 值小于0.05但AR(2)检验的 p 值大于0.1，这意味着残差项只存在一阶序列相关性而不存在二阶序列相关性，即回归模型的设定是合理的。从估计结果来看，人民币实际有效汇率对出口企业生产率的净效应为正，与前文结论一致。

（四）企业生产率的指标选择

考虑到估计结果可能受企业生产率指标选择的影响，本章在此又选取了另外两个企业生产率指标对模型进行了重新估计，以保证结果的可靠性。上文分别使用 OLS 法和 LP 法测算了出口企业的全要素生产率，因此在这里为了考察本章结论的稳健性，使用 OLS 法和 LP 法得到的出口企业生产率指标进行 GMM 估计[见表4-8第(3)列和第(4)列]。

从回归结果可以看出，人民币实际有效汇率各效应的估计系数为正，并且大多通过了较高水平的显著性检验，表明人民币实际有效汇率升值的确通过资本劳动要素配置效应、企业选择效应、规模经济效应以及人力资本提升效应显著地提升了出口企业的生产率。

表4-8　稳健性检验结果：人民币汇率与出口企业生产率

	2SLS 估计	系统 GMM 估计	tfp-ol 系统 GMM 估计	tfp-lp 系统 GMM 估计
	(1)	(2)	(3)	(4)
lnreer	0.0893	1.0110	−0.1002	−0.0987
	(0.096)	(1.158)	(−1.318)	(−0.186)
kl	0.0247***	−0.7759	0.3556***	0.1555**
	(13.388)	(−1.547)	(4.634)	(2.557)
exit	−0.1041***	0.5895***	−0.9516	−0.4665

续表

	2SLS 估计	系统 GMM 估计	tfp-ol 系统 GMM 估计	tfp-lp 系统 GMM 估计
	(1)	(2)	(3)	(4)
	(−24.301)	(4.253)	(−1.017)	(−0.603)
scale	0.7290***	0.1920***	−2.6705	−0.7803
	(237.053)	(4.275)	(−0.830)	(−0.282)
human	0.1618***	0.3444***	1.8899**	1.0502
	(55.643)	(3.929)	(2.441)	(1.595)
hhi	−2.3611***	−0.8734	−2.3607***	−1.5632***
	(−8.746)	(−0.563)	(−8.378)	(−6.896)
age	0.0139***	0.0256***	0.0047***	0.0049***
	(42.883)	(9.381)	(8.428)	(9.785)
age^2	0.0001***	−0.0001	0.0002***	−0.0004
	(20.792)	(−0.946)	(20.781)	(−0.703)
fin	0.0027	0.0889**	0.0947***	0.0249***
	(0.266)	(2.511)	(8.795)	(2.746)
lnreer×*kl*	0.0493***	0.0159*	0.0351***	0.0347***
	(6.077)	(1.730)	(4.325)	(3.413)
lnreer×*exit*	0.0052***	0.0037***	0.0220***	0.0223***
	(5.606)	(5.161)	(3.728)	(3.776)
lnreer×*scale*	−0.0159	0.0015**	0.0359*	0.0294*
	(−1.509)	(2.403)	(1.795)	(1.716)
lnreer×*human*	0.1188***	0.0936***	0.1662***	0.1636***
	(5.976)	(4.537)	(8.473)	(7.320)
soe	−0.0431***	−0.3845***	−0.0184	0.0212
	(−3.147)	(−4.443)	(−1.015)	(−1.488)
style	0.0656***	0.2328***	0.1987***	0.2032***
	(5.578)	(5.462)	(4.562)	(6.578)
foreign	0.3000***	0.1227	0.1350***	0.1214***
	(42.294)	(1.557)	(8.404)	(8.792)
K-P rk LM 统计量	367.367[0.000]			
K-P Wald rk F 统计量	183.497[7.832]			
A-R Wald 统计量	6.78[0.043]			
S-W LM S 统计量	5.73[0.068]			
Hansen 检验		93.57[0.362]	96.48[0.274]	86.32[0.443]

续表

	2SLS 估计	系统 GMM 估计	tfp-ol 系统 GMM 估计	tfp-lp 系统 GMM 估计
	(1)	(2)	(3)	(4)
AR(1)检验		−3.47[0.000]	−3.68[0.000]	−4.37[0.000]
AR(2)检验		0.58[0.357]	0.67[0.437]	0.69[0.526]
行业效应	是	是	是	是
地区效应	是	是	是	是
年份效应	是	是	是	是
样本量	203 607	194 562	200 589	200 589
净效应	1.064 5	1.846 3	1.766 9	1.676 2

注：(　)内数值为纠正了异方差后的 t 统计量，[　]内数值为相应统计量的 p 值；***、**和*分别表示 1%、5%和 10%的显著性水平。K-P 为 Kleibergen-Paap，A-R 为 Anderson-Rubin，S-W 为 Stock-Wright。结果省略了常数项和被解释变量的滞后一期项。

第四节　进一步分析：企业融资约束的影响

阿吉翁和罗戈夫(Aghion and Rogoff，2009)利用 1960—2000 年 83 个国家的面板数据进行分析，发现一国或地区的汇率波动对企业生产率的影响受到该国金融市场发展的影响，汇率变化对该国或地区企业的生产率提升作用显著，但是该作用受到该国金融市场发展水平的影响，金融市场发展可以减缓汇率大幅变动可能对其生产率产生的负面冲击。在长期，企业生产率的汇率灵活性与金融市场发展水平呈正相关关系。此外，他们发现创新和投资是企业生产率增长的动力源泉，在汇率大幅波动可能降低企业利润率的情况下，企业的创新和投资在企业内源性融资成本远远小于外部融资成本时会受到相应的制约，进而产生企业生产率和技术创新动力不足且增长迟缓，相反的情况下，企业能够实现较快的生产率提升。斯拉夫切瓦-米哈瓦和米哈维(Slavcheva-Mihova and Mihov，2010)进一步通过建立微观企业行为模型验证了阿吉翁和罗戈夫

(Aghion and Rogoff，2009)的研究结论。娄伶俐(2008)就汇率变动对企业技术进步的影响进行了分析，并发现汇率升值对企业技术进步的影响呈现有效和失效两个区间效应。此外，他们还考察了人民币汇率变动对企业产生的“技术承载能力约束”和“技术替代能力约束”。具体来看，在一国或地区金融市场相对落后的情况下，劳动密集型企业向资本密集型转变时，由于受到资本要素供给稀缺性的制约，上述转变过程会受到技术承载能力方面的约束，最终使出口企业由于部分先进工艺设备和技术手段超过其资本承载能力无法应用，而出现“低技术锁定”困局。但上述研究均是基于国家层面的宏观数据进行分析，忽略了企业层面的异质性和具体作用机理。以下，本章将借鉴比斯托(Bustos，2011)的做法，构建(4-7)式考察企业融资约束状况在人民币汇率对出口企业生产率影响中的作用：

$$\begin{aligned} \ln tfpop_{ijkt} &= \alpha_0 + \sum_{qr=1}^{4} \alpha_1^{qr} (\ln reer_{ijkt} \times B_{ijkt} \times C_{ijkt}\_qr) \\ &\quad + \sum_{qr=2}^{4} \beta^{qr} \times C_{ijkt}\_qr + \alpha X_{ijkt} + \xi \end{aligned} \tag{4-7}$$

其中，C 为企业融资约束变量，B 为人民币汇率对出口企业生产率影响的机制变量，包括资本劳动比(kl)、企业退出($exit$)、企业规模($scale$)以及企业人力资本($human$)；$qr=1, 2, 3, 4$ 表示企业特征按照从小到大排序的4分位数，[①]相应地，C_{ijkt}_qr 表示企业融资虚拟变量，当企业 i 的融资状况属于第 qr 分位数时取值为1，否则为0。

表4-9第(1)—(4)列考察了融资约束在人民币汇率影响出口企业生产率各机制中的作用。从估计结果可以看出，各交互项与企业融资约束4分位数虚拟变量的交叉项大部分较为显著，说明人民币实际有效汇率的资本劳动要素配置效应受到企业融资约束状况的制约，这与已有国外研究是相符的。另外，交

① 这里以企业融资变量的样本平均值为基础将企业划分为4个等份。

叉项 $\ln reer \times finance\_q1 \times kl$ 的估计系数在第(1)列符号为负，但并不显著，$lnreer \times finance\_q2 \times kl$、$\ln reer \times finance\_q3 \times kl$ 和 $\ln reer \times finance\_q4 \times kl$ 的估计系数均显著为正，并且后者系数的绝对值相对更大，这表明人民币实际有效汇率的资本劳动要素配置效应对于较低程度融资约束企业的生产率提升促进作用更大。对这一结果可能的解释是，人民币升值过程中企业的流动性短缺问题极为关键，企业提高生产率需要进行技术投资，而人民币汇率上升的阶段正是企业面临资金压力的阶段，因此外部金融市场不发达或外部融资成本过高不利于汇率的资本劳动要素配置效应的发挥，如果升值幅度过高，企业甚至可能因为流动性欠缺而停止经营。

表 4－9 第(2)列显示，各交互项与企业融资约束 4 分位数虚拟变量的交叉项大部分较为显著。交叉项 $\ln reer \times finance\_q1 \times exit$ 的估计系数在第(2)列符号为正，但并不显著，$lnreer \times finance\_q2 \times exit$、$\ln reer \times finance\_q3 \times exit$ 和 $\ln reer \times finance\_q4 \times exit$ 的估计系数均显著为正，其中 $\ln reer \times finance\_q4 \times exit$ 的估计系数在第(2)列最大，这表明人民币实际有效汇率的企业选择效应对于最低程度融资约束企业的生产率提升促进作用最大。此外，表 4－9 第(3)列和第(4)列关于企业规模经济效应和人力资本提升效应的回归结果也证实了随着企业融资约束的增强，人民币汇率对出口企业生产率影响的规模经济效应和人力资本提升效应均呈下降趋势。

表 4－9　企业融资约束的影响

	B=kl	B=exit	B=scale	B=human
	(1)	(2)	(3)	(4)
lnreer	0.0871*	0.0884*	0.1382	0.0756
	(1.666)	(1.678)	(1.005)	(0.547)
C_q2	0.0256***	0.0342***	0.0202***	0.0373***
	(3.562)	(4.267)	(3.472)	(4.588)
C_q3	0.1025***	0.0401**	0.1274***	0.0520***

续表

	B=kl	B=exit	B=scale	B=human
	(1)	(2)	(3)	(4)
	(6.256)	(2.149)	(6.046)	(5.774)
*C_q*4	0.0372***	0.0596***	0.0033***	0.0993***
	(4.376)	(2.860)	(4.599)	(4.672)
lnreer×*B*×*C_q*1	−0.0006	0.0028	0.0029	0.0034
	(−0.116)	(0.118)	(0.123)	(0.145)
lnreer×*B*×*C_q*2	0.0066***	0.0066***	0.0565***	0.0393
	(10.432)	(10.454)	(15.164)	(0.277)
lnreer×*B*×*C_q*3	0.0179*	0.0533***	0.0688***	0.0534***
	(1.942)	(4.380)	(14.810)	(4.385)
lnreer×*B*×*C_q*4	0.0305***	0.1004***	0.2535***	0.0713***
	(2.673)	(4.145)	(9.762)	(3.059)
kl	0.0422***	0.0581***	0.0183*	0.0352***
	(2.887)	(5.661)	(1.850)	(7.837)
exit	−0.1223	0.0349***	0.0497***	0.0747***
	(−1.468)	(4.723)	(9.636)	(2.936)
scale	0.0365**	0.0389***	0.0017***	0.0062*
	(1.965)	(9.086)	(3.683)	(1.763)
human	0.0612***	0.0341	0.0528***	0.1095***
	(2.934)	(0.440)	(6.628)	(7.583)
hhi	0.0305	−0.0383**	−0.0117***	−0.1472***
	(0.383)	(−2.222)	(−6.5832)	(−10.947)
age	0.0450***	0.0151	0.0581***	0.0750***
	(3.066)	(0.865)	(5.683)	(14.532)
age^2	0.0512***	0.0583***	0.0042	0.1746***
	(3.795)	(2.679)	(0.260)	(6.594)
fin	0.0914***	0.0703***	0.2721***	0.4327***
	(6.130)	(8.403)	(9.583)	(10.573)
soe	−0.0175***	−0.0103***	1.3671***	0.9474***
	(−2.845)	(−3.364)	(5.167)	(5.783)

续表

	B=kl	B=exit	B=scale	B=human
	(1)	(2)	(3)	(4)
style	0.0401**	0.0099***	0.0301***	0.0452***
	(2.149)	(3.474)	(3.932)	(4.783)
foreign	0.0201	0.0119***	0.3836***	0.3745***
	(1.060)	(4.449)	(6.572)	(6.489)
常数项	4.4722***	6.0392***	4.7330***	5.9026***
	(19.553)	(27.017)	(4.039)	(3.150)
企业效应	是	是	是	是
年份效应	是	是	是	是
样本量	292976	292976	292976	292976
R^2	0.740	0.739	0.751	0.834

注：同表4-2。

第五节　小结：总结与政策启示

本章利用中国2000—2007年工业企业数据和高度细化的海关数据实证考察了人民币汇率变动与制造业出口企业全要素生产率之间的关系。在人民币实际有效汇率指标的选择上，本章在巴格斯等人（Baggs et al.，2009）方法的基础上测算了具体到微观企业层面的实际有效汇率指标，并具体考察了人民币汇率变动分别通过资本劳动要素配置效应、企业选择效应、规模经济效应以及人力资本提升效应对企业生产率的影响。在全要素生产率的测算上，本章分别采用OP法和LP法两种半参数方法有效地解决了同步偏差和选择性偏差问题。归纳起来，本章主要得到三个结论：第一，人民币实际有效汇率上升对制造业出口企业生产率的净效应为正，其通过企业资本劳动要素配置效应、企业选择效应、规模经济效应以及人力资本提升效应对制造业出口企业的生产率提升产生了积极影响，并且上述结论在控制了人民币实际有效汇率的内生性等问题之后依然稳健。第二，人民币实际有效汇率对出口企业生产率的影响，因企业是否为纯出口企业、贸易方式、技术水平和所有制的不同而具有显著的异质性。具体表现为：人民币升值对纯出口企业的影响效应小于混合型出口企业，对一般贸易企业的影响效应大于加工贸易企业；人民币升值有利于高技术企业的生产率提升，而不利于低技术企业；人民币升值有利于国有企业和民营企业的生产率提升，而不利于外资企业，并且其对国有企业的影响效应大于民营企业。第三，就企业融资约束状况的拓展分析表明，人民币汇率对企业生产率的积极影响随着企业融资能力的增强而上升。

本章在微观层面上丰富了对于中国企业全要素生产率的认识。之前关于汇率变动与中国企业全要素生产率之间关系的研究，由于受到微观数据可得性和计量方法的限制而得到了不一致的结论。本章使用中国工业企业数据和海关贸易数据的匹配数据进行分析，从而可以准确地计算出口企业的全要素生产率。本章使用修正的OP法来测算企业层面的全要素生产率，可以有效地缓解传统方法不能解决的选择性偏差和联立性偏差问题。此外，本章使用工业企业和海关数据库的匹配数据计算了企业层面的人民币实际有效汇率指标，从而可以更为准确地考察汇率变动对出口企业生产率的异质性影响。

本章具有较强的政策指导意义。首先，人民币升值有利于高技术出口企业的生产率提升，在某种程度上顺应了当前人民币汇率形成机制改革和人民币升值的趋势。当前，我国应该增强企业自主创新能力，实现内涵式经济增长。其次，人民币升值对国有出口企业生产率提高的影响效应大于对外资出口企业和民营企业，这在很大程度上验证了政府对企业的支持对于企业生产率提升意义重大。我国应该加大对民营企业的支持力度，同时合理引导外资流入，提高外资引入的技术门槛。再次，由于来料加工贸易行为显著地增加了人民币汇率升值对出口企业生产率的负面冲击，中国政府在实施出口导向型发展战略来出口本国具有比较优势的产品的同时，应该逐步提高对高技术企业的出口支持，鼓励企业自主研发,增强技术创新能力,帮助加工贸易企业积极参与国际价值链的高科技产业生产制造环节,引导出口贸易结构不断升级,以更好地促进企业效率提升。最后,融资约束是限制企业资本劳动要素等效应发挥的关键因素,因此,完善与深化我国金融体系改革,对提高出口企业生产率意义重大。

第五章　人民币汇率与出口企业加成率

第一节　引言

改革开放以来，作为中国经济增长“三驾马车”之一的出口贸易以年均18%的速度迅速增长（李坤望，2008），2011—2013年中国货物贸易出口额连续三年稳居世界第一。但在世界经济论坛（World Economic Forum，WEF）发布的《2013—2014年全球竞争力报告》中，中国的全球竞争力仅列第29位，这与中国的经济总量和出口地位形成鲜明对比，中国出口产品质量和价格过低，使其仍然处在全球价值链中的低端阶段。也正是在这种背景下，“中国制造”往往与低价格、低质量联系起来，中国出口产品已然成为低价产品的代名词。这一方面降低了国内消费者的购买能力和福利水平，另一方面还压低了出口企业的利润和劳动者的工资，限制了内需的增长。此外，出口价格过低也成为我国出口商品频频遭遇反倾销诉讼的重要诱因。而中国低价出口的实质便是出口企业较低的成本加成率问题（盛丹和王永进，2012），当前出口企业加成率问题已经得到了学术界和政策层的极大关注，成为亟待研究和解决的重大课题。

与此同时，作为学术界、政策层和商业界关注的核心问题之一，汇率变动会对一国或地区的经济发展产生重要影响。当前，已有大量学者围绕汇率变动与企业出口行为进行了相关的理论和实证研究，他们大多认为本国实际汇率升值会降低企业的出口价格，并且上述效应因企业生产率和产品在多产品企业中地位的不同而具有显著的异质性，而上述问题的关键便是企业的加成定价行为（Berman et al.，2012；Tang and Zhang，2012；Li et al.，2012；Chatterjee and Dix-Carneiro，2013；Caselli et al.，2014）。2005年7月21日，我国开始实行以市场供求为基础、参考一篮子货币进行调节、有管理的浮动汇率制度。根据对汇率合理均衡水平的测算,人民币兑美元当日升值2%。自此截至2011年,人民币兑美元实际汇率累计升值幅度超过30%,人民币汇率不断走强。那么,在当前我国经济发展方式转型、人民币汇率升值呼声高涨的严峻形势下,作为对外经济活动微观主体的出口企业,其加成率对人民币汇率变动的具体反应是怎样的?作用机制如何?然而迄今为止,鲜有研究通过运用企业数据,来系统地探讨人民币汇率对中国出口企业加成率的微观影响。本章正是在上述背景下研究人民币汇率变动对中国出口企业加成率的微观影响和作用机制。尽管过去的文献探讨过企业出口行为与加成率之间的关系(Bellone et al.,2010;De Loecker and Warzynski,2012;盛丹和王永进,2012),但均忽略了人民币汇率变动的作用。为此,本章在已有研究的基础上,尝试使用微观企业层面的数据全面考察人民币汇率变动对出口企业加成率的影响。

本章其余部分的结构安排如下:第二部分为文献回顾;第三部分为计量模型构建与数据说明;第四部分报告基准估计结果,并实证考察人民币实际汇率变动对出口企业加成率的影响;第五部分考察人民币汇率变动对出口企业加成率的异质性影响;第六部分深入考察人民币实际汇率变动对企业加成率的影响机制;第七部分作为拓展分析,基于加成率分布的视角,进一步分析汇率变动对加成率离散度的影响;最后是本章结论。

第二节　文献和机制分析

本节着力于考察汇率变动对中国出口企业加成率的影响。当前,已有大量文献就汇率变动对中国企业出口行为的影响进行了分析。本节研究主要基于以下几类文献:出口与企业加成率方面的相关研究以及汇率变动对出口企业的影响。

首先,加成率和企业出口之间的关系方面。梅里兹(Melitz,2003)的模型中假设了 CES 的效用函数，使得企业可变成本与价格之间总是固定加成的关系，从而厂商只能通过在劳动力市场就劳动力进行竞争，而不能通过商品价格进行竞争。但在实际的国际贸易中，开放市场和国外企业进入往往伴随着消费品价格的下降。为了能够刻画这种由贸易带来的“可竞争”效应(procompetitive)，梅里兹和奥塔维亚诺(Melitz and Ottaviano, 2008)进一步放松了梅里兹(Mclitz, 2003)模型中对 CES 效用函数的设定，他们基于异质性厂商垄断竞争模型的分析表明，企业的加成率是边际成本与进入行业临界边际成本之差的函数，企业生产率与加成率之间具有正相关关系。同时，根据新新贸易理论，出口企业的生产率往往高于非出口企业，因此，出口企业的加成率也往往高于非出口企业。库格勒和菲尔霍根(Kugler and Verhoogen, 2012)则从产品品质的角度对这一问题进行考察，他们认为出口商往往生产高品质的产品，在其他因素相同的情况下，出口商品的加成率就会较高。科萨尔等人(Cosar et al., 2009)构建的一般均衡贸易模型也表明，随着出口机会的出现和消失，厂商需要相应地对其生产能力进行调整，而要素市场的摩擦使其无法自由调整。为此，出口厂商的加成率较高。在上述理论研究的基础上，也涌现了大批该领域的实证研究。其中，科林斯等人(Konings et al., 2005)利用保加利亚和罗马尼亚企业层面数据，考察了私有化和市场竞争对企业加成率的影响，结果发现，私有化促进了企业加成率的提高，并且行业的竞争性会强化这种促进效应。贝隆等人(Bellon et al., 2010)利用法国企业层面数据进行实证检验发现，与非出口企业相比，出口企业的加成率更高，而且企业加成率与生产率正相关。随后，德勒克尔和沃钦斯基(De Loecker and Warzynski, 2012)利用 1994—2000 年斯洛文尼亚企业数据研究了出口状态与企业加成率之间的关系，结果也表明，出口企业具有更高的加成率，而且企业加成率会随其进入出口市场而提高，随其退出出口市场而降低。与上述研究不同，盛丹和王永进(2012)使用中国工业企业微观数据的实证研究发现，与国外大多数学者的研究相反，我国出口企业的加成率要普遍低于非出口企业。他们认为出口退税、补贴政策和出口企业行业内部的过度竞争可能是导致上述“悖论”的主要原因。此外,卡塞利等人(Caselli et al., 2014)首次将汇率因素纳入多产品出口企业加成率问题研究的分析框架,考察了墨西哥比索贬值对该国多产品出口企业加成率的影响,发现本国货币贬值提高了墨西哥出口企业的加成率,并且该效应因企业生产率和产品在多产品企业中地位的提高而显著增强。

与上述研究不同,还有部分学者从加成率分布的视角,考察了贸易自由化对行业加成率离散度的影响。以帕累托分布为前提假设,伯纳德等人(Bernard et al., 2003)和阿克拉基斯等人(Arkolakis et al., 2012)的研究均发现,贸易自由化通过影响存续企业的加成率和企业在市场上的进入退出行为来影响行业加成率的离散度,其中前者又被称为集约边际(the intensive margin),后者被称为扩展边际(the extensive margin)。陆毅和余林徽(Lu and Yu, 2015)将中国在 2001 年加入 WTO 作为一个自然实验,使用中国 1998—2005 年行业层面的数据考察了贸易自由化对行业加成率离散度的影响,研究发现,贸易自由化降低了行业加成率的离散化程度,其通过改善行业资源配置的渠道促进了行业福利水平的提升。

其次,关于汇率变动对出口企业的影响方面。伊顿和科图姆(Eaton and Kortum, 2002)以及梅里兹(Melitz, 2003)发起的新新贸易理论开启了汇率变动对微观企业影响的分析。目前,大部分文献支持汇率升值对企业出口数量和出口额会产生负面影响的观点,而在汇率变动与企业出口价格之间的关系方面仍存疑议。其中,巴斯耶和佩尔托宁(Bussiere and Peltonen, 2008)及库伊等人(Cui et al., 2009)讨论了人民币汇率变动的价格传递效应,但他们均是基于宏观数据进行分析,并且结论迥异。菲茨杰拉德和阿莱(Fitzgerald and Haller, 2008)认为,在当前世界性竞争压力提高、物价指数低水平徘徊的大背景下,出口企业很难将汇率的变化完全传递到出口价格上,即存在不完全的汇率传递效应(Incomplete ERPT)。此外,伯曼等人(Berman et al., 2012)首次使用法国企业层面的微观数据分析了汇率变动对企业出口贸易的异质性影响。他们发现具有较高生产率的出口企业在本币贬值时可以更多地提高商品加价，而较少地扩大出口量。埃米蒂等人(Amiti et al., 2012)使用比利时大样本微观企业数据的分析表明，企业对汇率变动的异质性反应可能与企业在国外的市场份额及其进口密集度有关。

中国已然成为世界最大的制造品出口商，近来，越来越多的研究考察了人民币汇率变动与中国企业出口行为之间的关系。李宏彬等人(Li et al., 2012)使用中国微观企业数据的研究发现，人民币每升值10%，企业出口价格下降50%左右，也即人民币汇率变动具有不完全的汇率传递效应，当人民币升值时，出口商会通过降低商品的本币出口价格以缓解升值对出口的冲击，从而出口商品在最终市场上的以外币表示的价格上升幅度会小于人民币升值的幅度。此外，许家云等人(2015)就人民币汇率变动与中国多产品出口企业行为的研究，也得出了类似的结论。其他方面，邓希炜和张铁凡(Tang and Zhang, 2012)使用中国微观企业数据进行分析，发现汇率升值对中国出口企业的进入退出以及产品生产具有显著影响。张会清和唐海燕(2012)基于2005—2009年中国工业企业的样本数据，采用Heckman选择模型评估人民币升值对出口贸易的整体影响和结构影响。研究发现，人民币升值对企业出口产生了显著的负面冲击，人民币升值不利于中国出口贸易结构的优化调整。刘青等人(Liu et al., 2013)使用倍差法实证考察了人民币汇率波动对中国企业出口行为的影响，发现人民币每升值1%，中国出口总值将下降1.89%。徐等人(Hsu et al., 2014)使用倍差法考察了2005年以来人民币升值对中国出口贸易结构的影响，认为人民币升值显著促进了中国出口贸易结构的升级。

通过梳理已有研究，不难发现，已有文献或者考察了汇率变动对企业出口行为的影响，或者考察了企业出口与加成率之间的关系，但关于人民币汇率变动对出口企业加成率影响的直接分析则较为匮乏。总之，上述研究并没有将汇率变动与出口企业加成率纳入统一的分析框架，并且当前国内尚没有文献使用微观企业层面数据，就人民币汇率变动对出口企业加成率的影响进行定量分析。有鉴于此,需要关注的问题是:人民币汇率变动是否能够影响出口企业的加成率?如果是,影响方向和作用力度如何?另一个与此相关的问题是:人民币汇率变动对出口企业加成率的作用机制是怎样的?

基于上述两方面考虑,本章的目的在于就人民币汇率变动对出口企业加成率的影响进行更为普遍和精确的估计。以下本章结合既有的研究文献,将人民币汇率变动对出口企业加成率的影响机制概括为价格竞争效应和规模效应两个方面。

第一,汇率变动会通过价格竞争效应影响企业加成率。汇率具有不完全的价格传递效应,即面对本币升值,出口商会通过降低商品的本币出口价格的方式以缓解升值对出口的冲击,从而出口商品在最终市场上的以外币表示的价格上升幅度会小于本币升值的幅度,也就是说出口商具有一定的盯市能力(Pricing-to-Market, PTM)。此外,伯曼等人(Berman et al., 2012)对法国、埃米蒂等人(Amiti et al., 2012)对比利时以及陈六傅和刘厚俊(2007)对中国的研究均得到了类似的结论。正是由于不完全的汇率传递效应,本币升值会降低出口商品的本币价格,也就降低了出口商品的加成率。此外,人民币升值会加剧出口市场上的竞争,同时由于国外商品变得相对便宜,本国会增加对国外同类商品的进口,整体来看,会加剧国内各行业内部的市场竞争,而由于同一行业内产品差异化水平低,企业只能通过价格竞争来争夺市场,从而使企业收取较低的加成率。

第二,汇率变动通过规模效应影响企业加成率。在本币升值之后,如果一国出口商品以外币表示的价格不变,则要求出口商品以本币表示的价格下降,由此一国对外出口量不会受到影响,却会降低该国企业的利润;如果出口商品以本币表示的价格不变,则出口商品以外币表示的价格将会上升,本国出口商品在外国市场上的竞争力将下降,导致出口份额减少,出口企业的利润也会因此而受损。从国外购买者的角度来看,会较少地对本国商品进行购买,进而降低了本国的市场需求;另外,国内出口商更是面临结算时的汇兑风险。所以综合来看，本币汇率上升会导致企业缩小生产和出口规模，而通常而言，企业的边际成本与其生产规模紧密相关，特别是当生产规模缩减时，由于难以发挥规模经济效应，其边际生产成本将会上升，最终导致企业加成定价能力下降。巴格斯等人(Baggs et al.，2009)对加拿大制造业企业的研究也得出了类似的结论，他们发现加拿大元升值降低了企业尤其是出口型企业的生产规模，由此导致企业加成率下降。进一步地，汤姆林和冯(Tomlin and Fung，2010)利用分位回归方法，就汇率波动对加拿大大型制造业企业的影响进行了深入分析，发现加拿大元升值导致企业出口市场缩小和进口竞争加剧，企业之间的竞争更加激烈，部分低效率的企业被迫关闭；那些幸存下来的企业，由于市场规模缩小，企业难以发挥规模经济效应，进而它们的成本加成定价能力也随之下降。

与已有文献相比，本章可能在以下几个方面有所拓展：首先，本章可能是国内第一篇使用中国制造业企业生产与贸易合并数据研究汇率对出口企业加成率影响的文章。近年来，关于出口企业加成率的相关理论和实证研究表明，企业的出口行为会影响其自身的加成率，而尚未有文献将汇率变动引入加成率与出口企业行为的分析框架。本章的研究在一定程度上可以为汇率冲击背景下出口企业的价格加成策略提供一个来自中国的经验证据。其次，在基准分析的基础上，本章还进一步考察了人民币汇率变动对企业加成率的动态效应，及其对不同特征(包括生产率、融资约束、所有制和贸易方式四个方面)出口企业加成率的异质性影响。再次，本章通过构建中介效应模型深入地检验人民币汇率变动影响出口企业加成率的作用机制，进而加深了对人民币汇率变动与出口企业加成率之间关系的认识。最后，与已有研究相比，本章不再局限于研究对企业加成率水平的影响，还将研究视角拓展为包含行业内加成率分布等方面，因此丰富了汇率变动与加成率关系的研究文献。

第三节 计量模型构建与数据说明

一、计量模型构建

本部分实证分析主要是考察人民币汇率变动对出口企业加成率的影响。但由于样本中有相当一部分企业为零出口企业①,并且企业出口行为受到其规模、年龄等诸多因素的影响,即非随机事件,如果对样本直接进行 OLS 估计可能会产生样本选择偏差问题。显然,不论是将这些零出口企业包含在回归样本中直接考察人民币汇率对企业加成率的影响还是将这部分企业剔除,都会不可避免地导致估计结果出现偏误。Heckman 两步法是处理这一类问题较为有效的计量工具,其具体思路是:首先对企业出口决策模型(5-1)式进行 Probit 估计,即考察企业是否出口,由此提取逆米尔斯比率(Inverse Mill's Ratio),然后将其作为控制变量纳入出口企业加成率方程。

首先,为了考察人民币汇率变动与企业出口决策之间的关系,本章在既有的理论和实证研究文献的基础上,构建以下基于微观企业出口决定因素的 Probit 估计模型:

$$\Pr(Expdum_{it}=1)=\Phi(\alpha_0+\alpha_1\ln rer_{it}+\alpha Z_{it}+\xi) \qquad (5-1)$$

其中,下标 i 和 t 分别表示企业和年份;被解释变量 $Expdum_{it}$ 为企业出口行为的虚拟变量{0, 1},如果出口额 $Export_{it}>0$,则 $Expdum_{it}=1$,反之,$Expdum_{it}=0$。rer_{it} 为企业层面贸易加权的人民币实际有效汇率指标。$\Phi(\cdot)$ 表示标准正态累积分布函数;$\xi=v_j+v_k+\varepsilon_{ijkt}$,$v_j$ 和 v_k 分别表示行业和地区的特定效应,ε_{ijkt} 表示随机扰动项;控制变量集合 Z_{it} 具体包括企业生产率(*tfp*)、企业融资约束(*finance*)、企业年龄(*age*)、企业资本密集度(*zb*)、企业资

① 本部分样本中非出口样本量占总体样本量的近 50%。

产负债率(fz)、外资企业虚拟变量($foreign$)。

第二阶段的出口企业加成率方程为：

$$mup_{it} = \alpha_0 + \alpha_1 \ln reer_{it} + \alpha_2 Z_{it} + \theta m_{it} + v_j + v_k + \varepsilon_{ijkt} \quad (5-2)$$

在(5－2)式中，mup_{it} 为 i 企业的加成率，m_{it} 为逆米尔斯比率，由第一阶段 Probit 估计得到，如果在估计结果中 m_{it} 显著不为0，则表明存在样本选择偏差，此时采用 Heckman 两步法进行估计是有效的。此外，企业加成率方程中的控制变量集合与(5－1)式相同。

二、指标测度

（一） 人民币实际有效汇率指标的测度

具体构建详见本书第三章第三节。

（二） 企业加成率指标的测度（mup）

根据多莫维茨等人(Domowitz et al.，1988)计算行业层面加成率的思路，加成率可以表示为企业价格与边际成本的比值，其表达式为：

$$\frac{price_{it} - cost_{it}}{price_{it}} = 1 - \frac{1}{mup_{it}} = \frac{value_{it} - pay_{it}}{value_{it} + zjmat_{it}} \quad (5-3)$$

其中，下标 i 和 t 分别表示企业和年份，mup_{it} 表示企业 i 在 t 年的加成率，$price_{it}$ 和 $cost_{it}$ 分别表示企业的产品价格和边际成本；$value_{it}$ 为企业的工业增加值，pay_{it} 为企业 i 在 t 年支付的工资额，$zjmat_{it}$ 表示净中间投入要素成本。上述会计法在测算企业加成率时具有易于操作的优势，但是正如马丁(Martin，2001)所指出的，会计利润被人为调整的可能性较大，并且会计变量与经济变量在具体指标意义上也存在一定差异。而德勒克尔和沃钦斯基(De Loecker and Warzynski，2012)在市场均衡分析的框架下，通过估计生产函数和产出弹性的方式来测算企业加成率，进而突破了先前研究主要依赖会计数据的局限性。他们在哈勒(Hall，1986)研究的基础上，利用莱文索恩和彼得林(Levinsohn and Petrin，2003)的半参数方法较好地处理了因不可观测因素导致的加成率估算偏差。此外，该方法还具有放松了规模报酬不变的假设以及无需使用生产者的资本成本数据等优势。

假设企业 i 在 t 期的生产函数为：

$$Q_{it} = F(X_{it}^1, \cdots\cdots, X_{it}^V, K_{it}, \omega_{it}) \tag{5-4}$$

其中，Q_{it} 表示企业 i 在 t 时的实际产量；X_{it}^V 表示诸如劳动力、原材料等可变要素的投入；K_{it} 表示资本投入；ω_{it} 表示企业生产率；生产函数 $F(\cdot)$为二阶连续可微。企业追求利润最大化，即在产量既定的情况下实现成本最小化，因此可构建以下拉格朗日函数：

$$L(X_{it}^1, \cdots\cdots, X_{it}^V, K_{it}, \lambda_{it}) = \sum_{v=1}^{V} P_{it}^{X^v} X_{it}^v + r_{it}K_{it} + \lambda_{it}[Q_{it} - F(\cdot)] \tag{5-5}$$

其中，$P_{it}^{X^v}$ 和r_{it} 分别表示可变投入要素和资本投入的价格。对可变投入要素进行一阶求导可得：

$$\frac{\partial L_{it}}{\partial X_{it}^v} = P_{it}^{X^v} - \lambda_{it} \frac{\partial F(\cdot)}{\partial X_{it}^v} = 0 \tag{5-6}$$

在(5-6)式中，$\lambda_{it} = \partial L_{it}/\partial Q_{it}$ 为给定产出水平下的边际成本。对(5-6)式两边同时乘以 X_{it}/Q_{it} 并经整理可得：

$$\frac{\partial F(\cdot)}{\partial X_{it}^v}\frac{X_{it}^v}{Q_{it}} = \frac{1}{\lambda_{it}}\frac{P_{it}^{X^v} X_{it}^v}{Q_{it}} \tag{5-7}$$

成本最小化原理意味着，最优的投入要素需求应当满足：可变要素投入的产出弹性 $\left(\frac{\partial F(\cdot)}{\partial X_{it}^v}\frac{X_{it}^v}{Q_{it}}\right)$ 等于该要素在生产成本中所占的份额$\left(\frac{1}{\lambda_{it}}\frac{P_{it}^{X^v} X_{it}^v}{Q_{it}}\right)$。接下来定义企业的加成率为 $\phi_{it} = \frac{P_{it}}{\lambda_{it}}$，将其代入(5-7)式可得：

$$\vartheta_{it}^X = \phi_{it}\frac{P_{it}^X X_{it}}{P_{it}Q_{it}} \tag{5-8}$$

其中 ϑ_{it}^{X} 为可变要素 X 的产出弹性。由(5－8)式可进一步推导得到加成率的表达式：

$$\phi_{it} = \vartheta_{it}^{X}(\gamma_{it}^{X})^{-1} \tag{5-9}$$

在(5－9)式中，γ_{it}^{X} 表示可变要素的支出($P_{it}^{X}X_{it}$)占企业总销售额($P_{it}Q_{it}$)的比重。由(5－9)式可以看出，若要计算企业层面的加成率，首先需要求得投入要素的产出弹性和该要素支出占销售额的比重。为了得到要素投入的产出弹性，需要估计企业的生产函数。与德勒克尔和沃钦斯基(De Loecker and Warzynski, 2012)类似，假设企业具有相同的技术参数且为希克斯中性(Hicks-neutral)，则生产函数表达式为：

$$Q_{it} = F(X_{it}^{1}, \cdots\cdots, X_{it}^{V}, K_{it}; \beta)exp(\omega_{it}) \tag{5-10}$$

其中，β 为技术参数，可以反映将投入转化为产出的数量的高低，ω_{it} 为企业生产率。然而，由于要素投入与不可观测的生产率冲击之间可能存在相关性，如果采用传统 OLS 方法估计生产函数将会产生同时性偏差问题(simultaneity bias)。这里借鉴德勒克尔和沃钦斯基(De Loecker and Warzynski, 2012)的做法，采用莱文索恩和彼得林(Levinsohn and Petrin, 2003)的半参数法对生产函数进行估计，可以得到可变要素的产出弹性 $\hat{\vartheta}_{it}^{X}$。为了利用(5－10)式测算企业加成率，还需要知道要素的支出份额 γ_{it}^{X}，但是事实上无法直接获得 Q_{it} 而只能得到 $\hat{Q}_{it}$，根据关系式 $\hat{Q}_{it} = Q_{it}\exp(\varepsilon_{it})$ 可计算得到 $Q_{it} = \hat{Q}_{it}/\exp(\varepsilon_{it})$。因此，可进一步将要素的支出份额 γ_{it}^{X} 表述为：

$$\hat{\gamma}_{it}^{X} = \frac{P_{it}^{X}X_{it}}{P_{it}\dfrac{\hat{Q}_{it}}{\exp(\hat{\varepsilon}_{it})}} \tag{5-11}$$

据此，企业 i 在 t 期的加成率可通过以下式子进行测算：

$$\hat{\phi}_{it} = \hat{\vartheta}_{it}^{X}(\hat{\gamma}_{it}^{X})^{-1} \tag{5-12}$$

（三）其他变量的测度

（1）企业生产效率（*tfp*）。异质性企业贸易理论普遍认为生产率较高的企业更容易出口（Mclitz，2003）。为了克服普通最小二乘方法测算 TFP 时可能出现的联立性偏差和选择性偏差问题，本章采用扩展的 OP 法进行测算。具体方法和数据说明见第四章第三节。

（2）融资约束（*finance*）。本书借鉴孙灵燕和李荣林（2011）的做法，采用利息支出与固定资产的比值来衡量融资约束，如果该值越大则表明企业面临的融资约束程度越小。

（3）企业年龄（*age*）。在市场上的存活时间影响了企业的生产经验、研发能力等，也会影响企业的加成率，本书用当年年份与企业开业年份的差来衡量企业年龄。

（4）资本密集度（*kl*）。用固定资产与从业人员数的比值取对数来衡量，其中固定资产使用以 1999 年为基期的固定资产投资价格指数进行平减处理。

（5）企业资产负债率（*fz*）。用负债总额与资产总额的比值来衡量，在企业面临较高的负债率时往往具有较低的加成率。

（6）本书加入所有制变量主要是为了考察不同类型企业加成率的差异性。具体地，引入外资企业虚拟变量（*foreign*），当企业为外资企业时将其赋值为 1，否则为 0。

三、数据说明

本书实证分析中使用的是 2000—2007 年中国海关数据库和工业企业数据库的匹配数据，其中海关数据来自中国海关总署，企业层面数据来自国家统计局的工业企业统计数据库。具体地，参照余淼杰（Yu，2013）、厄普瓦尔德等人（Upward et al.，2013）的方法对两套数据进行了匹配。对于匹配成功的样本，进一步进行了如下处理：（1）删除雇员人数小于 8 人的企业样本；（2）删除企业代码不能一一对应，贸易额为零值或负值的样本；（3）删除工业增加值、中间投入额、固定资产净值年平均余额以及固定资产中任何一项存在零值或负值的企业样本；(4)删除企业销售额、平均工资存在零值或负值的企业样本；(5)删除企业年龄小于零的企业样本；(6)贸易中间商可能存在价格调整，出口产品价格和数量信息并不能真实反映生产企业的定价能力，因此剔除掉贸易中间商样本，即企业名称中带有“贸易”和“进出口”字样的企业(Amiti et al., 2012; Yu, 2013)。

表 5－1　各主要变量的描述性统计

变量	样本量	均值	标准差	最小值	最大值
mup	176 364	1.312 46	1.945 27	0.052 21	16.812 31
lnreer	176 364	4.565 19	0.028 96	3.756 32	4.755 61
lnp	176 364	1.680 10	1.091 40	−1.697 48	18.116 29
tfp	176 364	7.393 70	1.333 25	−2.371 34	15.036 07
finance	176 364	0.046 53	0.177 94	−8.170 04	9.604 00
scale	176 364	5.907 95	1.313 80	2.302 59	11.963 78
age	176 336	8.915 65	7.912 16	1	89
kl	176 364	3.597 11	3.359 22	−3.251 77	5.247 18
fz	176 364	0.453 18	0.232 96	0.105 34	0.535 21
foreign	176 364	0.833 05	0.460 49	0	1
Expdum	176 364	0.375 24	0.075 93	0	1

第四节　基准估计结果及分析

一、基准估计结果

表 5－2 显示了企业出口决策与企业加成率决定因素的 Heckman 两阶段估计结果。其中第(1)列和第(2)列没有加入企业层面控制变量和其他固定效应，以此作为比较基础，*lnreer* 变量的回归系数显著为负，这初步表明人民币实际有效汇率升值不仅降低了企业出口的可能性，而且还显著地降低了出口企业的加成率；第(3)列和第(4)列加入了企业层面控制变量并控制了行业和

地区效应。研究发现，ln*reer* 的系数绝对值有所下降，但其系数符号依然为负且在 1%水平上显著，这表明在控制了其他影响因素之后，本书的回归结果具有较好的稳定性，人民币升值仍然显著降低了出口企业的成本加成定价能力。

从控制变量的回归结果可以看到：生产率越高、融资约束越小的企业具有更高的加成率，这可能是因为生产率越高、融资约束越小的企业往往是资本和技术密集型产品的生产者，产品利润空间较大，从而具有较强的价格控制能力；此外，这部分企业更能够发挥规模经济优势以降低生产成本，进而具有更高的加成定价能力；年龄与出口企业的加成率成反比，这可能是因为历史悠久的企业需要为资深员工支付高昂的工资从而面临更严重的财务负担，因此与其他企业相比表现出较低的加成率；资本密集度越大的企业具有较高的加成率，这是因为这类企业会更加重视设备更新和研发创新，进而有利于降低边际生产成本和提高加成率；此外，结果显示外资企业具有较高的加成率。

进一步地，考虑到中国出口企业中，不同企业的出口强度存在显著差异，那么，人民币升值对出口企业加成率的影响是否会受到企业出口强度的影响，即不同出口强度的企业受到的“处理强度”是否有所不同？基于此，也为了进一步验证上述结论的稳健性，这里在方程(5－2)的基础上引入人民币实际有效汇率(*lnreer*)和企业出口强度(*ex*)的交互项①，建立方程(5－13)以考察人民币汇率升值对不同出口强度企业加成率的影响：

$$mup_{it} = \alpha_0 + \alpha_1 \ln reer_{it} + \alpha_2 \ln reer_{it} \times ex_{it} + \alpha_3 Z_{it} + \theta m_{it} + v_j + v_k + \varepsilon_{ijkt} \tag{5-13}$$

考虑企业出口强度差异性之后的估计结果报告在表 5－2 第(5)列和第(6)列。结果表明，第(6)列中人民币实际有效汇率(*lnreer*)的独立项及其与企业出

① 本书将企业出口销售额占总销售额的比重定义为出口强度。

口强度(*ex*)交互项的估计系数均为负，且通过了1%水平的显著性检验，这表明人民币升值显著地降低了出口企业的成本加成定价能力，并且出口依赖程度越高的企业，人民币升值对其加成率的负面影响越大。对此可能的解释是：一方面，由于中国出口密集度比较高的往往是那些生产率比较低的初级产品或者劳动密集型产品的生产者(刘晴等，2014)，这些企业的产品利润空间较小，在面对人民币升值时，它们对价格的控制能力和加成定价能力较弱①；另一方面，出口密集度高的企业往往对外部出口市场更加依赖，而且市场竞争力往往较弱，在人民币升值之后，由于外需和利润骤降以及对汇兑风险的担忧，这些高出口密集度的企业其出口规模迅速下降，生产规模随之缩减，最终导致企业的成本加成定价能力进一步下降。

表5-2　基准估计结果：人民币汇率与出口企业加成率

	出口决策	加成率	出口决策	加成率	出口决策	加成率
	(1)	(2)	(3)	(4)	(5)	(6)
lnreer	−0.0665***	−0.1632**	−0.0381***	−0.1362***	−0.0276***	−0.1296***
	(−3.51)	(−2.02)	(−3.42)	(−5.30)	(−3.38)	(−5.52)
lnreer×*ex*						−0.0036***
						(−3.82)
tfp			0.0361***	0.0412***	0.0215**	0.0587***
			(4.87)	(5.46)	(2.08)	(4.30)
finance			0.1163***	0.1302***	0.1134***	0.1324***
			(9.43)	(3.11)	(6.43)	(4.16)
age			−0.0295***	−0.0310***	−0.0672***	−0.0583***
			(−4.47)	(−4.32)	(−5.36)	(−5.52)
kl			0.0691***	0.1460***	0.0257***	0.1231***
			(5.37)	(5.37)	(6.53)	(5.52)
fz			−0.0046	−0.0128***	0.0106	−0.0190***

① 对样本的分析发现，在我国，出口密集度比较高的几个行业分别是：农副食品加工业，烟草制品业，皮革、毛皮、羽毛(绒)及其制品业，木材加工及木、竹、藤、棕、草制品业以及工艺品及其他制造业。这些行业大多是劳动密集型行业，出口产品的技术含量相对比较低。

续表

	出口决策	加成率	出口决策	加成率	出口决策	加成率
	(1)	(2)	(3)	(4)	(5)	(6)
			(−1.37)	(−3.29)	(0.98)	(−4.93)
foreign			0.0347***	0.0266***	0.0537***	0.0426***
			(5.42)	(3.29)	(5.74)	(5.58)
M		0.6734***		1.0342***		1.4325***
		(5.67)		(5.77)		(6.63)
常数项	0.0735***	0.5723***	0.5832***	0.6735***	0.9841***	0.0829***
	(3.80)	(7.52)	(7.14)	(5.46)	(4.66)	(3.13)
行业效应	否	否	是	是	是	是
地区效应	否	否	是	是	是	是
样本量	173623	173623	173520	173520	173520	173520

注：(　)内数值为纠正了异方差后的 t 统计量；***、** 和 * 分别表示 1%、5%和 10%的显著性水平。

二、人民币升值对企业加成率的动态效应检验

表 5－2 的基准回归结果揭示了人民币升值对出口企业加成率具有显著的负向影响，但这种影响只是平均意义上的，因此也就无法显示人民币升值对出口企业加成率的影响效应是否存在时滞以及人民币升值对出口企业加成率的影响是否具有持续性特征，而这也是笔者感兴趣的研究问题。为了检验人民币升值对出口企业加成率的动态影响，这里将基准计量模型(5－2)式扩展为：

$$mup_{it} = \alpha_0 + \sum_{\tau=0}^{2} \lambda_\tau \ln reer_{it} \times D\_\tau year + \alpha_1 Z_{it} + \theta m_{it} + v_j + v_k + \varepsilon_{ijkt} \quad (5-14)$$

其中 $D\_\tau year$ 为人民币汇率变动年度虚拟变量，当企业处于人民币升值后的第 τ 期 $(\tau = 0, 1, 2)$ 时，$D\_\tau year$ 取值为 1，否则为 0。在扩展模型(5－14)式中，估计系数 λ_τ 刻画了人民币升值后第 τ 年对出口企业加成率的动态影响。

人民币升值对出口企业加成率的动态效应检验结果报告在表 5－3 中。为了稳健起见，这里没有在第(1)列放入企业层面控制变量和控制其他固定效应，第(2)列加入了企业层面控制变量并控制了行业和地区效应。通过逐步回归发

现，估计量 $\ln reer \times D\_\tau year$ 的系数符号和显著性均没有发生实质性变化，具有较好的稳定性。下面以第(2)列完整的回归结果为例进行分析。可以看到，交叉项 $\ln reer \times D\_0year$ 的估计系数为负，但仅通过了 10%水平的显著性检验，表明人民币升值在即期对出口企业加成率的影响相对较为微弱；交叉项 $lnreer \times D\_1year$ 和 $lnreer \times D\_2year$ 均显著为负，且后者的系数绝对值和显著性水平都大于前者。这表明，人民币升值对出口企业加成率的影响可能存在1年的时滞，随后它对出口企业加成率的负面影响逐步增强，并且影响程度具有递增的趋势。对此可能的解释是，在人民币升值之后的最初一段时期内，由于消费和生产行为的"黏性作用"，进出口商的贸易行为并不会发生明显的变化，市场上企业的进入和退出行为也还未明显出现。经过一段时间之后，这一状况开始发生改变，出口商为了应对汇率升值的冲击会降低出口商品的价格，同时，国内市场上的进口品也显著增加，国内市场的竞争开始加剧，面对激烈的市场竞争，企业可能会缩减生产规模，其边际生产成本可能随之上升，从而进一步降低了企业的成本加成定价能力。

表 5-3　人民币升值对企业加成率的动态效应检验

	(1)	(2)
$lnreer \times D\_0year$	−0.155 6	−0.129 4*
	(−1.17)	(1.86)
$lnreer \times D\_1year$	−0.192 1***	−0.132 6***
	(−3.79)	(−3.97)
$lnreer \times D\_2year$	−0.201 5***	−0.141 7***
	(−4.02)	(−3.79)
tfp		0.040 3***
		(3.56)
finance		0.130 2***
		(3.57)
age		−0.016 8***
		(−4.33)

续表

	(1)	(2)
kl		0.1203
		(1.63)
fz		−0.0243***
		(−4.26)
foreign		0.0289***
		(4.87)
M	0.7623***	1.1232***
	(4.92)	(5.22)
常数项	0.0399***	0.0821***
	(6.59)	(10.17)
行业效应	否	是
地区效应	否	是
样本量	173623	173520
R^2	0.220	0.327

注：( )内数值为纠正了异方差后的 t 统计量；***、** 和 * 分别表示 1%、5%和10%的显著性水平。这里省略了第一阶段的估计结果。

三、稳健性分析

（一）人民币汇率的内生性问题

由于贸易加权的实际有效汇率指标的测算过程中涉及多国数据，并且从指标构造来看，汇率变动会对贸易权重产生影响，从而在指标度量中难免存在测量误差，因此，人民币实际有效汇率变量可能是内生的，不满足经典线性回归中严格外生性的要求，从而导致估计偏差。为解决这种内生性问题，这里借鉴莱文和莱维内(Laeven and Levine, 2009)以及马光荣和李力行(2014)的方法，使用省份-行业层面平均的人民币实际有效汇率指标作为企业层面人民币汇率指标的工具变量。由于省份-行业层面平均的人民币实际有效汇率依赖于各个行业的不同特征，而与企业自身特征无关，因此相对较为外生。

基于工具变量的 Heckman 两步法的估计结果报告在表 5-4 第(1)列和第(2)列。从中可以看出，人民币实际有效汇率对出口企业加成率的影响显著为负,说明人民币实际有效汇率升值降低了出口企业的加成率,这与前文基准分析的结果吻合。这也说明,在进一步考虑人民币实际有效汇率的内生性问题之后,本书结论依然稳健。另外,本部分还通过多种统计量来检验所选工具变量的合理性:首先,采用克莱因别尔根和帕普(Kleibergen and Paap, 2006)的LM统计量来检验未被包括的工具变量是否与内生变量相关,结果在1%显著性水平上拒绝了"工具变量识别不足"的原假设;其次,克莱因别尔根和帕普(Kleibergen and Paap, 2006)的Wald rk F统计量远远大于Stock-Yogo检验10%水平上的临界值,因此拒绝工具变量是弱识别的假定;最后,安德森和鲁宾(Anderson and Rubin, 1949)的Wald检验以及Stock和Wright的S统计量都在5%水平上拒绝了"内生回归系数之和等于零"的原假设,这进一步说明了工具变量与内生变量之间具有较强的相关性。由此可以判断,本书选取的工具变量具有一定的合理性。这也说明,在进一步考虑人民币实际有效汇率的内生性问题之后,本书结论依然稳健。

(二) 人民币汇率指标的选择问题

尽管Heckman两步法在一定程度上降低了选择性偏差,但作为一种稳健性检验,这里的稳健性分析采用Tobit模型来直接考察人民币汇率对企业加成率的影响,同时,考虑到估计结果可能受人民币实际有效汇率指标选择的影响,本书在此又选取另外一个人民币实际有效汇率指标对模型使用Tobit模型重新进行了估计,以保证结果的可靠性。对于有效汇率的定义有两种形式,一种是算术加权形式,另一种是李宏彬等人(2011)使用的几何加权形式。布罗德斯基(Brodsky, 1984)利用156个国家和地区的样本分别计算并比较了算术加权和几何加权形式的有效汇率,认为几何加权形式的有效汇率是一个无偏的有效汇率指数。因此在这里为了考察本书结论的稳健性,使用几何加权方法得到的实际有效汇率指标进行估计[见表5-4第(3)列]。从回归结果可以看出,人民币实际有效汇率升值对出口企业加成率的估计系数为负,并且通过了1%水平的显著性检验,表明人民币实际有效汇率升值的确显著地降低了出口企业的加成率。

（三） 企业加成率的其他测算方法

前文研究综合采用了会计法和生产函数法测算企业加成率，并且在进行生产函数法测算时，是利用莱文索恩和彼得林(Levinsohn and Petrin，2003)的半参数法对生产函数进行估计，进而得到可变要素的产出弹性 $\hat{\vartheta}_{it}^{X}$。为了稳健起见，这里还利用奥莱和帕克斯(Olley and Pakes，1996)方法估计生产函数，将得到的可变要素产出弹性代入(5－12)式计算新的企业加成率指标 *mup_OP*。以 *mup_OP* 作为被解释变量的 Tobit 估计结果报告在表 5－4 第(4)列。从中可以看到，人民币实际有效汇率的估计系数符号为负且通过 1%水平的显著性检验，这再次表明人民币升值倾向于降低出口企业的加成率。此外，各控制变量的估计系数符号和显著性水平与基准估计结果相比没有发生实质性变化，这也进一步说明本书的回归结果具有较好的稳健性。

表 5－4　稳健性检验结果：人民币汇率与出口企业加成率

	基于工具变量的 Heckman 两步法		几何加权汇率 Tobit	OP 法加成率 Tobit
	IV-Probit	2SLS		
	(1)	(2)	(3)	(4)
lnreer	−0.0217***	−0.1320***	−0.1237***	−0.1320***
	(−3.56)	(−5.42)	(−4.63)	(−4.56)
tfp	0.0361***	0.0403***	0.0272***	0.0371***
	(4.87)	(5.43)	(6.72)	(6.71)
finance	0.2163***	0.1398***	0.1371	0.1206
	(9.43)	(3.56)	(1.16)	(1.11)
age	−0.0295***	−0.0302***	−0.0148**	−0.0291***
	(−4.47)	(−4.26)	(−2.10)	(−2.59)
kl	0.0691***	0.1487***	0.0471***	0.1560***
	(5.37)	(7.67)	(6.76)	(6.82)
fz	−0.0046	−0.0171	−0.0030***	−0.0234***
	(−1.37)	(−0.75)	(−4.35)	(−4.38)
foreign	0.0347***	0.0275***	0.0272***	0.0371***
	(5.42)	(3.67)	(4.72)	(4.81)
M		1.1167***		

续表

	基于工具变量的 Heckman 两步法		几何加权汇率 Tobit	OP 法加成率 Tobit
	IV-Probit	2SLS		
	(1)	(2)	(3)	(4)
		(5.36)		
常数项	1.9653***	1.8230***	1.3217***	1.5784***
	(6.24)	(3.26)	(4.62)	(6.73)
wald 外生性检验	7.70[0.032]			
K-P rk LM 统计量		215.263[0.00]		
K-P Wald rk F 统计量		192.017[8.20]		
A-R Wald 统计量		7.67[0.033]		
S-W LM S 统计量		7.24[0.054]		
(Pseudo) R^2			0.1652	0.1462
对数似然值			−132538	−138274
行业效应	是	是	是	是
年份效应	是	是	是	是
样本量	173520	173520	172369	173520

注：(　)内数值为纠正了异方差后的 t 统计量，[　]内数值为相应统计量的 p 值；***、**和*分别表示 1%、5%和 10%的显著性水平。K-P 为 Kleibergen-Paap，A-R 为 Anderson-Rubin，S-W 为 Stock-Wright。表中分析结果省略了常数项和被解释变量的滞后一期项。

第五节　人民币汇率对出口企业加成率的异质性影响

前文将不同特征的企业样本混合在一起，考察了人民币升值对出口企业加成率的平均影响，但并未对不同特征企业的影响加以区别。然而，由于企业在生产率、融资约束等方面均存在显著的异质性，从而汇率波动对不同特征企业加成率的影响可能存在差异。卡塞利等人(Caselli et al.，2014)使用墨西哥数据的研究发现，墨西哥比索贬值提高了墨西哥出口企业的加成率，并且该效应因企业生产率的提高而显著增强。娄伶俐(2008)通过分析人民币升值过程中企业面临的“技术替代能力约束”和“技术承载能力约束”，得出汇率升值对企业技术进步存在有效区间和失效区间，如果一国金融市场不发达，由于存在资本要素供给的稀缺性，企业在由劳动密集型向资本密集型转型过程中存在技术承载能力约束，超过资本承载能力的先进技术和工艺设备都无法采用，使得出口企业呈现“低技术锁定”，进而影响企业的加成定价能力。也就是说，人民币汇率变动对企业加成率的影响会因企业生产率和融资状况的不同而有所差异。此外，陆毅等人（Lu et al.，2015）和樊海潮等人（Fan et al.，2015）的研究均发现，贸易自由化对不同所有制类型和贸易方式企业加成率的影响具有显著的异质性，而芬斯特拉（Feenstra，1989）认为汇率波动产生的结果类似于关税调整，因而汇率变动对加成率的影响可能也会受到企业所有制类型和贸易方式的影响。但目前相关研究均是基于国家层面的宏观数据进行分析，忽略了企业层面的异质性和具体作用机理。基于此，接下来本书将从企业生产率、融资约束等四个方面深入考察人民币汇率对中国出口企业加成率的异质性影响。

具体地，本书将借鉴比斯托（Bustos，2011）的做法，构建（5－15）式来考察人民币汇率对出口企业加成率的异质性影响：

$$
\begin{aligned}
mup_{it} = {} & \alpha_0 + \alpha_1 \ln reer_{it} + \sum_{qr=1}^{4} \alpha_2^{qr} (\ln reer_{it} \times C_{it}\_qr) \\
& + \sum_{qr=2}^{4} \beta^{qr} \times C_{it}\_qr + \alpha Z_{it} + \xi
\end{aligned}
\tag{5-15}
$$

其中，C 为企业生产率和融资约束变量，$qr = 1, 2, 3, 4$ 表示企业特征按照从小到大排序的 4 分位数，相应地，C_{it}_qr 表示企业生产率和融资状况的虚拟变量，当企业 i 的生产率或融资状况属于第 qr 分位数时取值为 1，否则为 0。交叉项的估计系数 α_2^{qr} 刻画了人民币汇率对不同特征企业加成率的异质性影响。

一、企业生产率的异质性

表 5－5 第(1)列考察了生产率在人民币汇率影响出口企业加成率中的作

用。估计结果显示：人民币实际有效汇率与出口企业加成率第1分位数虚拟变量的交叉项（$lnreer \times lntfp\_q1$）的估计系数显著为负，这说明对于最低生产率的企业而言，由于它们往往是初级产品或者劳动密集型产品的生产者，企业规模相对较小，产品利润空间较小，人民币升值时受自身生产能力限制，企业对价格的控制能力较弱，此外，规模效应也难以发挥，面对汇率升值的冲击，企业更可能会选择退出出口市场，从而其加成定价能力难以体现；人民币实际有效汇率与出口企业加成率第2及第3分位数虚拟变量的交叉项（即 $lnreer \times lntfp\_q2$ 和 $lnreer \times lntfp\_q3$）的估计系数为负且均通过了5%的显著性检验，意味着人民币实际有效汇率升值对中等生产率出口企业的加成率有较为明显的影响；人民币实际有效汇率与出口企业加成率第4分位数虚拟变量的交叉项（$lnreer \times lntfp\_q4$）的估计系数不显著，这说明对于最高生产率的出口企业而言，人民币实际有效汇率升值对加成率的负面影响较为微弱。上述结论预示着，人民币升值对出口企业加成率的负面影响会因企业生产率的提高而减弱，这与伯曼等人(Berman et al.，2012)的结论相吻合。

二、企业融资约束的异质性

表5-5第(2)列考察了融资约束在人民币汇率影响出口企业加成率中的作用。从估计结果可以看出，人民币实际有效汇率与企业融资约束4分位数虚拟变量的交叉项大部分较为显著，说明人民币实际有效汇率对不同融资约束出口企业的加成率都具有显著的影响，这与总体样本的估计结果是类似的。此外，四个交叉项的估计系数的绝对值和显著性水平是不断下降的，这表明随着出口企业融资约束状况的改善，人民币实际有效汇率升值对其加成率的负面影响不断弱化。对这一结果可能的解释是，一方面，企业的出口行为往往需要大量的资金投入，在面临因人民币升值导致的国内市场竞争加剧时，只有那些融资约束程度较低的企业才有可能从外部融资渠道获得足够的资金支持，进而通过降低出口价格来应对汇率升值的冲击。也就是说，融资约束越大的企业在面对汇率冲击时，价格调整能力越弱。另一方面，融资约束较大的出口企业面对

汇率升值的冲击时，往往更容易选择退出出口市场，或者即便“存活”下来，也会流失部分生产要素和经济资源，提高了企业的边际生产成本，最终导致这部分企业的竞争力衰退和加成率的大幅下降。

表 5－5　企业生产率和融资约束的影响

	生产率	融资约束
	(1)	(2)
lnreer	−0.123 6***	−0.127 2***
	(−3.25)	(−5.46)
C_q2	0.020 2***	0.052 7***
	(3.41)	(3.60)
C_q3	0.046 5***	0.084 0***
	(6.11)	(4.62)
C_q4	0.103 1***	0.151 3***
	(4.37)	(5.39)
lnreer×*C_q1*	−0.258 2***	−0.232 0***
	(−4.16)	(−3.56)
lnreer×*C_q2*	−0.218 4**	−0.192 7*
	(−2.20)	(−1.78)
lnreer×*C_q3*	−0.105 2**	−0.070 2*
	(−2.11)	(−1.75)
lnreer×*C_q4*	−0.007 6	−0.012 0
	(−1.62)	(−1.46)
tfp		0.045 3***
		(5.46)
finance	0.227 1***	
	(3.10)	
age	−0.014 8**	−0.034 6***
	(−2.13)	(−4.65)
kl	0.227 0**	0.316 4
	(2.01)	(1.09)
fz	−0.036 5*	−0.030 3***
	(−1.95)	(−4.68)
foreign	0.038 8**	0.035 7*
	(2.12)	(1.86)

续表

	生产率	融资约束
	(1)	(2)
常数项	0.4010***	0.8728**
	(6.51)	(2.17)
行业效应	是	是
地区效应	是	是
样本量	173520	173520
R^2	0.279	0.243

注：( )内数值为纠正了异方差后的 t 统计量；***、**和*分别表示 1%、5%和 10%的显著性水平。这里省略了第一阶段的估计结果。

三、企业所有制和贸易方式的异质性

考虑到人民币汇率变动对不同所有制类型和不同贸易方式的企业会造成不同的影响(Eckaus，2004；李宏彬等，2011)，这里进一步在方程(5-2)的基础上引入汇率变量和所有制虚拟变量以及贸易方式虚拟变量的交互项对上述问题进行深入分析。在所有制方面，将企业分为国有企业(*soes*)、外资企业和民营企业(*pri*)三种类型，其中外资企业包括中外合资和中外合作两种形式，以外资企业作为基础类别。在贸易方式方面，将样本划分为加工贸易企业(*pro*)、一般贸易企业和其他(*qita*)三种类型，以一般贸易作为基础类别。

从出口企业的所有制来看，人民币汇率变动对国有出口企业加成率的影响力度要小于外资出口企业，但是民营企业的加成率在人民币升值时受到的负面冲击是最大的(表 5-6)，这可以归因于中国的民营企业往往规模较小，技术水平较低和面临较大的融资约束，从而受资金等各方面条件的限制，当汇率冲击来临时，其加成率显著下降。而国有企业往往规模较大，有雄厚的资金和技术实力，并且其出口利润函数中包含了其他的一些政策导向性行为(李宏彬等，2011)，因此汇率变动对其加成率的负面影响相对较小。从贸易方式来看，加工贸易加成率在人民币升值时受到的冲击小于一般贸易，即人民币汇率升值对出口企业加成率的负面影响会因为加工贸易而受到弱化。对其可能的解释是：

其一,在中国加工贸易出口额中,外资加工贸易出口占据了较大比例,这部分企业的出口行为更多是受到跨国公司的控制,受人民币汇率波动的影响相对较小(Freund et al., 2011);其二,加工贸易中以进料加工出口为主,该贸易方式下大部分原材料、核心零部件都依赖进口,进口价格具有较高的汇率传递弹性,从而在一定程度上抵消了人民币升值对加成率的负面影响。

表 5-6　人民币汇率对出口企业加成率的异质性影响

	企业类型	贸易方式
lnreer	−0.1302***	−0.1340***
	(−3.67)	(−3.52)
lnreer×*soes*	0.0645***	
	(4.70)	
lnreer×*pri*	−0.0252***	
	(−5.03)	
lnreer×*pro*		0.0320***
		(4.76)
lnrer×*qita*		−0.0026
		(−1.45)
tfp	0.0273***	0.0297***
	(4.16)	(5.45)
finance	0.2258***	0.2208***
	(3.08)	(3.20)
age	−0.0162**	−0.0269***
	(−2.17)	(−4.42)
kl	0.0164***	0.0270***
	(2.74)	(3.03)
fz	−0.0113***	−0.0108***
	(−2.67)	(−4.28)
foreign		0.0238***
		(3.78)
常数项	0.0299***	0.0816***
	(3.29)	(5.54)
行业效应	是	是
地区效应	是	是
样本量	173520	173520
R^2	0.211	0.278

注:同表 5-5。

第六节　人民币汇率影响出口企业加成率的机制

一、中介效应模型的设定

前文分析得到的重要结论是，人民币升值对出口企业加成率具有消极影响，即人民币升值之后，企业成本加成定价能力显著降低。对此需要进一步探讨的问题是，为何人民币升值倾向于降低企业加成率？接下来将通过构建中介效应模型对其可能的传导机制进行检验。对这一问题进行深入的研究，可以深化关于人民币升值与出口企业加成率之间关系的认识。结合本书第二部分的理论分析，通过引入出口企业价格（*price*）和企业规模（*scale*）这两个中介变量来构造中介效应模型，以此来考察人民币升值影响出口企业加成率的可能传导机制。

中介效应模型的基本程序分三步进行：首先，将因变量对基本自变量进行回归；其次，将中介变量（企业价格和企业规模）对基本自变量进行回归；最后，将因变量同时对基本自变量和中介变量进行回归。本部分完整的中介效应模型由如下方程组构成：

$$mup_{it} = a_0 + a_1 \ln rer_{it} + a_2 Z_{it} + v_j + v_k + \varepsilon_{ijkt} \tag{5-16}$$

$$price_{it} = b_0 + b_1 \ln rer_{it} + b_2 Z_{it} + v_j + v_k + \varepsilon_{ijkt} \tag{5-17}$$

$$scale_{it} = c_0 + c_1 \ln rer_{it} + c_2 Z_{it} + v_j + v_k + \varepsilon_{ijkt} \tag{5-18}$$

$$mup_{it} = d_0 + d_1 \ln rer_{it} + \varphi \cdot price_{it} + \gamma \cdot scale_{it} + \beta Z_{it} + v_j + v_k + \varepsilon_{ijkt} \tag{5-19}$$

其中，由于中国海关贸易数据库提供了每家企业 HS8 位码产品层面的价格指标 p_{iht}，可根据巴斯和斯特劳斯-卡恩（Bas and Strauss-Kahn, 2013）、樊海潮等人（Fan et al., 2014）的思路，采用以下式子计算企业层面的出口价格

(*price*)：

$$price_{it} = \sum_{h \in \Theta_i} s_{iht} \cdot p_{iht} \qquad (5-20)$$

其中，下标 i 表示企业，h 表示 HS8 位码产品，t 表示年份；Θ_i 表示企业 i 所出口的产品集合；s_{iht} 表示产品 h 的出口占企业 i 总出口的份额。有关企业规模(*scale*)，本书采用企业年末就业人数的对数值作为企业规模的替代变量。控制变量集合 Z_{it} 与基准模型相同，主要包括企业生产率、融资约束、企业年龄、资本密集度、企业资产负债率以及企业所有制等变量。

二、估计结果与检验

(5－16)式即为基准倍差法模型(5－2)，因此将表 5－2 第(4)列的回归结果直接复制到表 5－7 第(1)列中。表 5－7 第(2)列和第(3)列分别是对模型(5－17)式和(5－18)式进行估计的结果。此外，为了稳健起见，将中介变量 *price* 和 *scale* 分别加入(5－16)式中进行估计，结果分别列于表 5－7 第(4)列和第(5)列。最后，表 5－7 第(6)列进一步报告了同时加入中介变量 *price* 和 *scale* 即模型(5－19)式的估计结果。

从表 5－7 第(2)列可以看出，*lnreer* 的估计系数为负并通过 1%水平的显著性检验，这表明人民币升值显著地降低了出口企业的价格，进一步来看，人民币升值 1%可使企业的价格降低 0.033 个单位。人民币升值之所以可以降低出口企业价格，其主要的原因在于：人民币汇率具有不完全的汇率传递效应，即面对本币升值时，出口商会通过降低商品的本币出口价格以缓解升值对出口的冲击，从而出口商品在最终市场上的以外币表示的价格上升幅度会小于本币升值的幅度，也就是说出口商具有一定的盯市能力(pricing-to-market，PTM)，伯曼等人(Berman et al.，2012)对法国、埃米蒂等人(Amiti et al.，2012)对比利时以及陈六傅和刘厚俊(2007)对中国的研究均得到了类似的结论。正是由于不完全的汇率传递效应，本币升值会降低出口商品的本币价格。此外，人民币升值会加剧出口市场上的竞争，同时由于国外商品变得相对便宜，本国会增加对国外同类商品的进口，整体来看，会加剧国内各行业内部的市场竞争，而由于同一行业内产品差异化水平低，企业只能通过价格竞争来争夺市场，从而使企业收取较低的加成率。

表 5-7 第(3)列报告了以企业规模为因变量的倍差法模型回归结果，可以看到，*lnreer* 的估计系数显著为负，表明人民币升值降低了企业的规模。这可能是因为人民币升值时，出口产品的外币价格会上升，外需减少，因此降低了企业的出口规模，而企业出口规模的下降会直接对出口企业的生产规模产生消极影响，最终导致出口的规模不经济。另外，人民币升值导致企业进口竞争加剧，企业之间的竞争更加激烈，在面对激烈的市场竞争时，企业也可能会缩减其生产规模。

表 5-7 第(4)列至第(6)列还报告了因变量对基本自变量和中介变量回归的结果，可以看到，变量 *price* 的估计系数显著为正，说明价格提高使出口企业的成本加成定价能力得到提升，这与通常的预期是相符的。变量 *scale* 的估计系数也显著为正，表明企业规模对企业加成率具有正向的影响，即规模越大的企业具有相对较高的成本加成定价能力。这其实不难理解，因为规模越大的企业越有利于其实现规模经济效应，进而边际生产成本随之降低，最终导致企业具有更高的加成率。

表 5-7　人民币升值与出口企业加成率：影响机制检验

	mup	*price*	*scale*	*mup*		
	(1)	(2)	(3)	(4)	(5)	(6)
lnreer	−0.136 2***	−0.032 5***	−0.015 3***	−0.125 3**	−0.121 1*	−0.117 2*
	(−5.30)	(−3.67)	(6.73)	(−2.01)	(−1.80)	(−1.92)
tfp	0.041 2***	0.035 2***	0.037 0***	0.047 1***	0.027 6***	0.037 0***
	(5.46)	(6.04)	(5.42)	(6.33)	(5.71)	(3.97)
finance	0.130 2***	0.025 2***	0.017 6***	0.231 2***	0.116 3***	0.104 3***
	(3.11)	(4.00)	(2.90)	(5.28)	(4.52)	(5.20)
age	−0.031 0***	−0.027 1***	−0.020 5***	−0.014 6***	−0.020 6***	−0.037 5***
	(−4.32)	(−3.17)	(−4.87)	(−7.81)	(−4.72)	(−4.60)

续表

	mup	price	scale	mup		
	(1)	(2)	(3)	(4)	(5)	(6)
kl	0.1460***	0.0541***	0.0658***	0.0611	0.0617***	0.0589***
	(5.37)	(5.87)	(5.66)	(1.11)	(4.75)	(3.91)
fz	−0.0128***	−0.0211*	−0.0170***	−0.0001	−0.0132**	−0.0178**
	(−3.29)	(−1.74)	(−4.39)	(−0.04)	(−2.06)	(−2.15)
foreign	0.0266***	0.0461***	0.0326***	0.0266***	0.0483***	0.0360***
	(3.29)	(4.86)	(5.80)	(4.76)	(4.69)	(4.73)
price			0.1321***		0.2510***	
				(3.90)		(4.15)
scale					0.0956***	0.1241***
				(3.73)	(3.86)	
常数项	0.6735***	1.912***	0.763***	1.869***	1.0932***	0.9431***
	(5.46)	(4.30)	(4.93)	(5.31)	(3.95)	(3.79)
行业效应	是	是	是	是	是	是
地区效应	是	是	是	是	是	是
样本量	173520	173520	173520	173520	173520	173520
R^2	0.226	0.243	0.260	0.185	0.373	0.277

注：同表5-5。

此外还发现，与第(1)列基准的回归结果相比，在分别加入中介变量 *price*[第(4)列]和 *scale*[第(5)列]之后，*lnreer* 的估计系数值和显著性水平(t 值)均出现了下降，这初步表明价格竞争和规模效应中介效应的存在；进一步，在同时加入中介变量 *price* 和 *scale*[表5-7第(6)列]之后发现，*lnreer* 的估计系数值和显著性水平也进一步下降了。这便进一步表明，价格竞争和规模效应是人民币升值影响企业成本加成定价能力的两个可能渠道。

为了进一步确认价格竞争和规模效应是不是人民币升值影响出口企业加成率的中介变量，这里有必要对此进行更严格的检验。首先，检验 $H_0: b_1 = 0$，$H_0: c_1 = 0$，$H_0: \varphi = 0$ 和 $H_0: \gamma = 0$，如果均受到拒绝，则说明中介效应显著，否则不显著。从表5-7第(2)至第(6)列的回归结果可以看到，*price* 和 *scale* 作为中介变量是显著的，但该检验方法的不足在于犯第二类错误的概率较大。

为此，采用第二种方法进行检验，即检验经过中介变量路径上的回归系数的乘积项是否显著，也即检验 $H_0: \varphi b_1 = 0$ 和 $H_0: \gamma c_1 = 0$。如果原假设受到拒绝，表明中介效应显著，否则不显著。具体地，借鉴索贝尔（Sobel, 1987）的方法计算乘积项 φb_1 和 γc_1 的标准差：$s_{\varphi b_1} = \sqrt{\hat{\varphi}^2 s_{b_1}^2 + \hat{b}_1^2 s_{\varphi}^2}$，$s_{\gamma c_1} = \sqrt{\hat{\gamma}^2 s_{c_1}^2 + \hat{c}_1^2 s_{\gamma}^2}$，其中 s 表示相应估计系数的标准差。结合表 5-7 的估计结果，可以计算得到 $Z_{\varphi b_1} = 1.73$ 和 $Z_{\gamma c_1} = 2.02$，分别在 10%和 5%水平上显著。

最后，本部分还进一步采用弗里德曼等（Freedman et al., 1992）的方法来检验价格竞争和规模效应是不是人民币升值影响出口企业加成率的中介变量。具体的程序是：检验 $H_0: a_1 - d_1 = 0$，如果原假设受到拒绝，则说明中介效应显著，否则不显著。参照弗里德曼等（Freedman et al., 1992），$a_1 - d_1$ 的标准差可利用 $s_{a_1-d_1} = \sqrt{s_{a_1}^2 + s_{d_1}^2 - 2s_{a_1}s_{d_1}\sqrt{1-r^2}}$ 计算得到，其中 r 为变量 *lnrer* 与 *price*（或 *scale*）的相关系数。利用表 5-7 第(1)和第(4)列的估计结果，可计算得到 $a_1 - d_1$ 的 Z 统计量为 1.82；利用表 5-7 第(1)和第(5)列的估计结果，可计算得到 $a_1 - d_1$ 的 Z 统计量为 2.29。它们的相伴随概率均小于 0.1，即至少在 10%的水平上显著。这就进一步验证了价格竞争和规模中介效应的存在性，即价格竞争和规模效应是人民币升值影响出口企业成本加成定价能力的重要渠道。

第七节　基于加成率分布视角的进一步分析

截至目前，本章已经考察了人民币汇率变动对企业加成率水平的影响，为了更加系统地剖析其与加成率之间的关系，接下来转向问题的另一个维度，即从加成率分布的角度进行研究。近年来，加成率分布（或加成率离散度）问题的研究日益受到学者们的关注（Roberts and Supina, 1997；Lu and Yu, 2015；Atkin et al., 2015），对于这一问题的深入探讨有助于理解汇率变动的资源配置效应。本书采用估算得到的企业加成率测算了国民经济行业 3 位行业下加成率的离散程度。具体地，借鉴陆毅和余林徽（Lu and Yu, 2015）的方法，将加成率离散度定义为：$mupdis_{it}=\frac{1}{n_{jt}}\sum_{i=1}^{n_{jt}}\frac{mup_{ijt}}{\overline{mup_{jt}}}\log\left(\frac{mup_{ijt}}{\overline{mup_{jt}}}\right)$，其中 mup_{ijt} 是行业 j 中企业 i 在 t 年的加成率 $\overline{mup_{jt}}$ 是行业 j 在 t 年的平均加成率，n_{jt} 表示第 t 年行业 j 的企业数量。

这部分将重点考察人民币汇率变动对加成率离散度的影响，把计量模型设定为：

$$mupdis_{jt}=\gamma_0+\gamma_1\ln reer_{jt}+\gamma_2 Z_{jt}+v_j+v_k+\varepsilon_{jt} \qquad (5-21)$$

其中，下标 j 和 t 分别表示行业和年份；这里的 *lnreer* 是指行业层面的人民币实际有效汇率指标，计算方法与企业层面的类似。Z_{jt} 为控制变量集合，根据既有的理论与实证研究文献以及结合中国的实际，它主要包括：(1)平均企业资本密集度(*KL*)，用行业层面企业资本密集度的均值并取对数来表示；(2)平均企业经营年限(*AGE*)，用行业层面企业经营年限的均值来表示；(3)平均企业规模(*SCALE*)，用行业层面企业销售额的均值并取对数来表示；(4)赫芬达尔指数(HHI)，其计算式为 $\text{HHI}_{jt}=\sum_{i\in I_j}(sale_{it}/sale_{jt})^2=\sum_{i\in I_j}S_{it}^2$，其中 $sale_{it}$ 表示企业 i 在 t 年的销售额，$sale_{jt}$ 表示行业 j 在 t 年的总销售额，S_{it} 表示企业 i 在 t 年的市场占有率。如果该指数越大，则表明行业市场集中程度越大，即垄断程度越高；(5)考虑到中国作为转型经济国家的特点，这里引入国有经济比重(*SOE*)和外资经济比重(*FOR*)两个变量来控制所有制因素对加成率离散度的可能影响，分别使用行业层面国有企业增加值和外资企业增加值占行业层面总增加值的比重来衡量。此外，这里还进一步控制了非观测的行业特定效应 v_j 和地区特定效应 v_k。

在进行计量估计之前，首先给出行业加成率离散度和人民币实际汇率的变动趋势图。2000—2007 年，中国制造业出口行业的加成率离散度随着人民币实际有效汇率的升值而持续下降(图 5-1)。一方面，该段时间中国制造业出口行业的加成率离散度从 0.0327 下降到 0.0253，表明中国制造业出口行业内的资源误置水平逐渐下降。从时间段来看，2005 年人民币汇率制度改革以前，中国制造业出口行业的加成率离散度平缓下滑，但是在2005年汇率制度改革之后其下降幅度迅速上升。另一方面，人民币实际汇率在2005年之后呈现迅速的升值状态①。整体来看，2000—2007年中国制造业出口行业加成率离散度与人民币实际汇率呈相反的时间变化趋势，两者之间呈现显著的负相关关系，这也从时间趋势上证实了本章基准回归的结论。不过还不能据此判定人民币升值有助于降低行业加成率的离散度，考虑到汇率与加成率离散度之间的关系可能会受到行业资本密集度、行业垄断程度等行业异质性特征的影响，同时它还可能会受一些非观测因素的影响。为了更准确地考察人民币汇率变动与加成率离散度之间的关系，接下来将采用严谨的计量方法对(5-21)式进行计量估计。

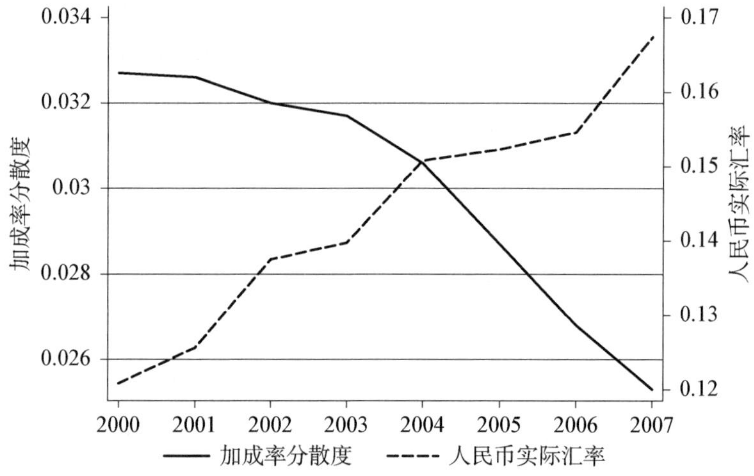

图5-1　行业加成率离散度与人民币汇率的变动趋势

对计量模型(5-21)的估计结果报告在表5-8第(1)列中，回归结果显示：人民币汇率指标的估计系数为负并通过了1%水平的显著性检验，表明人民币

① 这里使用间接标价法来表示。对人民币名义汇率按照2000年为基期的中美单位劳动成本指数进行折算，得到人民币兑美元的年度实际汇率。其中，人民币兑美元的名义汇率数据来自国际清算银行，美国的单位劳动成本及指数来自OECD数据库，中国的单位劳动成本及指数由笔者计算得到。

升值显著地降低了行业加成率的离散化程度①,其可能的原因在于:一方面,高加成率企业能够抵御和充分利用人民币升值所带来的市场竞争效应,并在激烈的市场竞争通过降低出口价格的方式应对汇率升值的冲击,最终促成了加成率的相应下降。另一方面,低加成率企业往往具有较低的生产率和市场竞争力,汇率变动引致的选择机制会加速企业的进入和退出。具体而言,汇率升值使得国外竞争者在国内市场更具竞争力,同时本国企业在国际市场面临更大的竞争压力,这种压力可能会迫使部分低加成率企业缩减规模甚至退出市场,从而降低了行业内加成率的分散度。

为了考察上述结果的稳健性,这里借鉴陆毅等人(Lu et al., 2015)的做法,在第(2)、(3)列分别使用基尼指数法(Gini)和平均对数偏差法② 计算得的加成率离散度作为因变量进行估计,发现回归结果没有发生实质的变化。更进一步地,还以OP法得到的可变要素产出弹性为基础测算加成率离散度,以此为因变量的估计结果报告在表5-8后3列,它也再次稳健地支持了以上主要结论。

表5-8 人民币汇率对加成率离散度影响的估计结果

	mup			mup_OP		
	Theil指数法	Gini指数法	MLD法	Theil指数法	Gini指数法	MLD法
	(1)	(2)	(3)	(4)	(5)	(6)
lnreer	−0.0532***	−0.0438***	−0.0480***	−0.0416***	−0.0383***	−0.0396***
	(−4.65)	(−4.26)	(−4.21)	(−3.27)	(−3.36)	(−4.03)
KL	−0.0126***	−0.0119**	−0.0149***	−0.0245***	−0.0416***	−0.0243***
	(−2.89)	(−2.15)	(−4.85)	(−4.62)	(−3.09)	(−8.80)
AGE	0.0212***	0.0153***	0.0108***	0.0154***	0.0099***	0.0032

① 通过分位数回归发现,人民币升值对较高分位数企业的加成率具有显著的抑制作用,而对较低分位数企业的加成率则具有显著为正的影响。

② $MLD_{jt}=\frac{1}{n_{jt}}\sum_{i=1}^{n_{jt}}\log\left(\frac{\overline{mup_{jt}}}{mup_{ijt}}\right)$。

续表

	mup			mup_OP		
	Theil 指数法	Gini 指数法	MLD 法	Theil 指数法	Gini 指数法	MLD 法
	(1)	(2)	(3)	(4)	(5)	(6)
	(6.80)	(6.47)	(6.52)	(6.67)	(6.18)	(0.38)
SCALE	−0.0579***	−0.0702***	−0.0684***	−0.0420***	−0.0313***	−0.0314***
	(−5.17)	(−5.02)	(−5.53)	(−5.64)	(−4.05)	(−4.41)
HHI	0.4986***	0.4301***	0.5298	0.6470	0.3647**	0.2614***
	(4.67)	(4.68)	(1.57)	(1.54)	(2.18)	(5.96)
SOE	0.0399***	0.0356***	0.0257***	0.0523***	0.0259***	0.0302***
	(4.59)	(4.37)	(3.06)	(3.64)	(3.83)	(4.30)
FOR	0.2352	0.1080	0.0577**	0.0582	0.0563*	0.0445
	(1.24)	(1.07)	(2.25)	(0.81)	(1.79)	(1.68)
常数项	0.6669***	0.3960*	0.3291***	0.2346***	0.3019***	0.1345***
	(3.84)	(1.83)	(3.39)	(3.63)	(4.43)	(5.07)
行业效应	是	是	是	是	是	是
地区效应	是	是	是	是	是	是
样本量	886	886	886	886	886	886
R^2	0.414	0.380	0.363	0.380	0.372	0.351

注：(　)内数值为纠正了异方差后的 t 统计量；***、** 和 * 分别表示 1%、5% 和 10% 的显著性水平。

第八节　小结：企业加成率视角的政策启发

本章利用 2000—2007 年工业企业大样本微观数据和高度细化的海关数据，首次深入考察了人民币汇率变动对微观出口企业加成率及其分布的影响，同时揭示了背后可能的作用机制。实证结果表明，人民币升值显著降低了出口企业的加成率，并且出口依赖程度越高的企业，人民币升值对其加成率的负面影响越大。在改变企业加成率的测算方法和考虑人民币汇率指标的测算方法等差异性之后，这一结论依然稳健。本章也考察了人民币升值对出口企业加成率的动态效应，发现人民币升值对出口企业加成率的影响可能存在 1 年的时滞,随后它对出口企业加成率具有显著的抑制作用并且随着时间的推移呈递增的趋势。此外,人民币汇率对不同特征出口企业的加成率具有显著的异质性影响。检验发现,人民币汇率升值对出口企业加成率的消极影响随着企业生产率水平的提高而降低,随着企业融资约束的增强而增强。从所有制类型上看,民营出口企业的加成率相比其他类型企业受到人民币升值的冲击较大,在贸易方式方面,与一般贸易方式相比,加工贸易企业的加成率受人民币汇率波动的影响较小。

进一步地,本章通过构建中介效应模型考察了人民币升值影响出口企业加成率的作用机制,结果表明,"价格竞争"和"规模效应"是人民币升值影响出口企业成本加成定价能力的重要渠道。人民币升值通过"价格竞争效应"和"规模效应"降低了出口企业的加成率。最后,从加成率分布的角度来看,人民币实际汇率升值显著地降低了行业内加成率的离散度,从而有益于优化资源配置。

本章在一定程度上丰富了有关人民币汇率变动与企业加成率之间关系的研究,在文献中首次使用企业层面微观数据考察了人民币升值对出口企业成本加成定价能力的因果效应,并揭示了背后的作用机制,同时发现人民币升值降低了加成率离散度并且有利于资源再配置效率的提高。这在一定程度上可以为汇率冲击背景下出口企业的价格加成策略提供一个来自中国的经验证据。更为重要的是,本章的研究还具有较强的政策启示。本章的研究结果预示着,人民币升值可能会导致出口企业加成率的下降,这可能是因为我国出口企业大量集中于劳动密集型、资源密集型以及中低技术型行业,从而造成了行业内部的竞争激烈,而由于这部分行业技术含量低、产品差异化低,面对汇率升值引致的市场竞争加剧,企业只能通过价格竞争来争夺市场,从而使这部分企业实行较低的出口加成率。因此,首先,我国出口企业要适应人民币升值的新形势,在抓住人民币升值的有利时机的同时,加快自身技术创新,提高生产率和应对汇率冲击的能力。其次,企业融资约束是限制出口企业加成定价能力提升的关键因素,虽然我国金融体系改革已经取得明显进步,然而现行金融体制资源配置效率不高。据此，完善与深化我国金融体系改革，对提高出口企业价格加成定价的能力意义重大。最后，本章研究发现人民币汇率升值对出口企业加成率的负面影响会因为加工贸易而受到弱化，基于此，我国应该循序渐进地引导贸易方式升级，适当地保留一定比例的加工贸易，以抵御外部不确定因素的冲击。

第六章　人民币汇率、企业出口边际与出口动态

第一节　引言

作为学术界和政策层关注的焦点，人民币汇率变动会对全球贸易、投资及各国的经济发展带来深刻影响。在当前全球失衡和中美贸易巨额顺差的背景下，以克鲁格曼为代表的一批学者甚至将人民币汇率低估作为全球失衡的关键诱因，2008 年金融危机后人民币升值的呼声更是变得异常高涨（Krugman，2010；Bergsten，2010）。据国际清算银行（BIS）统计，1994—2012 年人民币的名义和实际有效汇率升值幅度分别达到 64.31% 和 42.49%。其中，我国于 2005 年 7 月 21 日实施了人民币汇率制度改革，实行以市场供求为基础、参考一篮子货币进行调节、有管理的浮动汇率制度。“汇改”当天人民币对美元升值了 2%，并且截至 2012 年，人民币兑美元实际有效汇率累计升值幅度接近 31%。与此同时，中国出口贸易总额从 2005 年的 7 619.5 亿美元增至 2012 年的 20 489 亿美元，贸易顺差从 2005 年的 1 020 亿美元增至 2012 年的 2 311 亿美元，涨幅达 127%；从事出口贸易的企业数从 2005 年的 179 665 家增至 2011 年的 296 857 家①。让人疑惑的是，与汇率理论的预期相左，人民币升值始终伴随着中国出口贸易的迅速增长。

当前，已有不少学者考察了汇率变动对中国对外贸易的影响。其中，一部分文献主要关注人民币汇率对中国贸易收支的影响。卡马达和高川（Kamada and Takagawa，2005）使用中国 1994—2004 年数据的分析发现，人民币实际汇

---

① 根据 2005 年和 2011 年中国海关数据整理得到。

率每升值10%，进口会增加1.4%，但是汇率变动对进口的促进作用存在一年的滞后期，其对出口增长的影响则十分微弱。刘尧成等人(2010)使用对结构性冲击影响进行长期约束的方法，分析了人民币实际有效汇率变化对中国贸易差额的动态影响，发现人民币实际有效汇率变化对中国贸易差额存在明显但有修正的J曲线效应，且人民币升值对中国贸易差额的影响随时间逐步增强。此外，卢向前和戴国强(2005)等也得出了类似结论。而以谢建国和陈漓高(2002)、叶永刚等人(2006)为代表的研究却认为人民币汇率变动并不能减轻中国贸易不平衡的问题。限于企业及产品层面贸易数据的可得性，上述研究主要使用中国国家层面的进出口数据，围绕人民币汇率与中国贸易收支的关系及上述关系在不同行业和不同贸易方式下的差异、中国进出口贸易的汇率弹性等问题展开(陈学彬等，2007；Thorbecke and Smith，2010)，并且检验手段也基本上以基于时间序列回归的最小二乘法、向量自回归和协整分析法为主，而这种使用宏观数据进行分析的方式往往会存在加总偏差(Dekle et al.，2007)、同步偏差(Adolfson，2001)以及构建总量指标时可能出现的测量误差，从而无法探查汇率变动对异质性企业的微观影响。

伊顿和科图姆(Eaton and Kortum，2002)以及梅里兹(Melitz，2003)发起的新新贸易理论开启了汇率变动对微观企业影响的分析。自此之后，国际上关于汇率变动与微观企业出口行为的研究日渐成熟。以下本章将汇率变动对企业出口行为的影响渠道概括为汇率的价格传递效应、汇率变动与出口贸易边际两个方面。

首先，汇率的价格传递效应。汇率变动一单位对进出口价格产生多大程度的影响，又被称为汇率的价格传递(Exchange Rate Pass-through)。目前，大部分文献支持了汇率升值对企业出口数量和出口额会产生负面影响的观点，而在汇率变动与企业出口价格之间的关系方面仍存疑议。菲茨杰拉德和阿莱(Fitzgerald and Haller，2008)认为，在当前世界性竞争压力提高、物价指数低水平徘徊的大背景下，出口企业很难将汇率的变化完全传递到出口价格上,即存在不完全的汇率传递效应。关于人民币汇率的价格传递效应方面,李等人(Li et al., 2012)使用中国微观企业数据的研究发现,人民币每升值10%,企业出口价格下降50%左右,也就是说人民币汇率变动具有不完全的汇率传递效应,人民币升值时,出口商会降低商品的本币出口价格以缓解升值对出口的冲击,从而出口商品在最终市场上的以外币表示的价格上升幅度会小于人民币升值的幅度。此外,许家云等人(2015)就人民币汇率变动与中国多产品出口企业行为的研究,也得出了类似的结论。

第二,汇率变动与出口贸易边际。伯纳德等人(Bernard et al., 2009)较早定义并考察了国际贸易边际问题,克鲁森等人(Creusen et al., 2011)进一步将出口贸易分解为扩展边际和集约边际两个部分①,在此之后关于汇率变动与出口贸易边际的文献大量涌现。伯曼等人(Berman et al., 2012)认为,在长期,汇率对出口贸易的影响以扩展边际为主,而集约边际仅具有短期效应。此外,格林韦等人(Greenway et al., 2007)对英国、巴格斯等人(Baggs et al., 2009)对加拿大以及弗罗姆莱特(Fromlet, 2013)对中国的分析也得出了类似结论。此外,德克尔等人(Dekle et al., 2009)使用日本1982—1997年的面板数据进行研究,发现汇率升值显著降低了企业的出口额。巴格斯等人(Baggs et al., 2009)使用加拿大1986—1997年微观企业层面的数据进行的研究发现,汇率升值加快了加拿大企业的出口退出,并且对其出口额产生了显著的负向影响。查特吉和迪克斯-卡内罗(Chatterjee and Dix-Carneiro, 2012)基于多产品企业的视角,使用巴西微观企业层面的数据进行分析,发现汇率变动对企业出口数量及出口的产品范围均具有显著影响。亚历山德里亚等人(Alessandria et al.,

① 前者是"广度范围"的概念,指出口企业家数、出口市场个数、出口商品种类等指标的增减,与出口企业的市场进入退出行为和商品种类选择行为有关。后者是"深度规模"的概念,指出口价格、数量、金额等指标的增减,与出口企业的商品定价行为和规模选择行为有关。

2013)构建了一个内生出口参与的理论模型,他们基于美国数据的研究发现,在相对价格变化的情况下,汇率贬值能够促进出口贸易的增长。

值得注意的是,由于企业在生产率、规模大小等方面均存在显著的异质性,从而汇率波动对不同特征企业的影响可能存在差异。李宏彬等人(2011)首次使用中国进出口企业的微观数据,估计了人民币实际有效汇率对中国企业出口值和进口值的异质性影响,发现人民币升值对中国的出口和进口企业均具有负面影响,从而认为人民币升值不会有效改善中国的贸易顺差。伯曼等人(Berman et al., 2012)首次使用法国企业层面的微观数据分析了汇率变动对企业出口的异质性影响。他们发现具有较高生产率的出口企业在本币贬值时可以更多地提高商品加价,而较少地扩大出口量。这表明企业在盯市方面的异质性能够部分解释汇率波动对总出口的微弱影响。埃米蒂等人(Amiti et al., 2012)使用比利时大样本微观企业数据的分析表明,企业对汇率波动的异质性反应可能与企业在国外的市场份额及其进口密度有关。张和森古普塔(Cheung and Sengupta, 2013)使用印度 2000—2010 非金融部门企业层面数据的研究发现,汇率升值对印度非金融部门企业的出口具有显著的消极影响,并且与制造业部门相比,服务业部门的出口受到的负面影响更大。此外,以亚历山德里亚等人(Alessandria et al., 2013)、鲍德温等人(Baldwin et al., 2010)以及弗罗姆莱特(Fromlet, 2013)为代表的研究基于企业出口动态的视角考察了汇率变动与企业出口行为的关系。其中,亚历山德里亚等人(Alessandria et al., 2013)的研究认为货币升值会抑制企业的出口行为,而鲍德温等人(Baldwin et al., 2010)的研究发现汇率对不同生产率企业出口动态的影响存在显著差异。

人民币是国际政治和经济争论的焦点,但是当前针对人民币汇率变动与企业出口行为(包括企业出口选择、企业出口价格和出口量等)的研究还相对较少。巴斯耶和佩尔顿(Bussiere and Peltonen, 2008)及库伊等人(Cui et al., 2009)讨论了人民币汇率变动的价格传递效应,但他们均是基于宏观数据进行分析，并且结论迥异。弗罗因德等人（Freund et al.，2011）使用中国1997—2005年的贸易数据，估计了不同贸易方式企业的进出口汇率弹性，发现加工贸易对汇率变动不敏感，并且出口产品的国内投入比例越高，其对汇率变动越敏感。邓希炜和张轶凡（Tang and Zhang，2012）使用中国微观企业数据进行分析，发现汇率升值对中国出口企业的进入退出以及产品生产具有显著影响。李宏彬等人（Li et al.，2012）使用中国企业层面的微观数据深入分析了双边实际汇率波动对企业定价行为和出口量的影响，发现人民币每升值10%，企业出口价格下降50%左右，出口量下降2%～4%。张会清和唐海燕（2012）基于2005—2009年中国工业企业的样本数据，采用Heckman选择模型评估人民币升值对出口贸易的整体影响和结构影响。研究发现，人民币升值对企业出口产生了显著的负面冲击，人民币升值不利于中国出口贸易结构的优化调整。刘青等人（Liu et al.，2013）使用倍差法实证考察了人民币汇率波动对中国企业出口行为的影响，并使用多种方法考察了结论的稳健性，发现人民币升值1%，中国出口总值下降1.89%，按此推算，中国2011年人民币升值会导致出口下降359.9亿美元。尽管上述文献在考察人民币汇率对中国微观企业出口的影响时综合考虑了扩展边际和集约边际，但仍然存在一些不足，一方面，囿于数据的可获得性，研究者或者仅使用中国工业企业数据库，或者仅使用海关数据库，从而只能使用国家层面或者行业层面的人民币汇率指标进行分析，忽略了汇率变动在企业之间的异质性；另一方面，研究者分析的重心仍然放在人民币汇率变动对企业出口价格和出口量的异质性影响，没有考虑人民币汇率变动对企业出口持续时间的影响，因此上述研究对于人民币汇率变动与企业出口之间关系的认识仍然是有限的。

区别于以往研究，本章尝试利用2000—2007年工业企业微观数据和高度细化的海关数据，全面系统地考察人民币汇率变动对中国工业企业出口行为[①]的影响。本章可能在以下几个方面有所拓展：第一，对2000—2007年工业企业数据和海关数据进行样本匹配，测算企业层面的人民币实际有效汇率指标，从而更准确地考察汇率变动对企业出口行为的影响；第二，借助企业产品层面的数据样本，不仅分析了人民币汇率变动对企业出口决策的影响，还考察了人民币汇率变动对企业出口价格、出口数量和出口额的影响，在此基础上进一步比较了人民币汇率变动对企业出口的作用究竟是更多地体现为"集约边际"还是"扩展边际"[②]，从而有助于深化对人民币汇率变动影响企业出口的作用渠道的理解；第三，考虑到现实中企业存在异质性，本章进一步深入研究了人民币汇率变动对不同特征（包括生产率、规模、融资约束、所有制和贸易方式五个方面）企业出口行为的异质性影响，而现有绝大多数文献仅考虑了所有制和贸易方式的差异性，因此，本章相较相关文献有所突破；第四，出口持续时间是企业贸易增长中集约边际的重要组成部分（陈勇兵等，2012），作为拓展分析，本章在有关人民币汇率变动与中国企业出口问题的研究中，首次引入生存分析模型考察了人民币实际有效汇率对企业出口持续时间的影响，从而丰富和拓展了这类文献的研究视角。

本章的研究发现，人民币实际有效汇率升值对中国工业企业的出口决策、出口价格、出口数量和出口额均具有显著的抑制作用，并且从标准化系数来看，其对出口价格、出口数量和出口额的影响相对较大。这说明人民币实际有效汇率升值对中国出口贸易的影响更多体现在集约边际，而不是扩展边际；另外，人民币汇率变动对不同特征企业的出口行为具有显著的异质性影响；最后，通过采用离散时间生存分析模型的研究还发现，人民币实际有效汇率升值显著缩短

① 在本部分中，企业出口行为包含出口决策、出口数量、出口价格、出口额以及企业出口持续期等多个维度。

② 按照邓希炜和张轶凡（Tang and Zhang, 2012）的分解方法，本部分中的扩展边际具体指企业是否参与出口活动，集约边际指企业出口金额的增减，具体包括出口价格和出口数量的增减。

了企业出口的持续时间。本章的研究在一定程度上丰富了对人民币汇率变动和企业出口关系研究的文献，为客观评估人民币汇率形成机制改革对企业出口的影响提供了微观层面上的依据。

本章其余部分的结构安排如下：第二部分为模型构建、指标及数据说明；第三部分报告基准估计结果并进行分析；第四部分考察人民币汇率变动对企业出口行为的异质性影响；第五部分构建生存模型，分析人民币汇率变动对企业出口持续期的影响；最后是本章小结。

第二节　理论模型

本部分使用一个局部均衡模型来展示外部汇率冲击对出口行为的影响。具体地，与伯曼等人（Berman et al.，2012）的做法类似，这里在梅里兹和奥塔维亚诺（Melitz and Ottaviano，2008）模型的基础上引入汇率波动。假设有 $N+1$ 个国家，本国为 H，外国为 N，其中 $i \in \{1, \cdots, N\}$。每个企业在垄断竞争市场中生产唯一的特定产品，企业的生产率水平为 φ，生产率服从累计分布函数 $G(\varphi)$。为了不失一般性，本部分仅仅分析本国汇率相对于外国 i 货币的汇率（间接标价法）波动对其向 i 国出口的影响。

本国企业 φ 的某种特定产品的反需求函数为：

$$p_i^*(\varphi) \equiv p_i(\varphi)e_i = \alpha - \gamma q_i(\varphi) - \eta Q_i \tag{6-1}$$

其中，$p_i^*(\varphi)$和 $p_i(\varphi)$分别为企业 φ 向 i 国出口产品的外币价格和本币价格。e_i 是外国货币相对于本国货币的汇率（间接标价法，即 e_i 上升表示本国货币相对于外国货币升值）；$q_i(\varphi)$是外国对产品 φ 的需求，$Q_i \equiv \int_{\varphi} q_i(\varphi)\mathrm{d}\varphi$ 为国家 i 对本国所有产品的总需求。参数 α，γ，η 均为正值。

均衡时，本国满足利润最大化的 FOB 出口价格为：

$$p_i(\varphi)=\frac{1}{2}w\tau_i\left(\frac{1}{\varphi_i^*}+\frac{1}{\varphi}\right) \tag{6-2}$$

其中，$\frac{1}{\varphi_i^*}\equiv\frac{1}{we_i}\frac{\alpha-\eta Q_i}{\tau_i}$，表示出口的生产率门槛（$\forall\varphi\geqslant\varphi_i^*$），也就是说此时本国企业出口到国家 i 的利润为 0；w 为本国的工资水平（使用本国货币表示）；$\tau_i>1$，表示本国和国家 i 之间的冰山成本。对于出口企业 φ 来说，它向国家 i 的出口量为：

$$q_i(\varphi)=\frac{1}{2}w\tau_i e_i\left(\frac{1}{\varphi_i^*}-\frac{1}{\varphi}\right) \tag{6-3}$$

因此，本国向国家 i 的总出口值 V_i（本币表示）可以表示为所有出口企业出口值的和，即：

$$V_i=\int_{\varphi_i^*}^{\infty}r(\varphi)\mathrm{d}G(\varphi)=\int_{\varphi_i^*}^{\infty}p_i(\varphi)q_i(\varphi)\mathrm{d}G(\varphi) \tag{6-4}$$

从而汇率波动对总出口值 V_i 的边际影响为：

$$\frac{\partial V_i}{\partial e_i}=\underbrace{\int_{\varphi_i^*}^{\infty}\frac{\partial[p_i(\varphi)q_i(\varphi)]}{\partial e_i}\mathrm{d}G(\varphi)}_{intensive\cdot margin}-\underbrace{p_i^*(\varphi_i^*)q_i^*(\varphi_i^*)G'(\varphi_i^*)\frac{\partial\varphi_i^*}{\partial e_i}}_{extensive\cdot margin} \tag{6-5}$$

（6-5）式等号右边的第一项表示持续出口企业的效应，也就是集约边际，由于：

$$\frac{\partial r(\varphi)}{\partial e_i}=\frac{\partial[p_i(\varphi)q_i(\varphi)]}{\partial e_i}=p_i(\varphi)\frac{\partial q_i(\varphi)}{\partial e_i}+q_i(\varphi)\frac{\partial p_i(\varphi)}{\partial e_i}<0 \tag{6-6}$$

其中，产量效应 $\frac{\partial q_i(\varphi)}{\partial e_i}<0$，且价格效应 $\frac{\partial p_i(\varphi)}{\partial e_i}<0$，从而（6-6）式表明汇率对集约边际的影响为负，也就是说（6-5）式等号右边的第一项为负值。

（6-5）式等号右边的第二项考察的是扩展边际，也就是说汇率波动对本国

出口企业数量的影响，根据新新贸易理论，出口生产率门槛 φ_i^* 是汇率的减函数，即

$$\frac{\partial \varphi_i^*}{\partial e_i} > 0 \tag{6-7}$$

由于 $\frac{\partial^2 r(\varphi)}{\partial e_i \partial \varphi} > 0$，即升值对出口值的消极影响对于生产率低的企业更加显著，从而对于那些生产率最低的企业将由于利润较低或者负利润而选择退出出口市场。而(6－7)式说明本国货币升值会提高企业出口的生产率门槛，从而导致更多的低效率企业退出出口市场，这即为扩展边际[由(6－7)式可得到扩展边际为负值]。

通过(6－6)式和(6－7)式可以得到：

$$\frac{\partial V_i}{\partial e_i} < 0 \tag{6-8}$$

(6－8)式说明本国货币相对于 i 国货币升值，会导致本国对 i 国总出口值的下降。(6－8)式的含义是显然的：本国出口商通过降低 FOB 出口价格部分地吸收了汇率升值的影响，但是以外币表示的商品最终价格仍然上升，这会导致产品在国外的需求降低。从而这种不完全的汇率传递降低了本国企业出口商品的 FOB 交货价，国外对本国商品的需求下降，两者的共同作用导致本国企业对 i 国的总出口值下降。接下来，本章将使用中国企业层面的大型微观数据就上述问题进行实证分析。

第三节　计量模型、变量和数据

一、计量模型构建

首先，为了考察人民币汇率变动与企业出口决策之间的关系，本节在已有理论和实证研究文献的基础上，构建以下基于微观企业出口决定因素的 Probit

估计模型：

$$\Pr(Exportdum_{ipjt}=1)=\Phi(\alpha_0+\alpha_1\ln reer_{ijt}+\alpha\times X_{ijt}+\xi) \quad (6-9)$$

其中，下标 i、p、j 和 t 分别表示企业、产品、行业和年份；被解释变量 $Exportdum_{ipjt}$ 为企业出口行为的虚拟变量{0, 1}，如果出口额 $Export_{ipjt}>0$，则 $Exportdum_{ipjt}=1$，反之，$Exportdum_{ipjt}=0$。$reer_{ijt}$ 为企业层面贸易加权的人民币实际有效汇率指标。$\Phi(\cdot)$ 表示标准正态累积分布函数；$\xi=v_j+v_t+\varepsilon_{ipjt}$，$v_j$ 和 v_t 分别表示行业和年份的特定效应，ε_{ipjt} 表示随机扰动项；控制变量 X_{ijt} 的集合为：

$$X_{ijt}=X_{ijt}(tfp_{ijt}, scale_{ijt}, age_{ijt}, wage_{ijt}, profit_{ijt}, finance_{ijt}, subsidy_{ijt}, foreign_{ijt}) \quad (6-10)$$

其中，*tfp* 代表企业生产率，*scale* 代表企业规模，*age* 为企业年龄，*wage* 为平均工资，*profit* 表示企业利润率，*finance* 表示融资约束，*subsidy* 表示政府补贴，*foreign* 表示企业类型的虚拟变量，$foreign=1$ 表示外资企业，否则为内资企业。

另外，为考察人民币汇率是否会影响产品出口价格、出口数量和出口额这一问题，需要分别建立一个以企业产品出口价格、出口数量和出口额为因变量的计量模型进行 OLS 估计。但由于样本中有相当一部分企业为零出口企业[①]，并且企业出口行为受到其规模、年龄等诸多因素的影响，即非随机事件，如果对样本直接进行 OLS 估计可能会产生样本选择偏差问题。显然，不论是将这些零出口企业包含在回归样本中直接考察人民币汇率对企业出口行为的影响还是将这部分企业剔除，都不可避免地会导致估计结果出现偏误。Heckman 两步法是处理这一类问题较为有效的计量工具，其具体思路是：首先对企业出口决策模型(6－9)式进行 Probit 回归，由此提取逆米尔斯

① 本章样本中非出口样本量占总体样本量的近 50%。

比率，然后将逆米尔斯比率作为控制变量纳入下面出口价格、出口数量和出口额的决定方程：

$$\ln Export\_price_{ipjt} = \beta_0 + \beta_1 \ln reer_{ijt} + \beta \times X_{ijt} + \theta \times m_{ipjt} + v_j + v_t + \varepsilon_{ipjt} \tag{6-11}$$

$$\ln Export\_volum_{ipjt} = \lambda_0 + \lambda_1 \ln reer_{ijt} + \lambda \times X_{ijt} + \theta \times m_{ipjt} + v_j + v_t + \varepsilon_{ipjt} \tag{6-12}$$

$$\ln Export\_value_{ipjt} = \eta_0 + \eta_1 \ln reer_{ijt} + \eta \times X_{ijt} + \theta \times m_{ipjt} + v_j + v_t + \varepsilon_{ipjt} \tag{6-13}$$

在上式中，$Export\_price_{ipjt}$ 为 i 企业 p 产品的 FOB 出口价格[①]，$Export\_volum_{ipjt}$ 为 i 企业 p 产品的出口数量，$Export\_value_{ipjt}$ 为 i 企业 p 产品的出口额；m_{ipjt} 为逆米尔斯比率，由第一阶段 Probit 估计得到，如果在估计结果中 m_{ipjt} 显著不为 0，则表明存在样本选择偏差，此时采用 Heckman 两步法进行估计是有效的。此外，控制变量集合与(6-10)式相同。

二、指标测度与数据说明

（一） 人民币实际有效汇率指标的测度

本章采用两种方法进行计算：算术加权算法和几何加权算法。其中算术加权算法按照巴格斯等人（Baggs et al.，2009）的方法进行，将国家 k 在 t 期的实际有效汇率表示为：$rer0_{kt} = (E_{k/CNYt}) \times (P_{ct}/P_{kt})$，$E_{k/CNYt}$ 表示 t 期人民币与货币 k 的名义汇率（间接标价法），P_{ct} 为 t 期中国的居民消费价格指数（1 999＝100），P_{kt} 是 t 期 k 国的居民消费价格指数（1 999＝100）。然后将每个国家的实际有效汇率折算为以 1999 年为基期的实际有效汇率：$rer_{kt} = (rer0_{kt}/rer_{k99}) \times 100$，最后企业 i 在 t 期的实际

① 受计算机内存的限制，借鉴曼诺娃和张志伟（Manova and Zhang，2012）的做法，这里使用每种产品出口到各个国家的平均价格来衡量产品价格，从而可以得到企业-产品-时间维度的样本数据。

有效汇率表示为：

$$reer_{it} = \sum_{k=1}^{n} (X_{ik} / \sum_{k=1}^{n} X_{ik}) \times rer_{kt} \tag{6-14}$$

其中，$(X_{ik} / \sum_{k=1}^{n} X_{ik})$ 表示企业 i 在 t 期与国家 k 的贸易额占其与当期总贸易额的比例。

几何加权算法汇率采用让纳内和华(Jeanneney and Hua，2011)的方法，对企业 i 在 t 期面对的 reer 定义如下：

$$reer_{it} = 100 \times \prod_{k=1}^{n} \left(\frac{E_{kt}}{E_{k0}} \times \frac{P_{ct}}{P_{kt}}\right)^{w_{k,t}} \tag{6-15}$$

其中，E_{kt} 为 t 期外币 k 的人民币价格；E_{k0} 为基期外币 k 的人民币价格，本章的基期定为 1999 年。w_{kt} 为贸易权重，用企业 i 在 t 期与 k 国的贸易额占其 t 期总贸易额的比例来表示。因此，基期的 *reer* 值为 100，若 *reer* 值上升，表示人民币实际有效汇率升值，反之则表示人民币实际有效汇率贬值。其中，中国与贸易伙伴之间的名义汇率及 CPI 数据来自国际货币基金组织 IFS 数据库。几何加权算法汇率指标将在后文稳健性分析中作为人民币实际有效汇率的替代性指标。

（二）其他变量的测度

(1) 企业生产效率(*tfp*)。异质性企业贸易理论普遍认为生产率较高的企业更容易出口(Melitz，2003)。为了克服普通最小二乘方法测算 tfp 时可能出现的联立性偏差和选择性偏差问题，本章采用扩展的奥莱和帕克斯(Olley and Pakes，1996)方法(下文称 OP 法)进行测算。具体方法和数据说明见第四章第三节。

(2) 企业规模(*scale*)。企业规模与出口之间的关系已引起国内外学者的广泛关注(Berman et al.，2012，许家云，2018)。一般而言，企业规模往往与其物质资本、人力资本及市场竞争力正相关，从而规模相对大的企业更有能力从事出口活动。本章采用企业销售额取对数来衡量企业规模，预期该项系数为正①。

(3) 企业年龄(*age*)。在市场上的存活时间影响了企业的生产经验、研发能力等,也会影响企业的出口决策,本章用当年年份与企业开业年份的差来衡量企业年龄。

(4) 平均工资水平(*wage*)。新新贸易理论认为,从事出口的企业往往拥有较高的劳动生产率和较强的盈利能力,因此,与只供国内消费的企业相比,出口企业支付给工人的工资也往往比较高。据此可以推断,平均工资水平的回归系数为正。伯纳德和詹森(Bernard and Jenson, 1995)对美国的研究发现出口企业的工资水平普遍高于非出口企业。本章在回归方程中加入平均工资变量,以考察平均工资对企业出口行为的影响,并且使用 1999 年为基期的居民消费价格指数对名义量进行平减。

(5) 企业利润率(*profit*)。由于企业进行出口行为往往需要投入大量的资金和相关要素,因此企业利润率也是企业出口的影响因素之一,预期该变量的符号为正。本章采用企业净利润与企业销售额的比值来衡量企业利润率,其中企业净利润使用"利润总额与补贴收入的差额"来表示。

(6) 融资约束(*finance*)。进入出口市场的沉没成本、信息收集成本、销售网络建立成本等都要求企业有较好的财务状况或融资能力。贝洛内等人(Bellone et al., 2009)利用法国企业数据证实了企业的外部融资状况是影响企业出口绩效的关键因素,只有财务状况比较好的企业才能够进入出口市场并扩大出口。本章使用利息支出与固定资产的比值取对数来衡量融资约束(孙灵燕和李荣林,2011),该值与企业面临的融资约束成反比,预期该变量的符号为正。

(7) 政府补贴(*subsidy*)。引入政府补贴变量来控制政府的产业扶持力度和干预程度对企业出口活动的影响。本章用补贴收入与企业销售额的比值取

① 此处,这里还使用年末就业人数的对数值作为企业规模的替代变量,研究结果没有发生实质性变化。

对数表示政府补贴力度。

(8) 本章加入所有制变量主要是为了考察不同类型企业出口行为的差异性。对于外商资本占比较大的企业,多为出口导向型企业,且其出口贸易方式也多为加工贸易,包群等人(2011)的研究发现,与内资企业相比,外资企业通常具有更高的出口倾向和出口量。因此,外资企业可能具有较高的出口倾向和出口能力,具体地,引入企业类型虚拟变量(*foreign*),当企业为外资企业时将其赋值为 1,否则为 0。

(三) 数据说明

本章实证分析中使用的是 2000—2007 年中国海关数据库和工业企业数据库匹配得到的出口企业的数据。这里借鉴田巍和余淼杰(2012)、厄普瓦尔德等人(Upward et al., 2013)的方法来匹配上述两套数据。具体地,主要包括三个步骤:第一,直接利用企业名称进行匹配。首先用未剔除任何企业的原始的工业企业数据进行匹配,可以匹配成功的企业有 82 425 家。第二,将已经匹配成功的样本从原样本中剔除,其余的样本继续按照"企业所在地的邮政编码+企业电话号码的后七位"这一标准来识别两套数据库中相同的企业。其假设是企业在邮政编码相同的地区会使用同一个电话号码。之所以使用电话号码的后 7 位,具体解释见田巍和余淼杰(2012)。第三,继续将已经匹配成功的样本从原样本中剔除,其余样本的匹配按照"企业所在地的邮政编码+企业联系人"这个标准来进行识别。

对于匹配成功的样本,进行了如下处理:(1)删除雇员人数小于 8 人的企业样本;(2)删除企业代码不能一一对应,商品价格(贸易量、贸易额)为零值或负值的样本;(3)删除工业增加值、中间投入额、固定资产净值年平均余额以及固定资产中任何一项存在零值或负值的企业样本;(4)删除企业销售额、平均工资存在零值或负值的企业样本;(5)删除企业年龄小于零的企业样本;(6)删除非生产型企业样本,即企业名称中带有"贸易"和"进出口"字样的企业(Amiti et al., 2012; Yu, 2013)。最终用于分析的样本共包括 101 838 家企业。

本章使用匹配完成的企业样本计算贸易加权的人民币实际有效汇率，其中，根据企业与各国的贸易权重，采用23种货币（34个国家和地区）①对人民币实际有效汇率进行计算：美元、欧元、英镑、港币、日元、韩元、新台币、新加坡元、马来西亚林吉特、印度尼西亚卢比、泰铢、菲律宾比索、澳元、加拿大元、瑞典克朗、瑞士法郎、俄罗斯卢布、巴西雷亚尔、墨西哥比索、南非兰特、匈牙利福林、新西兰元、印度卢比。从样本数据来看，我国企业出口到这些国家和地区的平均出口值占出口总值的86%以上（相应的平均贸易额比重为81%）。其他出口目的地货币的汇率，借鉴李宏彬等人（2011）的方法，使用美元兑人民币的汇率来代替。

表6-1　各主要变量的描述性统计

变量	样本量	均值	标准差	最小值	最大值
Export	6 189 306	0.314 38	0.495 93	0	1
lnExport_price	6 163 391	2.757 33	0.238 39	−8.454 92	17.643 36
lnExport_volum	6 163 391	6.383 24	0.311 23	0	24.684 85
lnExport_value	6 189 305	9.124 00	0.233 88	0	24.073 24
lnreer	6 189 306	4.606 30	0.134 22	3.799 45	4.957 65
scale	6 189 306	11.453 31	1.394 63	1.609 44	19.051 95
tfp	5 942 627	6.392 35	1.140 31	−3.948 34	13.983 06
age	6 189 306	8.915 65	7.912 16	1	89
wage	6 184 397	8.878 02	1.293 60	0	15.831 50
profit	6 189 306	0.036 91	0.702 39	−9.104 21	9.971 16
finance	6 189 306	0.030 80	1.120 26	−8.885 33	9.912 00
subsidy	6 189 306	0.001 43	0.029 06	−1.445 57	8.520 27
foreign	6 189 306	0.833 05	0.460 49	0	1

① 这34个国家和地区包括：美国、奥地利、比利时、芬兰、法国、德国、希腊、爱尔兰、意大利、卢森堡、荷兰、葡萄牙、西班牙、英国、中国香港、日本、韩国、中国台湾、新加坡、马来西亚、印度尼西亚、泰国、菲律宾、澳大利亚、加拿大、瑞典、瑞士、俄罗斯联邦、巴西、墨西哥、南非、匈牙利、新西兰、印度。

第四节　基准估计结果及分析

一、基准估计结果

表6-2报告了企业出口决策与出口价格、出口数量和出口额决定因素的Heckman两阶段估计结果。回归结果显示，人民币实际有效汇率的估计系数均显著为负，这初步表明人民币实际有效汇率升值不仅降低了企业出口的可能性，而且还显著地降低了企业的出口价格、出口数量和出口额。其中汇率对出口价格的影响系数为－0.1124，即人民币实际汇率对生产价格的传递弹性为0.11，对商品在目的地市场价格的传递弹性为0.89(即1－0.11)，汇率传递效应(ERPT)为89%。这一方面表明人民币实际有效汇率具有不完全的汇率传递效应，即面对人民币升值，出口商会通过降低商品的本币出口价格以缓解升值对出口的冲击，从而出口商品在最终市场上以外币表示的价格上升幅度会小于人民币升值的幅度，也就是说出口商具有一定的盯市能力，这与陈六傅和刘厚俊(2007)等的结论一致。另一方面，89%的汇率传递效应也表明当前中国处于全球价值链的低端位置，出口产品整体技术含量较低，出口企业的利润空间较小，从而面对汇率升值进行价格调整的空间较小。坎帕和戈尔德贝里(Campa and Goldberg, 2005)以及哈勒等人(Hale et al., 2012)认为中国在国外市场较高的产品营销成本往往会压缩企业进行价格调整的空间；此外，王直和魏尚进(Wang and Wei, 2009)认为中国出口产品中进口部件占比较高、产品附加值较低，而较低的产品附加值导致了上述较小的价格调整空间。表6-2第(3)和第(4)列的结果表明，汇率对出口数量和出口额的影响系数分别为－0.4120和－0.5243，即人民币实际汇率升值10%，会使出口数量下降4.12%，出口额下降5.24%。

有必要提及的是，在第(2)列、第(3)列和第(4)列出口价格方程、出口数量和出口额方程中，逆米尔斯比率(M)的估计系数为正并且都通过了1%水平的显著性检验，说明在本章的样本中的确存在选择性偏差问题，因此这里进行Heckman两阶段估计是合理的。最后，控制变量的估计结果与预期及既有文献所得的结论基本吻合。

表6-2 基准估计结果：人民币汇率与企业出口边际

	出口决策	出口价格	出口数量	出口额
	(1)	(2)	(3)	(4)
lnreer	−0.1981***	−0.1124***	−0.4120***	−0.5243***
	(7.423)	(−6.527)	(−7.372)	(−15.363)
tfp	0.0361***	0.0482***	0.0260***	0.0719***
	(4.870)	(5.522)	(5.579)	(6.352)
scale	0.0490***	0.0384***	0.1004***	0.1387***
	(9.387)	(9.331)	(5.293)	(9.302)
age	0.0163***	0.0134***	0.0098***	0.0231*
	(9.443)	(6.436)	(4.984)	(1.775)
wage	0.0595***	0.0672***	0.0253***	0.0924***
	(4.472)	(5.367)	(4.728)	(6.762)
profit	0.0091***	0.0257***	0.0327***	0.0583***
	(5.372)	(6.535)	(6.472)	(6.528)
finance	0.0046	0.0106	0.0124***	0.0231***
	(1.372)	(0.982)	(5.158)	(5.523)
subsidy	−0.0621	0.3537***	0.1373***	0.4890***
	(−1.483)	(5.742)	(6.024)	(4.963)
foreign	0.0847***	0.1378***	0.2052***	0.3426***
	(5.472)	(5.746)	(6.177)	(9.587)
M		0.9840***	1.0398***	1.6898***
		(5.877)	(7.487)	(6.563)
常数项	0.5723***	0.5832***	1.8735***	0.9841***
	(7.523)	(7.144)	(5.466)	(4.676)
行业效应	是	是	是	是
年份效应	是	是	是	是
样本量	5937831	5937831	5937831	5937831

注：( )内数值为纠正了异方差后的 t 统计量；***、** 和 * 分别表示1%、5%和10%的显著性水平。

二、人民币汇率与企业出口行为：集约边际与扩展边际

从上文的基准估计结果可以看到，人民币实际有效汇率升值不仅显著地抑制了企业的出口决策，而且也降低了企业的出口价格、出口数量和出口额。由此引出的问题是：人民币汇率更多地是通过集约边际还是扩展边际方式影响了中国企业的出口行为？对于这一问题的回答，将有助于加深对于人民币汇率影响中国企业出口行为的作用渠道的理解。

接下来考察人民币汇率对企业出口决策与出口价格、出口数量和出口额的影响孰大孰小。由于这两类方程中各变量的数量级不尽一致，从而无法根据表6－3的估计结果进行直接比较。此时，将人民币汇率变量的估计系数进行标准化处理，可以较好地解决上述问题，具体公式为：$A=\alpha\times\frac{se(\ln reer)}{se(Exportdum)}$，$B=\beta\times\frac{se(\ln reer)}{se(\ln Export\_price)}$，$C=\lambda\times\frac{se(\ln reer)}{se(\ln Export\_volum)}$，$D=\eta\times\frac{se(\ln reer)}{se(\ln Export\_value)}$。其中 $se(\ln reer)$ 表示 $\ln reer$ 变量的标准差，α、β、λ、η 分别为出口决策模型、出口价格模型、出口数量模型和出口额方程中人民币实际有效汇率变量的估计系数。如果 $|A|>|B|(|C|、|D|)$，表明人民币实际有效汇率对企业出口决策的影响程度大于对企业出口价格、出口数量和出口额的影响程度，也即人民币汇率对企业出口的扩展边际的影响超过集约边际，反之则反。

表6－3给出了人民币实际有效汇率标准化系数的测算结果。结果显示，A、B、C 和 D 均小于0并且有 $|A|<|B|$，$|A|<|C|$，$|A|<|D|$，这表明人民币实际有效汇率升值对集约边际的影响大于扩展边际，并且，在集约边际内部，企业主要通过出口数量来应对汇率变动。

表 6-3　人民币汇率估计系数的标准化比较:集约边际和扩展边际

变量	标准化系数	变量	标准化系数	变量	标准化系数
A	−0.0536	A	−0.0536	A	−0.0536
B	−0.0633	C	−0.1777	D	−0.3009

三、稳健性分析

(一) 人民币汇率的内生性问题

由于贸易加权的实际有效汇率指标的测算过程中涉及多国数据,并且从指标构造来看,汇率变动会对贸易权重产生影响,从而人民币实际有效汇率变量可能是内生的,不满足经典线性回归中严格外生性的要求并导致估计偏差。对于该类内生性问题,通常的改进方法是寻找一个与人民币汇率紧密相关但独立于或者弱相关于企业生产率的变量作为工具变量进行两阶段最小二乘法估计。为此,本章使用人民币实际有效汇率指标的滞后一期值和滞后两期值为工具变量。

基于工具变量的 Heckman 两步法①的估计结果报告在表 6-4 第(1)和第(2)列。从中可以看出,在出口决策模型中,人民币实际有效汇率的估计系数为负并且通过了 1%水平的显著性检验。此外,在出口额模型中,人民币实际有效汇率的估计系数为负且较为显著,说明人民币实际有效汇率升值导致企业出口值出现下降,这与前文的基准分析吻合,并且与李宏彬等人(Li et al., 2011)、刘青等人(Liu et al., 2013)的结论相一致。另外,本部分还通过多种统计量来检验所选工具变量的合理性:首先,关于未被包括的工具变量是否与内生变量相关这一问题,采用克莱因别尔根和帕普(Kleibergen and Paap, 2006)的 LM 统计量来进行检验,结果拒绝了“工具变量识别不足”的原假设,即未被包括的

① 其中第一步采用 IV-Probit 方法对出口决策模型进行估计,在此基础上构造逆米尔斯比率,第二步采用工具变量 2SLS 方法对出口额模型进行估计。此外,本部分稳健性检验第二阶段的估计仅给出出口额方程。出口价格和出口数量方程见附表 6-9。

工具变量与内生变量不相关。其次，使用克莱因别尔根和帕普（Kleibergen and Paap，2006）的 Wald rk F 统计量来检验工具变量是不是有效的，回归结果显示 Wald rk F 统计量大于 Stock-Yogo 检验 10%水平上的临界值，这表明本部分使用的工具变量不是弱识别的。最后，安德森和鲁宾（Anderson and Rubin，1949）的 Wald 检验以及 Stock 和 Wright 的 S 检验都表明本书使用的工具变量与内生变量之间具有较强的相关性。据此可以认为本章选取的工具变量是合理的。这也说明，在进一步考虑人民币实际有效汇率的内生性问题之后本章结论依然稳健。

（二） Tobit 估计方法

在本章的样本中，出口额不可能为负，而是表现为以零为下限的删节变量。此时，如果简单地将零值剔除或直接采用 OLS 方法进行估计，得到的结果可能是有偏的。尽管 Heckman 两步法在一定程度上降低了选择性偏差，但作为一种稳健性检验，这里进一步采用 Tobit 模型直接考察人民币汇率对企业出口额的影响，估计结果报告在表 6－4 第（3）列。从中可以看到，人民币实际有效汇率的估计系数为负，并且通过了 1%水平的显著性检验，说明人民币实际有效汇率升值显著降低了企业的出口额。此外，各个控制变量的系数符号和显著性水平没有发生实质性变化，这在一定程度上证实了本章结论的稳健性。

（三） 人民币实际有效汇率的指标选择

考虑到估计结果可能受人民币实际有效汇率测度指标选择的影响，本章在此又选取了另外一个人民币实际有效汇率测度指标对模型进行了重新估计，以保证结果的可靠性。一般认为实际有效汇率的定义主要有两种形式：算术加权形式和几何加权形式（李宏彬等，2011）。布罗德斯基（Brodsky，1984）基于 156 个国家的样本数据进行分析，以比较算术加权形式和几何加权形式得到的有效汇率，结果发现几何加权形式的有效汇率是一个无偏的有效汇率指数。因此在这里为了考察本章结论的稳健性，使用几何加权方法得到的实际有效汇率指标进行 Tobit 估计。

从回归结果可以看出[表6-4第(4)列]，人民币实际有效汇率的估计系数仍然为负，并且通过了1%水平的显著性检验，表明人民币实际有效汇率升值的确显著降低了企业的出口额。

表6-4 稳健性检验结果：人民币汇率与企业出口边际

	基于工具变量的 Heckman 两步法		Tobit	几何加权汇率 Tobit
	IV-Probit	2SLS		
	(1)	(2)	(3)	(4)
lnreer	−0.1802***	−0.5409***	−0.5648***	−0.4939***
	(−3.782)	(−4.633)	(−4.482)	(−4.583)
tfp	0.0486***	0.0695***	0.0591***	0.0497***
	(6.530)	(5.630)	(6.402)	(6.573)
scale	0.0503***	0.1373***	0.1120***	0.0964***
	(5.738)	(7.842)	(5.592)	(8.775)
age	0.0158***	0.0296	0.0271***	0.0253***
	(9.392)	(1.032)	(9.406)	(5.503)
wage	0.0562***	0.0897***	0.0923***	0.0795***
	(5.372)	(6.390)	(5.505)	(5.529)
profit	0.0101***	0.0527***	0.0594	0.0592
	(3.894)	(6.392)	(1.273)	(1.426)
finance	0.0074	0.0267***	0.0329	0.0470***
	(1.032)	(4.382)	(1.005)	(5.462)
subsidy	−0.0046	0.4606***	0.4877	0.4900
	(−1.503)	(4.785)	(0.903)	(0.683)
foreign	0.0493***	0.3620***	0.4032***	0.3922***
	(5.457)	(6.065)	(4.498)	(2.583)
M		1.4034***		
		(5.472)		
常数项	1.4935***	1.2048***	2.5563***	2.5784***
	(6.094)	(7.309)	(8.578)	(5.732)
wald 外生性检验	9.90[0.0483]			
K-P rk LM 统计量		424.536[0.00]		
K-P Wald rk F 统计量		173.722[7.97]		

续表

	基于工具变量的 Heckman 两步法		Tobit	几何加权汇率 Tobit
	IV-Probit	2SLS		
	(1)	(2)	(3)	(4)
A-R Wald 统计量		7.36[0.0485]		
S-W LM S 统计量		6.68[0.0683]		
(Pseudo) R^2			0.1562	0.1462
对数似然值			−1425678	−1482984
行业效应	是	是	是	是
年份效应	是	是	是	是
样本量	5937831	5937831	5927553	5927553

注：( )内数值为纠正了异方差后的 t 统计量，[ ]内数值为相应统计量的 p 值；***、**和*分别表示1%、5%和10%的显著性水平。K-P 为 Kleibergen-Paap，A-R 为 Anderson-Rubin，S-W 为 Stock-Wright。

第五节 人民币汇率对企业出口行为的异质性影响

前文将不同特征的企业样本混合在一起，考察了人民币汇率对企业出口影响的平均效应，而并未对不同特征企业的影响加以区别。然而，由于企业在生产率、规模大小等方面均存在显著的异质性，从而汇率波动对不同特征企业的影响可能存在差异，基于此，接下来本章将从企业生产率、企业规模、融资约束等五个方面深入考察人民币汇率对中国企业出口行为的异质性影响。

下面借鉴比斯托(Bustos, 2011)、毛其淋(2020)的做法，构建(6－16)式和(6－17)式来考察人民币汇率对企业出口行为的异质性影响效应：①

$$\ln Export\_price_{ipjt} = \alpha_0 + \sum_{qr=1}^{5} \alpha_1^{qr} (\ln reer_{ijt} \times C_{ijt}\_qr) + \sum_{qr=2}^{5} \beta^{qr} \times C_{ijt}\_qr + \alpha \times X_{ijt} + \xi \quad (6-16)$$

① 限于篇幅，这里只考察人民币汇率对企业出口价格和出口数量的异质性影响。

$$\ln Export\_volum_{ipjt}=\gamma_0+\sum_{qr=1}^{5}\gamma_1^{qr}(\ln reer_{ijt}\times C_{ijt}\_qr)+\sum_{qr=2}^{5}\eta^{qr}\times C_{ijt}\_qr+\gamma\times X_{ijt}+\xi \tag{6-17}$$

其中,C 为企业异质性特征变量,包括企业生产率(*tfp*)、企业规模(*scale*)、融资约束(*finance*);$qr=1,2,3,4,5$ 表示企业特征按照从小到大排序的5分位数,①相应地,C_{ijt}_qr 表示企业特征虚拟变量,当企业 i 的 C 特征变量属于第 qr 分位数时取值为1,否则为0。

一、企业生产率的异质性

表6-5第(1)和第(2)列考察了人民币汇率对不同生产率特征企业出口价格和出口数量的影响。估计结果显示:人民币实际有效汇率与企业生产率第1分位数虚拟变量的交叉项($\ln reer\times tfp\_q1$)的估计系数在第(1)列中并不显著,而在第(2)列其估计系数通过了1%的较高的显著性检验,这说明对于最低生产率的企业而言,人民币实际有效汇率升值时其主要通过调整出口数量而不是出口价格来应对汇率升值的冲击。对于生产率较低的企业来说,由于其往往是初级产品或者劳动密集型产品的生产者,产品利润空间较小,人民币升值时受自身生产能力限制,其对价格的控制能力较弱,更多的是通过降低产量来应对人民币升值的冲击;人民币实际有效汇率与企业生产率第2及第3分位数虚拟变量的交叉项(即 $\ln reer\times tfp\_q2$ 和 $\ln reer\times tfp\_q3$)的估计系数为负且均通过了5%的显著性检验,意味着人民币实际有效汇率升值对中等生产率企业的出口行为有较为明显的影响;人民币实际有效汇率与企业生产率第4及5分位数虚拟变量的交叉项($\ln reer\times tfp\_q4$ 和 $\ln reer\times tfp\_q5$)的估计系数在第(1)列中通过了1%的显著性检验,但在第(2)列其估计系数并不显著,这说明对最高生产率的企业而言,人民币实际有效汇率升值时其主要通过调整出口价格而不是出口数量来应对汇率升值的冲击,并且生产率越高,汇率对出口价格的

① 这里以企业特征变量的样本平均值为基础将企业划分为五个等份。

汇率传递效应越小，这与伯曼等人（Berman et al.，2012）的结论相吻合。

二、企业规模的异质性

表 6－5 第（3）和第（4）列给出了人民币汇率对不同规模特征企业出口价格和出口数量影响的估计结果。通过比较各个交叉项的系数符号和绝对值可以得到以下结论：人民币实际有效汇率与企业规模第 1 分位数虚拟变量的交叉项（$\ln reer \times scale\_q1$）的估计系数在第（3）列中并不显著，而在第（4）列其估计系数通过了 1%的较高的显著性检验，这说明对于最小规模的企业而言，人民币实际有效汇率升值时其主要通过调整出口数量而不是出口价格来应对汇率升值的冲击。对于规模较小的企业来说，由于市场竞争力往往较弱，产品利润空间相对小于较大规模的企业，人民币升值时受自身能力限制，其对价格的控制能力较弱，只能通过降低产量来应对人民币升值的冲击；人民币实际有效汇率与企业规模第 2 及第 3 分位数虚拟变量的交叉项（即 $\ln reer \times scale\_q2$ 和 $\ln reer \times scale\_q3$）的估计系数为负，且在第（3）列和第（4）列中分别通过了 10%和 5%水平的显著性检验，意味着人民币实际有效汇率升值对中等规模企业的出口行为有较为明显的影响；人民币实际有效汇率与企业规模第 4 及 5 分位数虚拟变量的交叉项（$\ln reer \times scale\_q4$ 和 $\ln reer \times scale\_q5$）的估计系数在第（3）列中通过了 1%水平的显著性检验，但在第（4）列其估计系数并不显著，这说明对最大规模的企业而言，人民币实际有效汇率升值时其主要通过调整出口价格而不是出口数量来应对汇率升值的冲击。上述结论反映出人民币实际有效汇率对中低规模企业的出口数量具有抑制作用，并且对规模越小企业的抑制作用越大，而在出口价格方面，企业规模与出口价格的汇率传递效应呈反比，即企业规模越大，盯市能力越强，出口价格受汇率升值的冲击越小。张和森古普塔（Cheung and Sengupta，2013）对印度非金融部门的研究也发现，卢比实际有效汇率升值对小规模企业的冲击远远大于较大规模的企业。此外，冯炳萱等人（Fung et al.，2010）对加拿大企业层面数据的分析也得出了类似的结论。

三、企业融资约束的异质性

企业融资约束在汇率与贸易问题研究中的作用在国内外研究中日益引起人们的关注，表 6－5 第(5)和第(6)列考察了人民币汇率对不同融资约束特征企业出口行为的影响。从估计结果可以看出，人民币实际有效汇率与企业融资约束 5 分位数虚拟变量的交叉项大部分较为显著，说明人民币实际有效汇率对不同融资约束企业的出口行为都具有显著的影响，这与总体样本的估计结果是类似的。此外，交叉项 $\ln reer \times finance\_q1$、$\ln reer \times finance\_q2$ 和 $\ln reer \times finance\_q3$ 的估计系数在第(6)列符号显著为负，并且前者系数的绝对值相对更大，这表明人民币实际有效汇率升值对于较高程度融资约束的企业而言，其出口数量调整的余地较大，并且对融资约束程度越高企业的出口数量下调余地越大。交叉项 $\ln reer \times finance\_q1$、$\ln reer \times finance\_q2$ 和 $\ln reer \times finance\_q3$ 的估计系数在第(5)列符号也为负，但并不显著。交叉项 $\ln reer \times finance\_q4$ 和 $\ln reer \times finance\_q5$ 的估计系数符号在第(5)和第(6)列均为负，其中第(5)列估计系数通过了 1%的显著性检验，而第(6)列估计系数均不显著，并且 $\ln reer \times finance\_q5$ 的系数绝对值在第(5)列最大，在第(6)列最小，这说明人民币汇率对较低程度融资约束企业的出口价格具有显著的抑制作用，并且对融资约束程度越低企业的价格调整空间就越大，而人民币汇率对较低程度融资约束企业的出口数量具有微弱的抑制作用，并且对融资约束程度越低企业的出口数量抑制作用越弱，对这一结果可能的解释是，企业的出口行为往往需要大量的资金投入，在面临因人民币升值导致的国内市场竞争加剧时，只有那些融资约束程度较低的企业才有可能从外部融资渠道获得足够的资金支持，进而通过降低出口价格来应对汇率升值的冲击，而那些融资约束较大的企业更多的是通过调整出口量来应对汇率升值的冲击。

表 6-5 人民币汇率对企业出口价格和出口数量异质性影响的估计结果

	生产率异质性		规模异质性		融资约束异质性	
	price(1)	volume(2)	price(3)	volume(4)	price(5)	volume(6)
lnreer	−0.1108***	−0.4573***	−0.1320***	−0.4180***	−0.1065***	−0.3045***
	(−5.272)	(−10.372)	(−5.589)	(−5.832)	(−6.488)	(−5.837)
*C_q*2	0.0202***	0.0373***	0.1832***	0.2472***	0.1156***	0.1527***
	(3.472)	(4.588)	(8.688)	(10.462)	(9.527)	(9.672)
*C_q*3	0.1274***	0.0520***	0.3842***	0.4489***	0.2497***	0.2327***
	(6.046)	(5.774)	(8.472)	(10.526)	(9.373)	(9.318)
*C_q*4	0.1033***	0.0993***	0.5726***	0.5982***	0.2793***	0.2672***
	(4.599)	(4.672)	(6.478)	(6.637)	(9.748)	(8.478)
*C_q*5	0.1136***	0.1203***	0.2623***	0.1342***	0.3384***	0.2412***
	(4.478)	(4.738)	(5.582)	(4.588)	(6.378)	(3.692)
lnreer×*C_q*1	−0.0030	−0.0120***	−0.0109	−0.1016***	−0.0472	−0.1338***
	(−1.427)	(−8.366)	(−1.387)	(−5.683)	(−1.047)	(−14.458)
lnreer×*C_q*2	−0.0038**	−0.0109**	−0.0134*	−0.0701**	−0.0709	−0.0870***
	(−2.229)	(−2.094)	(−1.839)	(−2.095)	(−1.003)	(−8.378)
lnreer×*C_q*3	−0.0057**	−0.0065**	−0.0198*	−0.0435**	−0.1023	−0.0629***
	(−2.174)	(−2.116)	(−1.765)	(−2.153)	(−0.583)	(−9.447)
lnreer×*C_q*4	−0.0092***	−0.0050	−0.0348***	−0.0086	−0.1279***	−0.0462
	(−4.578)	(−1.302)	(−11.476)	(−1.321)	(−9.378)	(−1.428)
lnreer×*C_q*5	−0.0102***	−0.0031	−0.0369***	−0.0052	−0.1371***	−0.0142
	(−4.693)	(−1.036)	(−7.489)	(−0.583)	(−7.583)	(−1.052)

续表

	生产率异质性		规模异质性		融资约束异质性	
	price(1)	volume(2)	price(3)	volume(4)	price(5)	volume(6)
tfp			0.0227***	−0.0323	0.0183*	0.0352***
			(7.375)	(−1.256)	(1.850)	(7.837)
scale	0.0562***	0.0631*			0.0497***	0.0747***
	(6.373)	(1.784)			(9.636)	(2.936)
age	0.0023***	0.0127***	0.0036***	0.0043	0.0017***	0.0062*
	(3.472)	(9.572)	(11.478)	(1.042)	(3.683)	(1.763)
wage	0.0498***	0.0767***	0.0394***	0.0373***	0.0528***	0.1095***
	(5.372)	(6.483)	(6.473)	(3.742)	(6.628)	(7.583)
profit	0.0120***	0.0491***	0.0012	0.0255	0.0117***	0.1472***
	(3.472)	(6.583)	(1.256)	(0.937)	(6.5832)	(10.947)
finance	0.0048**	0.0249***	0.0210***	0.0317***		
	(2.037)	(4.732)	(7.589)	(4.683)		
subsidy	−0.0036	0.0301***	0.0452***	0.0123	0.0581***	0.0750***
	(−1.378)	(3.932)	(4.783)	(0.058)	(5.683)	(14.532)
foreign	0.1503***	0.3836***	0.3745***	0.3237***	0.2721***	0.4327***
	(5.722)	(6.572)	(6.489)	(4.627)	(9.583)	(10.573)
常数项	1.0462***	2.0046***	2.4872***	−1.3151	1.3671***	0.9474***
	(6.472)	(4.568)	(5.673)	(−1.036)	(5.167)	(5.783)
行业效应	是	是	是	是	是	是
年份效应	是	是	是	是	是	是
样本量	5941007	5941007	5915272	5915272	5915272	5915272

注：(　)内数值为纠正了异方差后的 t 统计量；* * *、* * 和 * 分别表示 1%、5%和 10%的显著性水平。

四、企业所有制和贸易方式的异质性

考虑到人民币汇率变动对不同所有制类型和不同贸易方式的企业会造成不同的影响(Eckaus, 2004;李宏彬等,2011)[①],这里进一步在方程(6－11)、(6－12)、(6－13)的基础上引入汇率项与所有制虚拟变量和贸易方式虚拟变量的交互项对上述问题进行深入分析。所有制方面,根据样本数据将企业分为国有企业(*soes*)、外资企业和民营企业(*private*)三种类型[②],其中外资企业包括中外合资和中外合作两种形式,以外资企业作为基础类别。贸易方式方面,将样本划分为加工贸易企业(*process*)、一般贸易企业和其他(*qita*)三种类型[③],以一般贸易作为基础类别。

从出口企业的所有制来看,人民币汇率变动对外资企业的出口决策和出口数量的影响力度要大于国有企业,但是民营企业在人民币升值时受到的冲击是最大的(表6－6),这可以归因于在中国民营企业往往规模较小,技术水平较低和面临较大的融资约束,从而受资金等各方面条件的限制,当汇率冲击来临时,其价格调整能力往往较弱,并且在数量调整无济于事时更倾向于选择退出出口市场。值得注意的是国有企业在人民币升值时,出口量反而上升。出口价格方面,人民币实际汇率对商品在目的地市场价格的传递弹性(即汇率传递效应ERPT＝1－汇率的回归系数)在民营企业最大,外资企业次之,国有企业最小。也就是说,民营企业的汇率传递效应大于外资企业和国有企业,这可能是因为中国的民营企业往往规模较小,资金和技术实力相对较弱,从而面对汇率冲击时,其价格调整能力较弱。

---

① 样本中,外资企业出口额占全部样本出口额的比重超过60%,加工贸易出口额占全部样本出口额的50%以上。

② 样本中集体企业的样本数不足5%,借鉴李宏彬等人(2011)的做法,将集体企业归入国有企业。

③ 贸易方式为进料加工贸易和来料加工装配贸易的将其标识为加工贸易。其他贸易包括:保税仓库进出境货物,边境小额贸易,补偿贸易,租赁贸易等10种,它们占出口企业样本总数的0.38%。

表 6-6　人民币汇率对企业出口的异质性影响

	企业类型			贸易方式		
	出口决策	出口价格	出口数量	出口决策	出口价格	出口数量
	(1)	(2)	(3)	(4)	(5)	(6)
lnreer	−0.197 6***	−0.107 3***	−0.420 3***	−0.204 7***	−0.113 5***	−0.429 0***
	(−5.478)	(−3.473)	(−4.478)	(−5.435)	(−4.631)	(−5.735)
lnreer×*soes*	0.044 7***	−0.042 1	0.458 6***			
	(6.367)	(−1.423)	(7.333)			
lnreer×*private*	−0.084 7***	0.029 6***	−0.080 1***			
	(−7.468)	(5.378)	(−9.378)			
lnreer×*process*				0.004 9***	−0.152 8***	0.035 9***
				(7.488)	(−5.582)	(9.488)
lnreer×*qita*				−0.005 2	0.014 0*	−0.037 2***
				(−1.364)	(1.932)	(−6.376)
tfp	0.040 3***	0.047 6***	0.058 7***	0.044 7***	0.052 9***	0.052 6***
	(5.432)	(10.583)	(12.478)	(7.389)	(5.587)	(6.478)
scale	0.148 7***	0.025 2***	0.053 1	0.136 5***	0.065 8***	0.126 5***
	(7.673)	(5.304)	(0.738)	(4.163)	(5.378)	(6.738)
age	0.096 5	0.053 4***	0.086 3***	0.040 3***	0.023 9***	0.018 1***
	(1.038)	(11.736)	(9.762)	(5.363)	(5.154)	(5.734)

续表

	企业类型			贸易方式		
	出口决策	出口价格	出口数量	出口决策	出口价格	出口数量
	(1)	(2)	(3)	(4)	(5)	(6)
wage	0.030 2***	0.041 6***	0.037 2	0.046 2***	0.037 2***	0.057 5***
	(4.265)	(8.163)	(1.432)	(4.462)	(5.422)	(9.386)
profit	0.027 5***	0.032 1	0.041 6**	0.032 1***	0.017 3	0.042 6***
	(3.673)	(1.043)	(2.183)	(4.462)	(1.548)	(5.589)
finance	0.267 8***	0.304 2***	0.373 8***	0.046 7*	0.023 6	0.176 3***
	(5.346)	(6.774)	(5.854)	(1.737)	(1.264)	(4.583)
subsidy	0.039 7***	0.045 2***	0.052 1***	0.047 2***	0.022 6***	0.056 8***
	(5.437)	(5.574)	(6.528)	(6.352)	(7.685)	(4.488)
foreign				0.064 2***	0.057 3***	0.050 3***
				(6.472)	(5.583)	(6.478)
M		0.267 5***	0.382 0***		0.269 2***	0.289 2***
		(10.479)	(9.435)		(9.536)	(10.478)
常数项	1.946 9***	0.967 3***	1.863 2***	0.407 7***	1.038 9***	1.470***
	(3.438)	(4.879)	(6.832)	(3.478)	(5.137)	(4.473)
行业效应	是	是	是	是	是	是
年份效应	是	是	是	是	是	是
样本量	5 915 272	5 915 272	5 915 272	5 915 272	5 915 272	5 915 272

注：同表 6－5。

从出口企业的贸易方式来看，加工贸易在人民币升值时受到的冲击小于一般贸易，即人民币汇率升值对出口的影响会因为加工贸易而受到弱化。对其可能的解释是：其一，在中国加工贸易出口额中，外资加工贸易出口占据了较大比例(达到85%以上)，这部分企业的出口行为更多是受到跨国公司的控制，受人民币汇率波动的影响相对小(Freund et al.，2011)；其二，在我国，进料加工贸易占加工贸易总额的较大比例，在此贸易方式下大部分原材料、核心零部件都依赖进口，人民币升值时，进口价格由于具有较高的汇率传递弹性而大幅下降，从而可以在一定程度上缓解人民币升值对出口的负面冲击；其三，在2002年之后，国际资本市场以及外界普遍存在人民币升值预期。在存在人民币升值预期的情况下，人民币实际有效汇率对出口的影响将受到抑制。范言慧(2008)认为，汇率本身对贸易收支的作用将受到本币升值预期的抑制，并且本币进一步升值的预期又会刺激出口扩大。

第六节　拓展分析：人民币汇率与企业出口持续时间

上文就人民币汇率对企业出口决策和出口强度的影响效应进行了较为细致的考察，发现人民币汇率升值不仅显著地降低了企业出口的可能性，而且也降低了其出口价格、出口数量和出口额，并且人民币汇率升值对不同特征企业的出口行为具有异质性的影响，但这些分析均未涉及企业出口的持续期问题。然而在现实中，出口持续时间是企业贸易增长中集约边际的重要组成部分(陈勇兵等，2012)，因此，研究汇率变动对企业出口持续时间的影响对于保障企业出口持续平稳发展具有重要意义。然而，国内外学术界目前还缺乏该方面的研究，接下来本部分就人民币汇率对企业出口持续时间的影响进行深入分析。

一、数据处理及初步分析

首先，将某个企业从有出口行为直至其终止出口行为(中间没有间断)所经历的时间长度定义为企业的出口持续时间，以年为单位。“风险事件”是指企业终止其出口行为的事件,它主要包括以下几种情形:企业仍在经营但其出口量为零,或者是企业倒闭因而完全退出市场。本章以 2000—2007 年间持续经营的企业为考察对象,所以本章中的"风险事件"是由前一种情形引起的。但不容忽视的是,如果直接利用 2000—2007 年的样本数据进行生存分析将不可避免地遇到诸如左侧删失(left censoring)和右侧删失(right censoring)在内的数据删失问题。当无法获知比样本数据时间更早年份的企业出口状态时,左侧删失问题会出现①,而忽略左侧删失问题往往会导致对企业出口持续时间的低估。因此,在具体分析时,需要使用新的分析样本进行,具体地,使用在 2000 年无出口行为但在 2001—2007 年期间有出口行为的企业进行分析。最终,本部分的样本中企业出口持续时间最长为 7 年。另外,当无法获得样本期之后年份的企业出口状态信息时,右侧删失问题便会出现②,不过生存分析方法可以很好地解决右侧删失问题,因此无需考虑(陈勇兵等,2012;毛其淋和盛斌,2013)。

生存函数(survivor function)或风险函数(hazard function)在生存分析法中常常被用来刻画生存时间的分布特征,本章把企业有出口行为视为"存活",否则,则认为风险事件发生(即把企业终止出口行为的事件称为"风险事件"或"失败")。令 T 为企业保持出口状态的时间长度,取值为 $t_i = 1, 2, 3\cdots$,其中 i 表示某个特定的持续时间段。一个企业保持出口状态的持续时间段有可能是完整的(记为 $c_i = 1$),也有可能是右侧删失的(记为 $c_i = 0$)③。生存函数可理解为企业的出口持续时间大于 t 年的概率,具体定义如下:

---

① 例如在本章中,如果某个企业在 2000 年有出口行为,而实际上并不清楚该企业开始有出口行为的确切年份。

② 例如,如果某个企业在 2007 年有出口行为,则无法知道企业在下一年是否仍然有出口行为。

③ 当在一个持续时间段中有风险事件发生(例如企业终止出口行为)时,则认为该持续时间段是完整的,否则,如果一个持续时间段从头至尾未有危险事件发生(即在考察期结束时企业仍然有出口行为),则认为是右侧删失的情形。

$$S_i(t) = \Pr(T_i > t) \tag{6-18}$$

上式中，$T_i = \min\{T_i^*, C_i^*\}$，其中 T_i^* 为完整时间段的时间长度潜变量，C_i^* 为右侧删失时间段的时间长度潜变量。

生存函数的非参数估计通常由 Kaplan-Meier 乘积项估计式给出：

$$\hat{S}(t) = \prod_{k=1}^{t} \left[\frac{N_k - F_k}{N_k}\right] \tag{6-19}$$

其中，N_k 表示在 k 期中处于风险状态中的持续时间段的个数，F_k 表示在同一时期观测到的“失败”对象的个数(即终止出口行为的企业数)。

风险函数表示企业在 $t-1$ 期出口的条件下，在 t 期停止出口的概率，表示为：

$$h_i(t) = \Pr(t-1 < T_i \leqslant t \mid T_i > t-1) = \frac{\Pr(t-1 < T_i \leqslant t)}{\Pr(T_i > t-1)} \tag{6-20}$$

风险函数的非参数估计式可表示为：

$$\hat{h}(t) = \frac{F_k}{N_k} \tag{6-21}$$

为了初步考察人民币汇率对企业出口持续时间的影响，接下来采用 Kaplan-Meier 方法进行生存估计。借鉴毛其淋和盛斌(2013)的做法，在对生存函数进行估计之前，按照企业对应的人民币实际有效汇率水平的高低对企业进行了分组。计算在考察期内各企业人民币实际汇率的中位数值，接下来把小于中位数值的企业视为人民币实际有效汇率低的企业，其余的为人民币实际有效汇率水平高的企业。

图 6-1 给出了人民币实际有效汇率水平进行分组的生存函数和风险函数的估计结果。从中可以看出，在大多数的持续时间段，人民币实际有效汇率水平较低组别的生存曲线位于人民币实际有效汇率水平较高组别之上，表明在人

民币实际有效汇率水平较低的行业中，企业出口的持续时间相对较长。上述分析初步反映了人民币实际有效汇率升值缩短了企业出口的持续时间。此外，从风险率估计曲线可以看出，企业的出口行为在前两年内面临较高的风险率，但随后迅速下降。这表明企业出口终止的概率在开始出口的初期是最高的，终止出口的风险随着时间的推移逐渐下降，也就是说企业出口持续时间具有明显的负时间依存性。

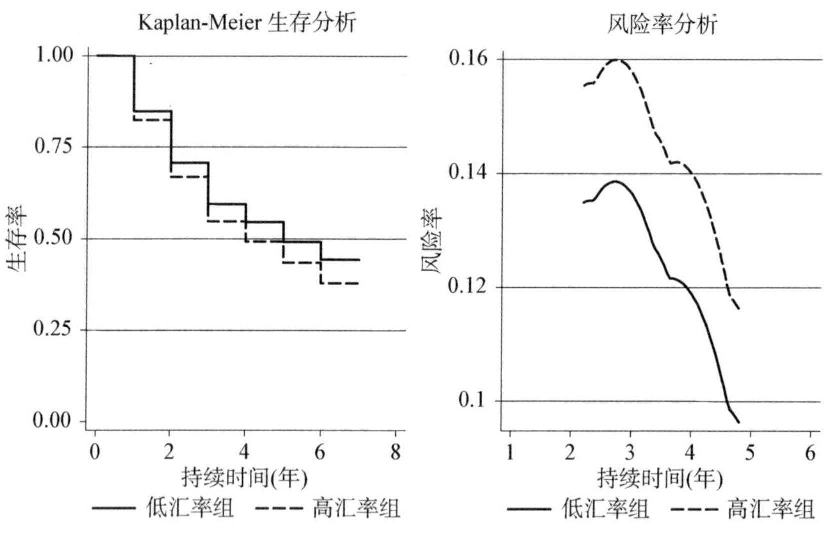

图 6－1　企业出口持续时间的生存曲线和风险率曲线

二、估计结果及分析

与连续时间模型(如 Cox 比例风险模型)相比，离散时间模型具有以下几个优势：可以有效地处理结点问题，无需满足"比例风险"的假设条件(Hess and Persson，2012)，可以方便地控制不可观测的异质性。基于上述离散时间模型的优势，本章使用离散时间模型进行估计。与伊尔马库纳斯和努尔米(Ilmakunnas and Nurmi，2010)、毛其淋和盛斌(2013)的做法类似，本章建立以下离散时间的 cloglog 生存模型进行计量分析①：

$$c\log\log(1-h_{it})=\alpha_0+\alpha_1\ln reer_{ijt}+\alpha\times X_{ijt}+\tau_t+v_j+v_t+\varepsilon_{ijt} \tag{6-22}$$

其中，$h_{it}=Pr(T_i<t+1\mid T_i\geqslant t,\ x_{it})=1-\exp[-\exp(\beta' x_{it}+\tau_t)]$代表离散时间风险率；$\tau_t$ 为基准风险率，它为时间的函数，可用于检验时间依存性的具体形式；x_{it} 为协变量，包括 $\ln reer_{ijt}$ 和控制变量集合 X_{ijt}；v_j 和 v_t 分别表示行业和年份特定效应，ε_{ijt} 表示随机扰动项；其他变量与（6－10）式相同。

表 6－7 报告了人民币汇率对企业出口持续时间影响效应的估计结果。其中第（1）列未控制不可观测异质性，结果得到人民币实际有效汇率的估计系数为正并通过 10%水平的显著性检验，这初步表明人民币实际有效汇率升值提高了企业终止出口行为的风险率，进而倾向于缩短企业出口持续时间；第（2）列在此基础上进一步控制了不可观测的异质性，根据 *rho* 值可知，因不可观测异质性引起的方差占总误差方差的比例约为 39%，另外，*rho* 值的似然比检验也在 1%水平上拒绝了“企业不存在不可观测异质性”的原假设，因此在模型中控制不可观测异质性是合理的。在对不可观测异质性进行控制之后，人民币实际有效汇率的估计系数均在 1%水平上显著为正，而且与第（1）列的估计结果相比，变量估计系数的绝对值均有所提高，这再次表明人民币汇率的确缩短了企业出口的持续时间。此外，从第（2）列的估计结果还可以看出：企业生产率（*tfp*）、企业规模（*scale*）、平均工资（*wage*）、企业利润率（*profit*）以及政府补贴（*subsidy*）的估计系数大部分在 1%水平上显著为负，这说明生产率越高、企业规模越大、人力资本水平越高、盈利性越好、政府补贴越多的企业，其出口持续时间越长，这与通常的预期是相吻合的。

为了考察估计结果的稳健性，接下来借鉴陈勇兵等人（2012）的做法，分别

① 之所以选取离散时间模型进行估计，是因为它具有可以有效地处理结点问题、易于控制不可观测的异质性，以及无需满足“比例风险”的假设条件等优势。

使用 Probit 和 Logit 方法进行估计，并且对首个持续时间段(first spell)和唯一持续时间段(one spell only)样本进行估计①。表 6－7 第(3)—第(6)列分别报告了 Probit 方法、Logit 方法、首个持续时间段样本以及唯一持续时间段样本的估计结果，从中可以看出，人民币实际有效汇率估计系数变动不大，这再次说明人民币汇率升值提高了企业终止出口的风险率，即缩短了企业出口的持续时间。此外，其他企业异质性特征变量的估计系数符号和显著性水平没有发生根本性变化，这表明上述估计结果总体上是很稳健的。

表 6－7　人民币汇率对企业出口持续时间的影响

	未控制不可观测异质性	控制不可观测异质性				
	cloglog 总体样本	cloglog 总体样本	Probit 总体样本	Logit 总体样本	cloglog 首个持续时间段	cloglog 唯一持续时间段
	(1)	(2)	(3)	(4)	(5)	(6)
lnreer	0.0659*	0.1561***	0.1484***	0.2532***	0.2921***	0.3601***
	(1.784)	(3.391)	(4.937)	(4.944)	(6.182)	(6.841)
tfp	−0.0418***	−0.0386***	−0.0146***	−0.0215***	−0.0409***	−0.0753***
	(−6.271)	(−5.462)	(−3.505)	(−2.983)	(−5.768)	(−10.382)
scale	−0.1434**	−0.0104***	−0.1625***	−0.2504***	−0.0124***	−0.0220***
	(−2.245)	(−5.083)	(−8.145)	(−7.543)	(−3.427)	(−5.442)
age	−0.0096***	−0.0131	−0.0072	−0.0123	−0.0158	−0.0138
	(−13.859)	(−1.312)	(−1.049)	(−1.622)	(−1.404)	(1.271)
wage	−0.0612***	−0.0553***	−0.0608***	−0.1054***	−0.0585***	−0.1101***
	(−10.804)	(−8.427)	(−16.552)	(−16.607)	(−8.878)	(−16.554)
profit	−0.4579***	−0.7777***	−0.5684***	−1.1420***	−0.7673***	−0.4399***

① 例如，若某个企业在 2001—2002 年有出口活动，2003 年终止出口活动并持续至 2004 年，2005 年开始又有出口活动，但在 2007 年再次终止出口活动，那么 2001—2002 年即为首个持续时间段。显然，唯一持续时间段一定是首个持续时间段，但首个持续时间段则不一定是唯一持续时间段。

续表

	未控制不可观测异质性	控制不可观测异质性				
	cloglog 总体样本	cloglog 总体样本	Probit 总体样本	Logit 总体样本	cloglog 首个持续时间段	cloglog 唯一持续时间段
	(1)	(2)	(3)	(4)	(5)	(6)
	(−6.147)	(−22.082)	(−19.543)	(−19.644)	(−21.415)	(−21.467)
finance	−0.0986***	−0.1301***	−0.0298	−0.0470	−0.0965***	−0.0363**
	(−2.607)	(−3.628)	(−1.597)	(−1.484)	(−2.759)	(−2.057)
subsidy	−0.2352	−0.5080***	−0.3777**	−0.8282***	−0.2206***	−0.2455
	(−1.249)	(−3.905)	(−2.258)	(−3.818)	(−13.907)	(−1.154)
foreign	0.1399***	0.2356***	0.0257***	0.0523***	0.0372***	0.1009***
	(11.594)	(4.374)	(3.069)	(3.645)	(9.578)	(6.876)
常数项	−0.6669***	−0.3960*	5.3291***	17.2346***	0.1042	−2.7907***
	(−3.840)	(−1.831)	(13.392)	(6.673)	(0.474)	(−7.349)
行业效应	是	是	是	是	是	是
年份效应	是	是	是	是	是	是
对数似然值	−82757.173	−81339.642	−73855.501	−73826.463	−81241.134	−56945.157
rho 值		0.3903	0.3402	0.3838	0.3939	0.3474
rho 值的似然比检验		2973.51 [0.00]	2482.48 [0.00]	2628.81 [0.00]	3032.08 [0.00]	2317.26 [0.00]
样本量	139699	151149	151149	151149	127843	103528

注：( )内数值为纠正了异方差后的 t 统计量；***、**和*分别表示1%、5%和10%的显著性水平；*rho* 表示企业不可观测异质性的方差占总误差方差的比例。

第七节 小结：汇率视角下的企业出口边际与出口动态

利用2000—2007年工业企业大样本微观数据和高度细化的海关数据，本章测算了企业层面贸易加权的人民币实际有效汇率指标，并实证考察了人民币实际有效汇率对中国工业企业出口行为的影响。本章研究发现人民币实际有效汇率升值抑制了企业的出口决策，使更少的企业选择出口。同时对于已出口企业而言，人民币实际有效汇率升值会降低它们的出口价格，即存在不完全的汇率传递效应，该结论在有效地克服了人民币汇率变量的内生性问题之后依然稳健。通过系数标准化还发现，人民币实际有效汇率升值对出口决策的影响要明显弱于出口价格、出口数量和出口额，这说明人民币实际有效汇率更多是通过出口贸易的集约边际发挥作用。在集约边际内部，企业主要通过调整出口数量来应对人民币实际有效汇率升值对其出口的冲击。出现上述结果可能与中国的出口贸易方式及其在全球价值链中的位置有关，中国的出口贸易方式主要以加工贸易为主，并且其处在全球价值链的较低位置，产品附加值较低，导致其在面对汇率冲击时价格调整空间有限。

引入企业特征的分析表明，人民币汇率对不同特征企业的出口行为具有显著的异质性影响。首先，在企业生产率的异质性方面，当人民币实际有效汇率升值时，相比出口数量，较高生产率的企业会更多地调整其出口价格，与之相反，较低生产率的企业更多地通过调整其出口数量来应对人民币汇率波动的冲击；其次，在企业规模的异质性方面，当人民币汇率波动时，较大规模的企业更倾向于调整其出口价格，小规模的企业则主要调整其出口数量；再次，在企业融资约束方面，企业面对的融资约束越大则其往往会选择数量调整战略以应对人民币汇率的波动，而融资约束较小的企业在面对汇率波动时更有能力进行价格调整；最后，从所有制类型上看，民营企业相比其他类型企业受到人民币汇率波动的冲击较大，在贸易方式方面，与一般贸易方式相比，加工贸易企业受人民币汇率波动的影响较小。

另外，采用离散时间生存分析模型的研究发现，人民币实际有效汇率升值倾向于缩短企业出口的持续时间，即增加了企业出口的风险。此外还发现，规模越大、人力资本水平越高以及盈利性越好的企业，其出口的持续时间往往越长。

本章以人民币汇率改革所引发的人民币升值为背景，深入研究了人民币汇率变动对中国工业企业出口行为的影响，结果发现，平均来看人民币实际有效汇率每升值 10%，企业出口的可能性下降 1.98%，企业出口价格下降 1.12%，出口量下降 4.12%，出口额下降 5.24%，并且上述效应因企业生产率、企业规模、企业的融资约束状况、企业所有制及企业出口贸易方式的不同而存在差异，引入生存分析模型的分析表明，人民币升值显著地缩短了企业出口的持续时间。总体来看，本章具有较强的政策指导意义。

首先，人民币升值对高生产率企业的负面冲击相对较小。这预示着，在当前形势下，中国政府在实施出口导向型发展战略来出口本国具有比较优势的产品的同时，应该逐步提高对高效率企业的出口支持，鼓励企业自主研发，增强技术创新能力，帮助竞争力强的企业积极参与国际价值链的高科技产业生产制造环节，引导出口贸易结构不断升级。

其次，人民币实际有效汇率升值对中低规模企业的负面冲击相对较大，而对大规模企业的冲击较小，也就是说，某种程度上规模经济效应有助于增强出口企业的汇率冲击应对能力。我国应增强对有能力的大型出口企业的出口支持，促进出口企业规模经济效应的充分发挥。同时应该采取措施积极应对汇率变动引致的中小企业失业问题。

再次，企业融资约束是限制企业的汇率冲击应对能力的关键因素，当前我国的金融体系改革已经取得了显著成效，但是现行的金融体制仍然存在资源配置效率不高、中小企业融资难等问题。因此，继续完善我国金融体系的深化改革，对提高企业的汇率冲击应对能力意义重大。

最后，人民币汇率波动对中国企业尤其是加工贸易企业出口行为的影响力度较为微弱，在当前加工贸易占据贸易半边天的中国，这一方面为人民币升值后中国出口贸易总额不降反升的事实提供了一个合理解释，另一方面说明人民币升值对改善当前全球贸易失衡意义甚微，因此各国应该将关注的焦点置于改变本国消费模式，加强国际交流与合作，在维护汇率稳定的同时倡导贸易自由化，促进全球贸易的健康发展。同时，上述结论也说明加工贸易的存在可以在一定程度上抵御汇率变动对企业的负面冲击，因此，我国应在促进出口贸易结构升级的同时，合理引导加工贸易的发展，不应对加工贸易“一棍子打死”。长远来看,加工贸易在维护我国外贸持续稳定发展方面仍将具有举足轻重的作用。

除此之外,本研究发现适度的政府补贴有益于企业出口参与和出口量的提升。因此,制定合理的补贴政策对于促进企业出口贸易发展意义重大。为了更好地提升补贴效率和促进企业贸易水平的提高,今后的政府补贴政策可以从以下几方面进行调整:第一,政府要对企业的整体状况进行科学的评估,以此作为是否进行补贴的依据,补贴的额度与方式要与企业的现状与实际需求相挂钩;第二,补贴的资格评审机制要公开和透明,并要加强监督力度,以此切实降低不符合补贴资格的企业"寻租行为"的发生;第三,要对补贴企业在受补贴之后的绩效进行定期的评估,并根据审核的结果决定是增加还是减少补贴力度,抑或是终止补贴。

最后,我国应该增强对民营企业的支持力度,合理引导外资流入,提高外资引入的技术门槛。总之,本章在一定程度上丰富了对人民币汇率和企业出口关系研究的文献,为客观评估人民币汇率形成机制改革对企业出口的影响提供了微观层面上的依据。

第七章　人民币汇率与中国制造业企业的出口动态——多产品企业的视角

第一节　引言

随着中国成为世界最大的工业品制造商和出口商，全球宏观经济环境对中国出口企业的影响已经成为学术界、政策层和商业界关注的核心问题之一。经历了 2005 年 7 月的人民币汇率制度改革，2000 年至 2007 年底人民币实际汇率累计升值 39%①。与此同时，中国货物出口贸易总额从 2000 年的 2 492 亿美元增至 2007 年的 12 204.6 亿美元。观察图 7 - 1，不难发现，与汇率理论的预期相左，人民币升值始终伴随着中国出口贸易的迅速增长。此外，根据新新贸易理论，行业平均生产率提高主要来源于两个方面：(1)企业间的优化配置。梅里兹(Melitz, 2003)的研究认为，贸易开放导致出口市场竞争加剧，一部分低生产率企业会迫于竞争压力选择退出出口市场，而留下的企业和新进入的企业生产率往往较高，这样就在整体层面提高了行业的生产率水平；(2)企业内的优化配置。伯纳德等人(Bernard et al., 2010,2011)进一步将梅里兹(Melitz, 2003)的模型拓展为基于 CES 的多产品异质性企业模型，他们认为贸易开放会提高一国或地区整体市场的平均生产率，生产率的提高进而导致产品平均价格出现下降，因此，多产品出口企业会放弃那部分生产特性比较低的产品的生产和出口，从而贸易开放通过多产品企业内部产品结构的调整，最终提高了企业的生

① 这里对人民币名义汇率按照 2000 年为基期的中美单位劳动成本指数进行折算，得到人民币兑美元的年度实际汇率指数。其中，人民币兑美元的名义汇率数据来自国际清算银行，美国的单位劳动成本及指数来自 OECD 数据库，中国的单位劳动成本及指数由笔者计算得到。

产率水平。芬斯特拉(Feenstra, 1989)认为本国货币升值如同进口关税下降,出口关税上升,会加剧本国出口市场上的竞争,进而产生类似于上述企业间和企业内的优化配置效应。这里的企业内优化配置效应是指,本国货币升值会加剧本国出口市场的竞争。那么,汇率升值是否会缩小多产品企业的出口产品范围,并使企业集中出口其具有核心竞争力的产品?

由于多产品出口企业是中国出口行为最主要的执行者(彭国华和夏帆,2013),本章在上述理论和现实背景下,尝试从多产品出口企业的视角考察人民币汇率变动对企业出口行为的影响。具体来看,本部分将使用2000—2007年中国工业企业数据和交易层面的海关数据,考察人民币汇率变动对中国多产品出口企业的出口量、出口产品种类和出口持续期等的影响。

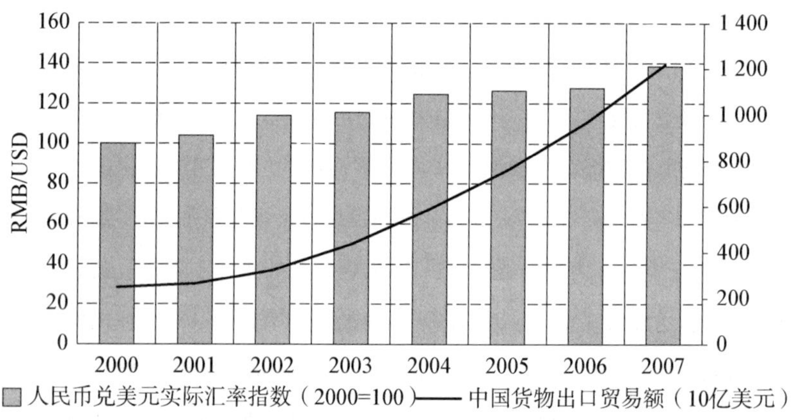

图7-1 人民币兑美元实际汇率指数和中国货物出口贸易的变动趋势

分析人民币升值对中国企业出口行为的影响渠道具有重要的政策含义。奥布斯特费尔德和罗戈夫(Obstfeld and Rogoff, 2000)认为汇率变动对贸易的影响甚微,并首次提出了"汇率无效之谜"。基于上述问题,德克尔等人(Dekle et al., 2010)从数据的加总性偏差角度提出了解释。基于多产品企业的视角,汇率变动可能通过以下几个渠道影响企业的出口行为:(1)企业层面的扩展边际，即企业在出口市场的进入和退出行为；(2)产品层面的扩展边际，即持续在出口市场存在的企业，其出口产品的进入和退出行为；(3)集约边际，持续存在的产品其出口量的增减。邓希炜和张铁凡(Tang and Zhang，2012)使用中国2000—2006年的海关数据就汇率变动对企业出口行为影响的研究发现，人民币实际汇率变动对中国企业的影响主要体现为扩展边际。受数据方面的限制，大多数微观层面的实证研究主要使用截至2006年的数据。由于中国在2005年7月的汇率改革之后逐步放松了对汇率变动的限制，使用截至2006年的数据进行分析将难以准确地考察2006年之后人民币汇率变动对企业出口行为的影响，不能考察汇率变动对企业出口行为的长期影响，并且可能会低估企业对汇率的反应。考虑到出口进入成本的存在，汇率对企业出口行为的影响会具有一定的持续性，并且在短期内很难发生变化。为此，本章使用目前可得的中国2000—2007年的微观企业层面的数据进行分析，试图缓解上述问题。

近期关于多产品企业的相关研究均发现加剧的市场竞争会缩小企业的产品范围，使企业集中于其具有核心竞争力的产品的生产和出口(Eckel and Neary，2010；Liu，2010；Mayer et al.，2012；彭国华和夏帆，2013)。由于本国货币升值会加剧本国出口市场的竞争，那么汇率升值是否会缩小多产品企业的出口产品范围，并使企业集中出口其具有核心竞争力的产品？

本章其余部分的结构安排如下：第二部分为理论分析与假说；第三部分为计量模型构建与数据说明；第四部分报告基准估计结果，并实证考察人民币实际汇率变动对企业出口产品范围和出口产品集中度的影响；第五部分构建生存模型，分析人民币汇率变动对多产品出口企业核心产品和非核心产品出口持续期的影响；最后是本章小结。

第二节　理论分析与假说

基于迈耶等人(Mayer et al.，2011)和伯曼等人(Berman et al.，2012)的异质

性企业理论，本章假设本国异质性企业向目的国出口一系列产品。鉴于实证部分使用中国数据进行分析，这里本国指中国。企业向既定的目的地出口的每种产品其生产率水平取决于该产品离企业核心技术的距离。本章着力于分析人民币汇率变动对企业出口价格、出口数量、出口产品范围等的影响，由于单个企业的决策并不能影响汇率变动，从而从企业角度讲可以认为汇率变动是外生的。

根据查特吉和迪克斯-卡内罗（Chatterjee and Dix-Carneiro，2013），使用目的国货币表示的出口商品 $\varphi(r,\theta)$ 的消费价格 $\bar{p}_k$ 为：

$$\bar{p}_k = \frac{p_k(\varphi(r,\theta))\tau_k}{\varepsilon_k} + \eta_k w_k \tag{7-1}$$

其中，k 为目的国，$p_k(\varphi(r,\theta))$ 为本国货币表示的出口商品的生产者价格；每个企业有一个能够代表其核心竞争力的产品，该产品也就是企业最有效率的产品。每个核心产品的生产率 θ 服从一个特定的随机分布，因此每个企业都可以用其生产率 θ 进行标识；对每种产品按照其离企业核心技术的距离进行排序，其排序用 r 表示，$r=0$ 表示该产品为某企业的核心产品，较大的 r 表示该类产品离企业的核心技术较远，从而企业在生产此类产品方面效率相对较低（$\partial\varphi/\partial r<0$）；冰山运输成本 $\tau_k>1$；ε_k 表示本国和国家 k 之间的名义汇率（单位外币的本国货币数）；国家 k 的平均工资水平为 w_k（本国的工资水平为 w）。对于每单位出口到 k 国的产品，其销售成本包括某出口产品离开母国到最终消费者手中所花费的所有费用。在 k 国，单位产品的销售成本可以表示为支付 η_k 单位劳动力的成本。

等式(7-1)右边第一项表示用 k 国货币表示的出口商品的生产者价格，等式右边第二项表示该产品在 k 国的销售成本。从而 k 国对该产品的需求数量为：

$$x_k(\varphi) = Y_k P_k^{\sigma-1}\left(\frac{p_k(\varphi(r,\theta))\tau_k}{\varepsilon_k} + \eta_k w_k\right)^{-\sigma} \tag{7-2}$$

其中，Y_k 为 k 国的国民收入，P_k 为 k 国的价格指数，$x_k(\varphi)$ 表示目的国 k

对产品 φ 的消费量，产品替代弹性 $\sigma > 1$。

出口企业根据利润最大化原则确定每种产品的出口价格和出口数量。根据利润最大化原则得到产品 φ 的出口价格为：

$$p_k(\varphi) = \frac{\sigma}{\sigma - 1}\left(1 + \frac{\eta_k q_k \varphi}{\sigma \tau_k}\right)\frac{w}{\varphi} = m_k(\varphi)\,\frac{w}{\varphi} \tag{7-3}$$

其中，$q_k \equiv w_k \varepsilon_k / w$，表示本国和国家 k 之间的实际汇率，q_k 下降表示本币升值，很容易得到 $\partial p_k(\varphi)/\partial q_k > 0$，即本币升值使企业出口产品价格下降。由于出口产品当地销售成本的存在，价格加价 $m_k(\varphi)$ 大于一般的垄断竞争情形下的加价，并且加价受到本国和目的国实际汇率、销售成本和企业生产某种产品 φ 的生产率的影响。

出口企业 θ 的利润 $\pi_k(\varphi(n_k(\theta),\ \theta))$ 可以表示为：

$$\pi_k(\varphi(n_k(\theta),\ \theta)) = Awq_k w_k^{-\sigma} Y_k P_k^{\sigma-1}\left(\frac{\tau_k}{\theta w_{k\theta}^{-n_k(\theta)+1}} + \eta_k\right)^{1-\sigma} - F_k \tag{7-4}$$

其中，A 是一个仅取决于 σ 的正常数；F_k 为企业将产品出口到 k 国需要的固定成本；$\omega_{k\theta}$ 表示某种产品离企业核心技术距离的长度；$n_k(\theta)$ 表示一个企业出口到 k 国的产品数量，上述利润函数是 $n_k(\theta)$ 的减函数。由于远离企业核心技术的产品具有较高的可变成本，从而出口企业从离核心技术距离较近的产品中获得的利润较高。对于多产品出口企业而言，其从每种出口产品中获得的利润均为正值，否则将停止负利润产品的出口。

根据(7-3)式可以得到生产者价格对实际汇率的弹性系数为：

$$\frac{\partial \ln p_k}{\partial \ln q_k} = \frac{\eta_k q_k \varphi}{\sigma \tau_k + \eta_k q_k \varphi} \tag{7-5}$$

上式表明产品出口价格对实际汇率的弹性系数小于 1，从而尽管产品出口价格下降①，实际汇率升值仍然可以提高出口产品在 k 国的消费者价格，导致

① $\partial p_k(\varphi)/\partial q_k > 0$。

出口数量减少。由此,得到假说 1.1。

假说 1.1: 多产品企业的出口产品价格随着本国实际汇率的升值而降低,出口数量随着实际汇率的升值而减少。

(7-5)式中的生产者价格弹性是针对每个企业和每种产品的。如前所述,由(7-5)式可以得到结论:实际汇率升值会降低产品的出口价格,同时会提高出口产品在目的国的消费者价格,并且该弹性随着企业和产品生产率的提高而提高[$\partial(\partial\ln p_k/\partial\ln q_k)/\partial\varphi>0$]。因此,相比低生产率企业,高生产率企业的产品出口价格对实际汇率的弹性系数更大,也就是说在面对汇率升值时,高生产率企业比低生产率企业出口价格降低得更多。从而高生产率企业在目的地市场价格上升的幅度要小于低生产率企业,因此与低生产率企业相比,高生产率企业面对汇率升值,其出口数量减少得较少。按此逻辑,由于在多产品企业中,核心产品隐含的生产率往往高于其他产品,因此汇率升值时,核心产品相比其他产品出口价格下降更多,从而核心产品在目的地市场价格上升的幅度小于非核心产品,所以与非核心产品相比,核心产品面对汇率升值,其出口数量减少得较少。据此,得到假说 1.2。

假说 1.2: 相比低生产率企业,汇率升值时,高生产率企业出口商品价格降低得幅度更大,出口数量减少得较少;在多产品企业内部,汇率变动对核心产品的出口价格影响力度更大,从而,面对汇率升值,核心产品出口数量减少得更少。

面对实际汇率变动,对于出口商而言,除了价格和数量反应之外,通过模型分析还能够得到多产品企业关于产品范围和产品出口额比例的变动情况。在汇率升值之前,所有出口商品的利润均为正,并且由(7-4)式可知,所有出口商品的利润与产品离企业核心技术的距离呈反比。离企业核心技术最远的产品(边际产品)是企业实现正利润的边缘产品(再多生产一单位产品就会产生负利润,从而降低总利润)。当实际汇率升值时,所有产品的利润减少($\partial\pi_k/\partial q_k>0$, q_k 下降表示本币升值),部分非核心边缘产品的利润会变为负值,从而企业会停止这部分产品的出口，即实际汇率升值减少了多产品企业出口产品的种类。从另一个角度来看，相对其他产品而言，被企业停止出口的非核心产品其出口持续期相对缩短。据此可以得到假说 2。

假说 2：本国实际汇率升值时，出口企业会减少出口商品的种类，即出口产品范围缩小。从而进一步地，从某种程度来讲，本国货币升值可能相对延长了核心产品的出口持续期，而缩短了非核心产品的出口持续期。

进一步地，为了简单起见，考虑一个两产品（产品 1 和产品 2）出口企业，其中产品 1 的技术含量高于产品 2，即产品 1 在企业效率排名中的名次好于产品 2，因此产品 1 为核心产品（$\varphi_1 > \varphi_2$）。那么本国实际汇率升值时，产品 1 相对产品 2 的出口额的比例会怎样变化呢？这直接影响企业在不同产品之间的出口选择。

由前文可知 $\varepsilon_k = wq_k/w_k$，并且将（7－3）式代入产品的进口价格 $p_k(\varphi)\tau_k/\varepsilon_k$，可以得到用目的国货币表示的产品出口价格：

$$\frac{p_k(\varphi)\tau_k}{\varepsilon_k} = \frac{\sigma w_k}{\sigma - 1}\left(\frac{\tau_k}{\varphi q_k} + \frac{\eta_k}{\sigma}\right) \tag{7-6}$$

从而，用目的国货币衡量的产品 φ 的出口额可以表示为(7－2)式与(7－6)式的乘积：

$$\left(\frac{\sigma}{\sigma - 1}\right)^{1-\sigma} \frac{w}{\varphi} w_k^{-\sigma} Y_k P_k^{\sigma-1} \left(1 + \frac{\eta_k q_k \varphi}{\sigma \tau_k}\right)\left(\frac{\tau_k}{\varphi q_k} + \eta_k\right)^{-\sigma} \tag{7-7}$$

产品 1 与产品 2 的出口额之比为：

$$\frac{R_1}{R_2} = \frac{\left(1 + \frac{\eta_k q_k \varphi_1}{\sigma \tau_k}\right)\left(\frac{\tau_k}{\varphi_1 q_k} + \eta_k\right)^{-\sigma}\left(\frac{1}{\varphi_1}\right)}{\left(1 + \frac{\eta_k q_k \varphi_2}{\sigma \tau_k}\right)\left(\frac{\tau_k}{\varphi_2 q_k} + \eta_k\right)^{-\sigma}\left(\frac{1}{\varphi_2}\right)} \tag{7-8}$$

根据(7－8)式，进一步可以得到实际汇率对两产品相对出口额 R_1/R_2 的影响：

$$\frac{\partial(R_1/R_2)}{\partial q_k}=(\sigma-1)(\varphi_2-\varphi_1)\times \frac{\eta_k\tau_k^2\sigma\left(\eta_k+\frac{\tau_k}{\varphi_1 q_k}\right)^{-\sigma}\varphi_2(\tau_k(1+\sigma)+\eta_k q_k)}{\left(\eta_k+\frac{\tau_k}{\varphi_2 q_k}\right)^{-\sigma}\varphi_1(\tau_k+\varphi_1\eta_k q_k)(\tau_k+\varphi_2\eta_k q_k)(\tau_k\sigma+\varphi_2\eta_k q_k)^2} \tag{7-9}$$

由于$\sigma>1$，$\varphi_1>\varphi_2$，从而$\partial(R_1/R_2)/\partial q_k<0$，即实际汇率升值导致企业内部两种产品出口额比例出现上升。也就是说，实际汇率升值导致企业内部资源的重新配置，使企业更集中于出口其富有效率的产品，而减少相对效率较低的产品的出口。据此给出假说3。

假说3：本国实际汇率升值时，多产品出口企业核心产品和非核心产品的出口收入之比上升，即本国货币升值提高了多产品企业的产品出口集中度，使企业集中于出口其效率较高的产品。

接下来，使用中国微观企业数据进行实证分析，以验证理论假说：(1)实际汇率升值会降低本国出口商品的价格和出口数量；相比低生产率企业，汇率升值时，高生产率企业出口商品价格降低的幅度更大，出口数量减少得较少；在多产品企业内部，汇率变动对核心产品的出口价格影响力度更大，从而，面对汇率升值，核心产品出口数量减少得更少；(2)实际汇率升值减少了企业出口商品的范围，此外，有助于延长核心产品的出口持续期，缩短非核心产品的出口持续期；(3)实际汇率升值增加了企业不同产品的相对出口额之比，即增加了产品出口集中度，使企业集中于出口其富有效率的产品。

第三节　模型构建、指标测度及数据

一、计量模型构建

首先，为了考察人民币汇率变动与多产品企业出口产品价格之间的关系，在既有理论和实证研究文献的基础上，构建以下回归模型考察汇率变动对多产品企业出口产品价格的影响：

$$\ln p_{ijkt} = \alpha_0 + \alpha_1 \ln reer_{it} + \alpha_2 X_{it} + v_i + v_t + \varepsilon_{ijkt} \quad (7-10)$$

其中，下标 i、j、k、t 分别表示企业、产品、国家和年份。p_{ijkt} 表示企业-产品-国家-年份维度的产品价格，$reer_{it}$ 为企业层面的人民币实际有效汇率指标，v_i 和 v_t 分别表示企业和年份固定效应，ε_{ijkt} 表示随机扰动项。控制变量 X_{it} 具体包括：企业生产率（*tfp*）、企业规模（*scale*）、平均工资（*wage*）、企业利润率（*profit*）、融资约束（*finance*）、企业类型的虚拟变量（*foreign*），$foreign = 1$ 表示外资企业，否则为内资企业；加工贸易企业的虚拟变量（*style*），$style = 1$ 表示加工贸易企业，否则为其他企业；多产品企业中产品的出口排序（*ranking*）。

同样地，这里分别构建以下模型考察人民币汇率变动对多产品企业出口数量、出口产品范围以及出口集中度的影响：

$$\ln Q_{ijkt} = \alpha_0 + \alpha_1 \ln reer_{it} + \alpha_2 X_{it} + v_i + v_t + \varepsilon_{ijkt} \quad (7-11)$$

$$\ln NUMBER_{ikt} = \alpha_0 + \alpha_1 \ln reer_{it} + \alpha_2 X_{it} + v_i + v_t + \varepsilon_{ikt} \quad (7-12)$$

$$\ln S_{ikt} = \alpha_0 + \alpha_1 \ln reer_{it} + \alpha_2 X_{it} + v_i + v_t + \varepsilon_{ikt} \quad (7-13)$$

其中，Q_{ijkt} 表示企业-产品-国家-年份维度的出口量，$NUMBER_{ikt}$ 表示 t 期企业 i 出口到 k 国的产品种类，S_{ikt} 表示 t 期企业 i 出口到 k 国的核心产品出口额与非核心产品出口额的比值①。

二、指标测度

（一）人民币实际有效汇率指标的测度

人民币实际有效汇率指标的测度同第三章第三节。

① 按照查特吉和迪克斯-卡内罗（Chatterjee and Dix-Carneiro，2013）的方法，对多产品出口企业的所有出口产品按照其出口额进行排序，其中排名第一的产品为核心产品，其他产品为非核心产品。

（二） 出口产品范围（*NUMBER*）和出口集中度（S）

借鉴查特吉和迪克斯-卡内罗（Chatterjee and Dix-Carneiro，2013）的方法，本章使用企业 i 出口到 k 国的产品种类来衡量多产品企业的出口产品范围，使用企业 i 出口到 k 国的核心产品出口额与非核心产品出口额的比值来衡量多产品企业的出口集中度。

（三） 企业生产效率（*tfp*）

本章采用 OP 法进行测算。OP 法的主要特点是使用投资作为企业受到生产率冲击时的调整变量，因此估算企业的投资是使用该方法的重要环节。借鉴毛其淋和盛斌（2013）的做法，采用永续盘存法进行估算：$I_{it} = K_{it} - (1-\sigma)K_{it-1}$，其中 I_{it} 和 K_{it} 分别为企业 i 在 t 年的投资和资本存量，折旧率 σ 使用埃米蒂和科林斯（Amiti and Konings，2007）、余淼杰（2010）以及毛其淋和盛斌（2013）使用的 15%。

首先，关于生产函数的测算，由于以货币变量的形式来衡量产出可能会导致估计误差（Felipe et al.，2004），基于此，本章将使用相应的价格指数对企业的产出进行平减。其次，考虑到中国加入 WTO 会使企业的生产规模得以扩大，而由此产生的正向需求冲击会影响企业的生产率，这样一来便会加重计算全要素生产率时的联立性偏差问题。鉴于此，在计算企业生产率时，这里也考虑了中国在 2001 年加入 WTO 这一事件。再次，前文已经多次强调，我国在 2005 年开始实行人民币汇率制度改革，这里为了能够体现汇率制度改革对企业生产率的可能影响，在计算全要素生产率时引入了一个虚拟变量，将 2005 年赋值为 1，否则为 0。最后，借鉴比塞布鲁克（Biesebroeck，2005）、毛其淋和盛斌（2013）的做法，进一步将企业的出口决策作为企业投资函数的一个关键变量纳入投资函数的估计中①。

本章在估算企业生产率时，使用工业增加值来衡量产出，并用分行业的

① OP 法测算的企业全要素生产率可以表示为：$\mathrm{TFP}_{it}^{OP} = \ln Y_{it} - \beta_k^{OP} \ln K_{it} - \beta_l^{OP} \ln L_{it}$。

工业品出厂价格指数对产出变量进行平减。由于2001年和2004年的样本数据中缺失了工业增加值变量，这里借鉴刘小玄和李双杰(2008)的方法进行补齐。具体地，使用工业总产值减中间品投入加增值税来衡量2001年的工业增加值；使用销售收入加期末存货，减期初存货，减中间品投入，加增值税来衡量2004年的工业总产值。关于投入变量，借鉴盛丹等人(2011)的方法，使用固定资产净值余额做资本存量的代理指标，并用以1999年为基期的固定资产价格指数进行平减，劳动力变量使用全年职工就业人数来衡量。

（四）其他控制变量

(1) 企业规模(*scale*)。企业规模与出口之间的关系已引起国内外学者的广泛关注(Berman et al.，2012)，一般而言，企业规模往往与其物质资本、人力资本及市场竞争力正相关，从而规模相对大的企业更有能力从事出口活动。本章采用企业销售额取对数来衡量企业规模。

(2) 平均工资水平(*wage*)。新新贸易理论认为，从事出口的企业往往拥有较高的劳动生产率和较强的盈利能力，因此，与只供国内消费的企业相比，出口企业支付给工人的工资也往往较高。伯纳德和詹森(Bernard and Jenson，1995)对美国的研究发现出口企业的工资水平普遍高于非出口企业。本章在回归方程中加入平均工资变量，以考察平均工资对企业出口行为的影响，使用1999年为基期的居民消费价格指数对名义量进行平减。

(3) 企业利润率(*profit*)。由于企业进行出口行为往往需要投入大量的资金和相关要素，因此企业利润率也是企业出口的影响因素之一。本章采用企业净利润与企业销售额的比值来衡量企业利润率，其中企业净利润使用“利润总额与补贴收入的差额”来表示。

(4) 融资约束(*finance*)。进入出口市场的沉没成本、信息收集成本、销售网络建立成本等都要求企业有较好的财务状况或融资能力。贝洛内等人

(Bellone et al., 2009)利用法国企业数据证实了企业的外部融资状况是影响企业出口绩效的关键因素,只有财务状况比较好的企业才能够进入出口市场并扩大出口。本章借鉴孙灵燕和李荣林(2011)的做法,采用利息支出与固定资产的比值来衡量融资约束,该值越大则表明企业面临的融资约束程度越小,预期该变量的符号为正。

(5) 本章加入所有制变量主要是为了考察不同类型企业出口行为的差异性。对于外商资本占比较大的企业,多为出口导向型企业,且其出口贸易方式也多为加工贸易,包群等人(2011)的研究发现,与内资企业相比,外资企业通常具有更高的出口倾向和出口量。具体地,引入企业类型虚拟变量(*foreign*),当企业为外资企业时将其赋值为 1,否则为 0。

(6) 多产品企业中产品的出口排序(*ranking*)。按照查特吉和迪克斯-卡内罗(Chatterjee and Dix-Carneiro, 2013)的方法,对多产品出口企业的所有出口产品按照其出口额的大小进行排序,其中排名第一的产品 $ranking = 1$,排名第二的产品 $ranking = 2$,以此类推。根据(7-3)式,容易得到 $\partial(p_k(\varphi))/\partial r > 0$,$\partial(x_k(\varphi))/\partial r < 0$,所以预期该变量的符号在价格方程中为正,在数量方程中为负。

三、数据说明

本章实证分析中使用的是 2000—2007 年中国海关数据库和工业企业数据库匹配得到的出口企业的数据。对上述两套数据进行匹配是一项相当繁琐的工作。借鉴田巍和余淼杰(2012)、厄普瓦尔德等人(Upward et al., 2013)的方法来匹配上述两套数据。对于匹配成功的样本,进行了如下处理:(1)删除雇员人数小于 8 人的企业样本;(2)删除企业代码不能一一对应,贸易额为零值或负值的样本;(3)删除工业增加值、中间投入额、固定资产净值年平均余额以及固定资产中任何一项存在零值或负值的企业样本;(4)删除企业销售额、平均工资存在零值或负值的企业样本;(5)删除企业年龄小于零的企业样本;(6)贸易中间商可能存在价格调整,出口产品价格和数量信息并不能真实反映生产企业的产品质量信息，因此剔除掉贸易中间商样本，即企业名称中带有“贸易”和“进出口”字样的企业(Amiti et al.，2012；Yu，2013)。

计算经贸易加权的人民币实际有效汇率时，在本章使用的匹配完成的企业样本中，根据企业与各国的贸易权重，采用了23种货币(34个国家和地区)①兑人民币的汇率进行计算：美元、欧元、英镑、港币、日元、韩元、新台币、新加坡元、马来西亚林吉特、印度尼西亚卢比、泰铢、菲律宾比索、澳元、加拿大元、瑞典克朗、瑞士法郎、俄罗斯卢布、巴西雷亚尔、墨西哥比索、南非兰特、匈牙利福林、新西兰元、印度卢比。从样本数据来看，我国企业出口到这些国家和地区的平均出口值占出口总值的86%以上(相应的平均贸易额比重为81%)。其他出口目的地货币的汇率，借鉴李宏彬等人(2011)的方法，使用美元兑人民币的汇率来代替(表7-1)。

表7-1　各主要变量的描述性统计特征

变量	样本量	均值	标准差	最小值	最大值
lnp	3416945	1.68010	1.09140	−1.69748	18.11629
lnQ	3416945	8.01870	1.17480	−1.63720	23.22982
lnNUMBER	3421281	1.71409	0.85577	0.69315	3.89182
lnranking	3421281	1.08797	0.89212	0	3.89182
lnreer	3421281	4.56519	0.11896	3.79945	4.95765
lnscale	3421281	11.40967	1.64668	3.46574	19.05195
lntfp	3291442	7.39370	1.33325	−2.37134	15.03607
lnwage	3419416	8.84270	1.47795	0.25289	15.83150
profit	3421281	0.03357	0.11620	−7.70815	8.37889
finance	3421281	0.04653	0.17794	−8.17004	9.60400
foreign	3421281	0.83002	0.37561	0	1
style	3421281	0.24300	0.42890	0	1

① 与前文相同。

第四节　实证分析及结果

一、人民币汇率对多产品企业出口产品价格和出口量的影响

（一）基准估计结果

表7-2的第(1)—(4)列显示了使用跨度为2000—2007年的非平衡面板数据所得的基准回归结果。首先分析人民币汇率与多产品企业出口价格之间的关系，第(1)列和第(2)列的回归结果显示，人民币实际有效汇率的估计系数均显著为负，这初步表明人民币实际有效汇率升值显著地降低了多产品企业的出口价格，这与理论假说的结论一致。同时，该结论也在一定程度上表明人民币实际有效汇率具有不完全的汇率传递效应，这与陈六傅和刘厚俊(2007)、李宏彬等人(Li et al.，2012)、刘青等人(Liu et al.，2013)的结论一致。面对人民币升值，出口商会通过降低商品的本币出口价格以缓解升值对出口的冲击，从而出口商品在最终市场上的以外币表示的价格上升幅度会小于人民币升值的幅度，即存在不完全的汇率传递效应，也说明出口商具有一定的盯市能力。同时第(3)列和第(4)列的回归结果表明，人民币汇率升值对企业的出口产品数量具有显著的消极影响，证实了理论假说的论断。

借鉴余淼杰(2011)的做法，本章以是否接受境外投资为依据，使用一个虚拟变量来标示外资企业(*foreign*)以示区分。在这里，企业只要有涉及包括港澳台在内的任何境外投资则算为外资企业。表7-2的回归结果显示外资企业相对于非外资企业具有较高的出口价格和出口量。

此外，标示加工贸易企业的虚拟变量(*style*)的估计系数在第(2)列显著为负，在第(4)列显著为正，这表明加工贸易企业相对于其他非加工贸易企业具有较低的出口价格和较高的出口量。

表 7-2　基准估计结果：人民币汇率与多产品企业出口动态

	出口价格		出口数量	
	(1)	(2)	(3)	(4)
lnreer	−0.0694***	−0.0636***	−0.3525***	−0.3539***
	(−4.400)	(−4.609)	(−9.981)	(−8.611)
lnranking	0.0300***	0.0375***	−0.0625***	−0.0279***
	(4.166)	(3.852)	(−5.721)	(−5.433)
lnscale	0.0030***	0.0052***	−0.0132	0.0012***
	(2.852)	(2.700)	(−0.980)	(5.278)
lntfp	0.1172***	0.1061***	0.0290	0.0605***
	(9.098)	(5.680)	(1.466)	(7.468)
lnwage	0.4392***	0.0171***	0.8253***	0.0446***
	(6.536)	(5.165)	(4.258)	(7.812)
profit	0.0393***	0.0541***	0.0190***	0.0111
	(10.244)	(12.874)	(6.332)	(1.111)
finance	0.0027	0.0011	0.0189**	0.0001
	(0.465)	(0.436)	(2.102)	(0.041)
foreign		0.2239***		0.1866***
		(5.344)		(2.755)
style		−0.0680***		0.0107***
		(−7.344)		(7.956)
常数项	3.9673***	6.9469***	5.4417***	4.0059***
	(6.879)	(6.438)	(7.478)	(7.110)
企业效应	是	是	是	是
年份效应	是	是	是	是
样本量	3416945	3416945	3416945	3416945
R^2	0.79	0.82	0.76	0.87

注：(　)内数值为纠正了异方差后的 t 统计量；***、** 和 * 分别表示 1%、5%和 10%的显著性水平。

此外，2005 年我国开始实行以市场供求为基础、参考一篮子货币进行调节、有管理的浮动汇率制度，因此，2005 年可能是一个结构性断点。为此，这里首先对人民币汇率指标进行了 Chow 断点检验，并以多产品企业的出口价格为例，以 2005 年为断点分时段考察了人民币汇率对多产品企业出口行为的影响，

Chow 断点检验结果表明，接受“人民币汇率在 2005 年不存在断点”的原假设，而且检验效果较为理想（表 7－3），表明本章结论不会受到结构性断点问题的影响。

表 7－3　Chow 断点检验：人民币汇率与多产品企业出口动态

F 统计值	*P* 值	Wald 统计量	*P* 值
10.673	0.120	15.025	0.104

为了进一步验证上述结论的可信性，进一步将样本划分为 2000—2005 年以及 2006—2007 年两个子样本，分别进行计量检验，结果表明人民币汇率指标对多产品出口企业出口价格的影响在两个时间段并不存在显著差异（表 7－4）。这再次验证了本章结论不会受到结构性断点问题的影响。

表 7－4　子样本回归：人民币汇率与多产品企业出口动态

	2000—2005 年	2006—2007 年
lnreer	0.012 2***	0.012 3***
	(3.350)	(3.443)
lnscale	0.056 5***	0.068 1***
	(5.169)	(5.102)
lntfp	0.005 7***	0.005 8***
	(9.338)	(9.329)
lnwage	0.707 2***	0.707 1***
	(6.727)	(6.713)
profit	0.068 8***	0.068 7***
	(14.808)	(14.782)
finance	0.337 1*	0.320 6*
	(1.867)	(1.811)
subsidy	0.004 8**	0.009 1***
	(2.103)	(2.594)
foreign	0.005 7**	0.102 3**
	(2.174)	(2.083)

续表

	2000—2005 年	2006—2007 年
style	0.0092***	0.0079***
	(4.578)	(4.378)
常数项	0.0808***	0.4010***
	(24.152)	(22.501)
企业效应	是	是
年份效应	是	是
样本量	1021036	340344
R^2	0.239	0.233

注：同表 7-2。

（二） 考虑企业生产率和产品出口排序的回归结果

根据前文理论假说，首先，对于多产品企业而言，其生产率越高，汇率对产品出口价格的影响效应越大，对产品出口数量的影响越小。其次，汇率对多产品企业中核心产品出口价格的影响大于对非核心产品的影响，从而核心产品的数量反应较非核心产品微弱。为验证上述假说的准确性，在方程(7-10)、(7-11)的基础上，分别加入人民币汇率与企业生产率(*lntfp*)和产品在多产品企业出口到某国家的所有产品中的出口值排名(*lnranking*)的交互项，回归结果见表 7-5。

生产率方面，人民币汇率与企业生产率(*lntfp*)交互项的回归系数在第(1)列显著为负，在第(3)列显著为正(表 7-5)。这说明，随着企业生产率水平的提高，人民币汇率变动对产品出口价格的影响越大，即人民币升值使生产率高的企业出口产品价格下降得更多，从而其相应的出口量减少的幅度小于生产率相对低的企业，第(3)列产品出口数量的回归结果验证了这一结论。从企业出口产品的排名来看，人民币汇率与产品出口值排名(*lnranking*)交互项的系数在第(2)列显著为正，在第(4)列显著为负。该结果表明，相比在企业出口值排名中位置靠前的企业而言，人民币汇率变动对排名靠后的出口产品价格影响较为微弱，从而当人民币升值时，*ranking* 值越大的产品，其出口价格下降越小，出口产品的外币价格上升幅度较大，从而产品出口量下降更多。第(4)列的回归结果证实了理论假说的结论。

表 7-5　考虑企业生产率和产品出口排序的回归结果

	出口价格		出口数量	
	生产率(1)	出口量排名(2)	生产率(3)	出口量排名(4)
lnreer	−0.0636***	−0.0694***	−0.3539***	−0.3586***
	(−4.609)	(−4.400)	(−7.611)	(−9.981)
lnreer×*lntfp*	−0.0300***		0.0625***	
	(−4.166)		(5.721)	
lnreer×*lnranking*		0.0030***		−0.0132***
		(12.852)		(−7.980)
lntfp	0.0163***	0.0133***	0.0320***	0.0326***
	(4.086)	(3.686)	(5.261)	(5.382)
lnranking	0.1061***	0.1172***	−0.0605***	−0.0290
	(5.680)	(9.098)	(−7.468)	(−1.466)
lnscale	0.0191***	0.0203***	0.0120***	0.0367***
	(8.189)	(7.373)	(6.138)	(8.732)
lnwage	0.0532***	0.0416***	0.0943***	0.0527***
	(4.282)	(4.009)	(8.830)	(4.372)
profit	0.0138	0.0099***	0.0032	0.0144
	(1.280)	(6.138)	(0.348)	(1.459)
finance	0.0046	0.0106	0.0124***	0.0003
	(1.372)	(0.982)	(5.158)	(0.141)
foreign	0.3537***	0.1373***	0.4890***	0.1647**
	(5.742)	(6.024)	(4.963)	(2.198)
style	−0.3563***	−0.0666***	0.5945***	0.8220***
	(−8.099)	(−8.510)	(5.684)	(5.262)
常数项	3.4615***	2.2659***	3.9802***	1.7800***
	(4.810)	(2.830)	(4.820)	(3.074)
企业效应	是	是	是	是
年份效应	是	是	是	是
样本量	3416945	3416945	3416945	3416945
R^2	0.63	0.66	0.70	0.73

注：同表 7-2。

二、汇率对企业出口产品范围和出口产品集中度的影响

前文理论假说认为：实际汇率升值时，出口企业会减少出口商品的种类，即出口产品范围缩小。同时，实际汇率升值时，多产品出口企业核心产品和非核心产品的出口收入之比上升，即升值提高了多产品企业的产品出口集中度，使企业集中出口其效率高的产品，为了验证上述结论，本章基于方程(7－12)和(7－13)进行实证分析。

估计结果表明，人民币汇率对企业出口产品范围的影响系数为负，并且通过了1%的显著性水平检验[表7－6第(1)列]，这与查特吉和迪克斯-卡内罗(Chatterjee and Dix-Carneiro，2013)对巴西的研究结论一致。对其可能的解释是：人民币汇率升值前，企业从其所有商品的出口中获得的利润均为正，这也是企业出口某种产品的前提条件。从产品出口额排序来看，排名最后的产品(边际产品)是企业实现正利润的边缘产品(出口产品种类再增加就会产生负利润，从而降低总利润)。当人民币实际汇率升值时，多产品出口企业的出口价格下降，但由于不完全的汇率传递机制，其出口产品在目的国的消费价格会上升，从而该企业所有出口产品的利润都会下降，其中部分出口产品的利润甚至变为负值，从而企业会停止这部分产品的出口，即人民币升值会减少多产品企业出口产品的种类。

表7－6　汇率对企业出口产品范围和出口产品集中度的影响

	出口产品范围	出口产品集中度
	(1)	(2)
lnreer	－0.0246***	0.0311***
	(－7.416)	(4.996)
lnranking	0.095**	－0.171***
	(2.037)	(－5.159)
lntfp	0.0017***	0.0131***
	(3.992)	(11.380)
lnscale	0.0763***	0.5457

续表

	出口产品范围	出口产品集中度
	(1)	(2)
	(13.889)	(1.019)
lnwage	0.022 4***	−0.006 6
	(4.720)	(−1.404)
profit	0.002 3	0.007 4**
	(0.695)	(2.250)
finance	0.771 0***	0.554 9***
	(6.645)	(4.850)
foreign	0.207 5***	0.736 6***
	(16.131)	(12.373)
style	0.128 7***	−0.085 9***
	(8.38)	(−12.32)
常数项	1.631 3***	1.633 7***
	(6.077)	(6.061)
企业效应	是	是
年份效应	是	是
样本量	682 572	682 572
R^2	0.78	0.81

注：同表 7 - 2。

表 7 - 6 第(2)列结果表明，人民币汇率对多产品企业出口产品集中度的影响系数显著为正，人民币实际汇率升值提高了企业出口产品的集中度，即人民币升值使企业集中出口核心产品。此外，其他变量的符号符合理论预期。

三、稳健性检验①

（一） 考虑企业动态问题

前面的分析是基于静态样本进行的，并没有考虑企业或者产品在出口市场的进入退出情况，然而企业或者产品在出口市场的频繁进出可能会影响样本估

① 这里稳健性分析部分仅给出了出口产品价格的结果，关于出口量、出口产品范围及出口集中度的估计结果见附录中的附表 7—9。

计的准确性。基于此，本章将仅使用持续存在的企业-产品-国家-年度样本进行实证分析，以考察结论的稳健性。

具体分解借鉴邓希炜和张轶凡（Tang and Zhang, 2012）的方法，将企业在第 t 年和第 $t-1$ 年的出口增长的来源分解为新进入企业（N），退出企业（E），以及持续存在的企业（C）：

$$\Delta x_t = \sum_{i \in N} x_{it} - \sum_{i \in E} x_{it-1} + \sum_{i \in C} \Delta x_{it} \tag{7-14}$$

其中，i 表示企业，t 表示时间。对于持续存在的企业（$i \in C$），进一步将其出口增长分解为企业-产品组合的增减以及持续存在的企业-产品组合的贸易量的增减：

$$\sum_{i \in C} \Delta x_{it} = \sum_{p \in A_i} x_{ipt} - \sum_{p \in D_i} x_{ipt-1} + \sum_{p \in G_i} \Delta x_{ipt} + \sum_{p \in S_i} \Delta x_{ipt} \tag{7-15}$$

其中，p 表示一组交易的类型，具体包括：新的产品贸易关系（A_i）；减少的产品贸易关系（D_i）；持续存在的产品贸易关系贸易量的增加（G_i）和贸易量的减少（S_i）。作为稳健性分析，本章将仅使用持续存在的企业-产品-国家-年度样本基于方程（7－10）进行实证分析。结果见表 7－7 第（1）列，回归结果没有发现实质性变化。

表 7－7　稳健性检验：人民币汇率与多产品企业出口动态

	持续存在的企业-产品-国家组合(1)	2SLS 估计(2)	几何加权的汇率指标 2SLS 估计(3)
lnreer	−0.0734***	−0.0684***	−0.0752***
	(−3.487)	(−5.999)	(−4.259)
lnranking	0.0662***	0.0019***	0.0345***
	(5.305)	(8.423)	(4.027)
lnscale	0.0013***	0.0230***	0.0250***
	(3.637)	(9.808)	(8.160)
lntfp	0.0532***	0.0416***	0.0943***
	(3.282)	(3.009)	(8.830)

续表

	持续存在的企业-产品-国家组合(1)	2SLS 估计(2)	几何加权的汇率指标 2SLS 估计(3)
lnwage	0.0144	0.0099***	−0.0032
	(1.459)	(6.138)	(−0.348)
profit	0.0003	0.0003	0.0014
	(0.141)	(1.053)	(1.418)
finance	0.0647**	0.0614***	0.1043
	(2.198)	(5.966)	(0.679)
foreign	0.3563***	0.0666***	0.5945***
	(8.099)	(8.510)	(5.684)
style	−0.4615***	−0.2659***	−0.9802***
	(−8.810)	(−5.830)	(−4.820)
K-P rk LM 统计量		415.257[0.000]	386.257[0.000]
K-P Wald rk F 统计量		226.527[7.472]	247.373[7.732]
A-R Wald 统计量		4.38[0.027]	4.59[0.017]
S-W LM S 统计量		5.36[0.042]	4.98[0.028]
行业效应	是	是	是
地区效应	是	是	是
年份效应	是	是	是
样本量	2457252	364003	364003

注：(　)内数值为纠正了异方差后的 t 统计量，[　]内数值为相应统计量的 p 值；***、**和*分别表示 1%、5%和 10%的显著性水平。K-P 为 Kleibergen-Paap，A-R 为 Anderson-Rubin，S-W 为 Stock-Wright。结果省略了常数项和被解释变量的滞后一期项。

(二) 人民币汇率的内生性问题

由于贸易加权的实际有效汇率指标的测算过程中涉及多国数据，并且从指标构造来看，汇率变动会对贸易权重产生影响，从而在指标度量中难免存在测量误差，因此，人民币实际有效汇率变量可能是内生的，不满足经典线性回归中严格外生性的要求，从而导致估计偏差。为解决这种内生性问题，通常的改进方法是寻找一个与人民币汇率紧密相关但独立于或者弱相关于企业生产率的变量作为工具变量进行两阶段最小二乘法估计。为此，本章使用人民币实际有效汇率指标的滞后一期值和滞后两期值为工具变量。

基于工具变量的 2SLS 估计结果报告在表 7－7 第(2)列。从中可以看出，人民币实际有效汇率对多产品企业出口产品价格的影响显著为负，说明人民币实际有效汇率升值降低了多产品出口企业的出口产品价格，这与前文的基准分析的结果吻合。这也说明，在进一步考虑人民币实际有效汇率的内生性问题之后，本章结论依然稳健。另外，这里还通过多种统计量来检验所选工具变量的合理性。首先，关于未被包括的工具变量是否与内生变量相关这一问题，采用克莱因别尔根和帕普(Kleibergen and Paap, 2006)的 LM 统计量来进行检验，结果拒绝了“工具变量识别不足”的原假设，即未被包括的工具变量与内生变量不相关。其次，使用克莱因别尔根和帕普(Kleibergen and Paap, 2006)的 Wald rk F 统计量来检验工具变量是不是有效的，回归结果显示 Wald rk F 统计量大于 Stock-Yogo 检验 10%水平上的临界值，这表明本部分使用的工具变量不是弱识别的。最后，安德森和鲁宾(Anderson and Rubin, 1949)的 Wald 检验以及 Stock 和 Wright 的 S 检验都表明本章使用的工具变量与内生变量之间具有较强的相关性。据此可以认为本章选取的工具变量是合理的。这也说明，在进一步考虑人民币实际有效汇率的内生性问题之后，本章结论依然稳健。

(三) 人民币实际有效汇率的指标选择

考虑到估计结果可能受人民币实际有效汇率指标选择的影响，本章在此又选取了另外一个人民币实际有效汇率测度指标对模型进行了重新估计，以保证结果的可靠性。一般认为实际有效汇率的定义主要有两种形式：算术加权形式和几何加权形式(李宏彬等，2011)。布罗德斯基(Brodsky, 1984)基于 156 个国家的样本数据进行分析，以比较算术加权形式和几何加权形式得到的有效汇率，结果发现几何加权形式的有效汇率是一个无偏的有效汇率指数。因此在这里为了考察本章结论的稳健性，使用由几何加权方法得到的实际有效汇率指标进行估计，结果见表 7－7 第(3)列。从回归结果可以看出，人民币实际有效汇率对产品出口价格的估计系数为负，并且通过了 1%水平的显著性检验，表明人民币实际有效汇率升值的确显著地降低了多产品出口企业的出口产品价格。

第五节　人民币汇率与多产品企业的出口持续期

尽管前述研究较为细致地考察了人民币汇率对多产品出口企业产品出口价格和出口量等方面的影响,但均未涉及多产品企业的出口持续期问题。佟家栋等人(2014)研究发现人民币汇率升值倾向于缩短企业的出口持续时间,那么这一结论在考虑多产品出口企业的产品出口排序时还会成立吗?也就是说,人民币汇率变动对多产品出口企业中核心产品和非核心产品出口持续期的影响是否一致?很显然,这也是评价人民币汇率与多产品出口企业之间关系的一个重要方面。然而遗憾的是,据笔者掌握的资料来看,国内外学术界目前还尚未从多产品企业内部产品结构的视角来研究人民币汇率与出口持续期之间的关系。根据理论假说推测,人民币实际汇率升值有助于延长核心产品的出口持续期,缩短非核心产品的出口持续期。接下来使用生存分析模型进行实证分析,以考察上述假说的准确性。

首先,将某个企业从有出口行为直至其终止出口行为(中间没有间断)所经历的时间长度定义为企业的出口持续时间,以年为单位。“风险事件”是指企业终止其出口行为的事件,它主要包括以下几种情形:企业仍在经营但其出口量为零,或者是企业倒闭因而完全退出市场。本章以 2000—2007 年间持续经营的企业为考察对象,所以本章中的“风险事件”是由前一种情形引起的。但是不容忽视的是,如果直接利用 2000—2007 年的样本数据进行生存分析将不可避免的遇到诸如左侧删失和右侧删失在内的数据删失问题。当无法获知比样本数据时间更早年份的企业出口状态时,左侧删失问题会出现,而忽略左侧删失问题往往会导致对企业出口持续时间的低估。因此,在具体分析时,需要使用新的分析样本进行,具体地,使用在 2000 年无出口行为但在 2001—2007 年期间有出口行为的企业进行分析。最终,本章的样本中企业出口持续时间最长为 7 年。另外,当无法获得样本期之后年份的企业出口状态信息时,右侧删失问题便会出现，不过生存分析方法可以很好地解决右侧删失问题，因此无需考虑(陈勇兵等，2012；毛其淋和盛斌，2013)。

在生存分析方法中，常用生存函数来描述生存时间的分布特征。根据既有的研究文献，将产品出口的生存函数定义为产品在样本中出口持续时间超过 t 年的概率，表示为：

$$S(t) = \Pr(T > t) = \prod_{m=1}^{t} 1 - h_m \tag{7-16}$$

其中，T 表示产品保持出口状态的时间长度，h_m 为风险函数，表示产品在第 $t-1$ 期有出口活动的条件下，在第 t 期退出出口市场的概率。进一步地，生存函数的非参数估计通常由 Kaplan-Meier 乘积项的方式给出：

$$S(t) = \prod_{m=1}^{t} ((N_m - D_m)/N_m) \tag{7-17}$$

在上式中，N_m 表示在 m 期中处于风险状态中的持续时间段的个数，D_m 表示在同一时期观测到的“失败”对象的个数(即退出出口市场的产品数)。

进一步地，采用 Kaplan-Meier 估计式(7-17)来初步分析人民币汇率对核心产品和非核心产品出口持续期的影响。第一步，为了保证生存分析样本的充足性，与前文定义方式不同，按照企业产品出口额的高低将产品分为核心产品和非核心产品。首先计算在考察期内各产品出口额的中位数值，接下来把出口额大于中位数值的产品视为核心产品，其余的为非核心产品。

第二步，在上述分组的基础上，针对两种不同产品组，进一步按照人民币实际有效汇率水平的高低对样本进行分组。首先分别计算在考察期内不同产品组企业人民币实际汇率水平的中位数值，接下来把小于中位数值的样本视为低汇率组企业，其余的为高汇率组企业。

图 7-2 给出了两类产品出口持续期的 Kaplan-Meier 生存曲线。从中可知，对于非核心出口产品而言，人民币实际有效汇率水平较低组别的生存曲线在大多数的持续时间段都位于人民币实际有效汇率水平较高组别之上，表明人

民币实际有效汇率升值缩短了非核心产品的出口持续时间。与此相反，对于核心产品而言，人民币实际有效汇率升值却延长了其出口的持续时间。此外，图 7-2 还显示，高汇率组和低汇率组企业的 Kaplan-Meier 生存曲线随着时间的推移其差异也变得越来越大。

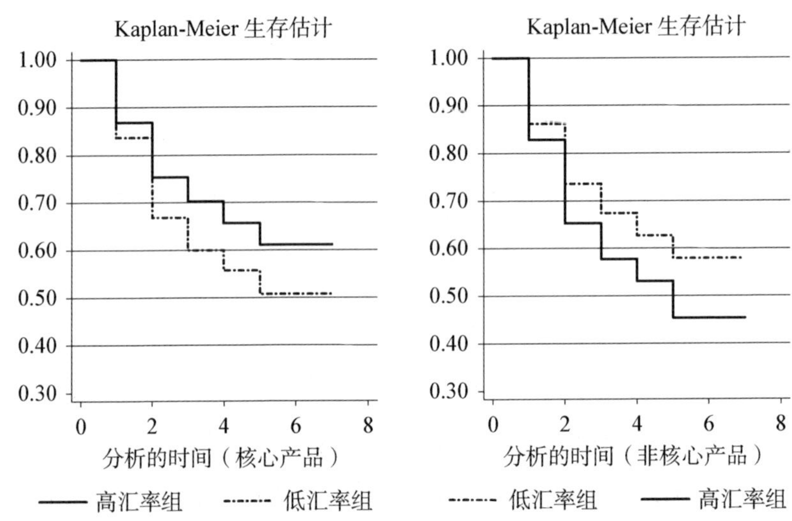

图 7-2　核心产品和非核心产品出口持续时间的生存曲线

以上 Kaplan-Meier 生存曲线分析初步表明，汇率对多产品出口企业产品出口持续期的影响受到产品在企业出口排序中地位的约束，但是还不能由此断定人民币实际汇率升值有助于延长核心产品的出口持续期，缩短非核心产品的出口持续期。考虑到汇率与产品出口持续期之间的关系可能会受到出口该产品的企业的生产率和企业规模等企业异质性特征以及一些非观测因素的影响，为了能够准确地考察人民币汇率对产品出口持续期的作用，接下来，使用离散时间的 cloglog 生存模型进行回归分析，具体模型如下。

其中，加入一个人民币汇率独立项及其与产品是否为核心产品的虚拟变量的交互项，来说明人民币汇率对核心产品和非核心产品出口持续期之间关系的影响。

$$c\log\log(1-h_{ijt})=\alpha_0+\alpha_1\ln reer_{it}\times h+\alpha X_{it}+\tau_t+v_q+v_t+\varepsilon_{ijt} \tag{7-18}$$

其中，$h_{ijt}=Pr(T_i<t+1\mid T_i\geqslant t,\ x_{ijt})=1-\exp[-\exp(\beta' x_{ijt}+\tau_t)]$ 代表离散时间风险率；τ_t 为基准风险率，它为时间的函数，可用于检验时间依存性的具体形式；x_{ijt} 为协变量，包括 $\ln reer_{it}$ 和控制变量集合 X_{it}；v_q 和 v_t 分别表示行业和年份特定效应，ε_{ijt} 表示随机扰动项；其他变量与(7－10)式相同。当产品为核心产品时，将 h 赋值为 1，反之为 0。

表 7－8 显示了人民币汇率对核心产品和非核心产品出口持续时间影响效应的估计结果。其中第(1)列未控制不可观测异质性，结果得到人民币实际有效汇率的估计系数为正并通过了 10%水平的显著性检验，这初步表明人民币实际有效汇率升值提高了非核心产品终止出口行为的风险率，进而倾向于缩短非核心产品出口持续时间；人民币实际有效汇率与核心产品虚拟变量交互项的估计系数为负并通过了较高水平的显著性检验，说明人民币实际有效汇率升值会降低核心产品终止出口行为的风险率，进而倾向于延长核心产品出口持续时间。第(2)列在此基础上进一步控制了不可观测的异质性，根据 *rho* 值可知，因不可观测异质性引起的方差占总误差方差的比例约为 34%，另外，*rho* 值的似然比检验也在 1%水平上拒绝了“企业不存在不可观测异质性”的原假设，因此在模型中控制不可观测异质性是合理的。在对不可观测异质性进行控制之后，人民币实际有效汇率对非核心产品出口持续时间的估计系数均在 1%水平上显著为正，其对核心产品出口持续时间的估计系数均在 1%水平上显著为负，而且与第(1)列的估计结果相比，相应变量估计系数的绝对值均有所提高，这再次表明人民币汇率升值的确缩短了非核心产品出口的持续时间，延长了核心产品出口的持续时间。此外，从回归结果还可以看出：企业生产率(*tfp*)、企业规模(*scale*)、平均工资(*wage*)以及产品排序(*ranking*)的估计系数大部分在 1%水

平上显著为负，这说明生产率越高、企业规模越大、工资水平越高的企业以及在企业出口排序中排名越靠前的产品，其产品出口持续时间越长，这与通常的预期是相吻合的。

进一步地，为了考察上述结论的稳健性，还分别对首个持续时间段（first spell）样本和唯一持续时间段（one spell only）样本进行回归。表 7－8 第(3)列和第(4)列分别报告了首个持续时间段样本和唯一持续时间段样本的估计结果，从中可以看出，人民币实际有效汇率估计系数变动不大，这再次说明人民币汇率升值缩短了非核心产品出口的持续时间，延长了核心产品出口的持续时间。此外，其他企业异质性特征变量的估计系数符号和显著性水平没有发生根本性变化，这表明本部分的估计结果总体上是很稳健的。

表 7－8　人民币汇率影响多产品企业出口行为的生存分析估计结果

	未控制不可观测异质性	控制不可观测异质性		
	cloglog 总体样本	cloglog 总体样本	cloglog 首个持续时间段	cloglog 唯一持续时间段
	(1)	(2)	(3)	(4)
lnreer	0.0259*	0.0161***	0.0084***	0.0132***
	(1.784)	(3.391)	(4.937)	(4.944)
lnreer×*h*	−0.0418***	−0.0386***	−0.0146***	−0.0215***
	(−6.271)	(−5.462)	(−3.505)	(−2.983)
lntfp	−0.0096***	−0.0131***	−0.0072***	−0.0123***
	(−13.859)	(−14.812)	(−14.649)	(−14.822)
lnranking	0.0126***	0.0119**	0.0149***	0.0245***
	(2.891)	(2.259)	(4.859)	(4.624)
lnscale	−0.0612***	−0.0553***	−0.0608***	−0.1054***
	(−10.804)	(−8.427)	(−16.552)	(−16.607)
lnwage	−0.4579***	−0.7777***	−0.5684***	−1.1420***
	(−6.147)	(−22.082)	(−19.543)	(−19.644)
profit	−0.0986***	−0.1301***	−0.0298	−0.0470
	(−2.607)	(−3.628)	(−1.597)	(−1.484)

续表

	未控制不可观测异质性	控制不可观测异质性		
	cloglog 总体样本	cloglog 总体样本	cloglog 首个持续时间段	cloglog 唯一持续时间段
	(1)	(2)	(3)	(4)
finance	−0.235 2	−0.508 0**	−0.377 7**	−0.828 2***
	(−1.249)	(−2.005)	(−2.258)	(−2.818)
foreign	0.139 9***	0.235 6***	0.025 7***	0.052 3***
	(11.594)	(4.374)	(3.069)	(3.645)
style	0.144 8***	0.140 2	0.100 3***	0.128 6***
	(8.256)	(1.103)	(6.221)	(7.333)
常数项	−0.666 9***	−0.396 0*	5.329 1***	1.234 6***
	(−3.840)	(−1.831)	(3.392)	(6.673)
行业效应	是	是	是	是
年份效应	是	是	是	是
对数似然值	−81 339.642	−73 855.501	−73 826.463	−81 241.134
rho 值		0.341 5	0.336 2	0.338 2
rho 值的似然比检验		2 482.48 [0.00]	2 628.81 [0.00]	3 032.08 [0.00]
样本量	157 824	166 949	143 672	135 626

注：(　)内数值为纠正了异方差后的 t 统计量；***、** 和 * 分别表示 1%、5% 和 10% 的显著性水平；*rho* 表示企业或产品不可观测异质性的方差占总误差方差的比例。

第六节　小结：多产品出口企业的内部资源配置

利用 2000—2007 年工业企业大样本微观数据和高度细化的海关数据，本章考察了人民币汇率变动对多产品企业出口行为的影响。本章首先提出了汇率变动与企业出口行为的三个理论假说。进一步地，以中国制造业多产品出口企业为样本，实证分析了人民币汇率对多产品企业出口产品价格、产量、出口产品范围等的影响，研究结果证实了理论假说：人民币实际有效汇率升值，企业出口价格下降，出口数量减少，且该效应受到企业生产率和产品在多产品企业出口额中排序的影响；人民币实际有效汇率升值缩小了企业的出口产品范围，并且提高了企业出口产品的集中度。

引入离散时间生存分析模型的研究发现，人民币实际有效汇率升值显著缩短了多产品企业非核心产品的出口持续期，却可以延长其核心产品的出口持续期。此外还发现，生产率越高、企业规模越大、工资水平越高的企业以及在企业出口排序中排名越靠前的产品，其出口持续期往往越长。

本章深入研究了人民币汇率变动对中国制造业多产品出口企业的影响，结果发现，平均来看人民币实际有效汇率每升值 10%，企业出口产品价格下降 0.63%，出口量下降 0.35%，并且上述效应随着企业生产率的提高而增强，随着产品在多产品企业出口值中名次的提高而上升；此外，人民币实际有效汇率每升值 10%，企业出口产品种类减少 0.25%，出口产品集中度上升 0.31%；引入生存分析模型的分析表明，人民币升值显著地缩短了多产品企业中非核心产品的出口持续时间，而延长了核心产品的出口持续时间。

上述结果预示，实际汇率升值会降低本国出口商品的价格和出口数量；并且相比低生产率企业，汇率升值时，高生产率企业出口商品价格降低的幅度更大，出口数量降低得较少。也就是说，人民币升值对高生产率企业的负面冲击相对较小。这预示着，在当前形势下，中国政府在实施出口导向型发展战略来出口本国具有比较优势产品的同时，应该逐步提高对高效率企业的出口支持，鼓励企业自主研发，增强技术创新能力，帮助竞争力强的企业积极参与到国际价值链的高科技产业生产制造环节，引导出口贸易结构不断升级。

在多产品企业内部，汇率变动对核心产品的出口价格影响力度更大，从而面对汇率升值，核心产品出口数量降低得更少。也就是说，人民币升值对核心产品的负面冲击相对较小。企业的出口产品种类并不是越多越好，“少而精”可能是出口制胜的一种重要方式。

另一方面，研究结果表明，汇率升值促使中国企业缩小了其出口产品的范围。这说明，同其他国家的企业一样，汇率升值促使中国企业更加专注于其核心能力。也就是说，人民币汇率升值可以加速企业出口产品之间的优胜劣汰，使企业集中核心优势生产并出口其最具竞争力的产品，长远来讲有益于提升中国企业的出口产品竞争力。但这同时意味着，在汇率升值的条件下，企业的出口市场并非越多元化就越好，这里面应该存在一个最优的市场多元化程度。这也是将来需要深入研究的课题。

总之，本章在一定程度上丰富了人民币汇率和多产品企业出口行为方面的研究文献，对我国继续实施人民币汇率形成机制改革，以推动企业出口产品竞争力提升具有重要的政策含义。

第八章　人民币汇率与中国制造业企业的出口产品质量

第一节　引言

人民币汇率变动对全球贸易、投资及各国的经济发展具有重要影响。我国于 2005 年 7 月 21 日实施了人民币汇率制度改革，实行以市场供求为基础、参考一篮子货币进行调节、有管理的浮动汇率制度。截至 2012 年，人民币兑美元实际有效汇率累计升值幅度接近 31%。几乎与此同时，中国经济总量在世界的排序，从 2002 年的第 6 位上升至 2011 年的第 2 位。其中，中国出口贸易以年均 18.1%的速度迅速增长(李坤望，2008)，2011—2012 年货物贸易出口额稳居全球第一。但在世界经济论坛发布的《2013—2014 年全球竞争力报告》中，中国的全球竞争力仅列第 29 位，这与中国的经济总量和出口地位形成鲜明对比，中国在全球价值链中依然处于低端阶段(许家云，2018)。有学者认为，当前唯有提升中国出口产品质量，才可能改变中国在全球价值链中的低端位置，而人民币实际汇率升值和持续的汇率形成机制改革可以促进企业生产率提高，最终使企业迈入通过提高技术创新能力以增强国际竞争力的道路(胡晓炼，2010；余永定，2003)。

当前，国内外已有大量学者就产品质量与国际贸易问题进行了深入研究，并且大量研究表明，高收入国家和地区生产并出口的产品质量往往高于低收入国家和地区(Schott，2004；Hummels and Klenow，2005；Hallak，2006)。尽管已有研究有助于增强关于出口产品质量升级影响因素方面的认识，但研究者均没有考虑一国或地区尤其是微观企业是怎样实现产品质量升级的。基于此，埃米蒂和坎德维尔(Amiti and Khandelwal，2013)首次使用美国与 56 个国家

(或地区)近 10 000 种产品的贸易数据,考察了进口关税对产品质量升级的影响。他们发现进口关税对产品质量的影响取决于产品离世界质量前沿之间的距离,并且进口关税降低或者进口竞争增强有利于高质量产品(离世界质量前沿距离近的产品)质量升级,而不利于低质量产品质量提高。与关税的作用类似,汇率变动也是影响企业出口产品质量的重要因素。芬斯特拉(Feenstra,1989)认为汇率波动产生的结果类似于关税调整,本国货币升值的效果类似于进口关税的下降和出口关税的上调,而本国货币贬值的效果则类似于进口关税的上调和出口关税的下降。

那么,由此引出的问题是:在当前我国贸易增长方式转型、人民币汇率升值呼声高涨的严峻形势下,作为经济活动微观主体的企业,其出口产品质量对人民币汇率变动的具体反应如何?新新贸易理论认为规模经济有助于企业降低生产成本和提高资本使用效率,进而促进企业生产率提高。当前部分研究表明,汇率变化引致的选择机制将加速企业的进入和退出,汇率升值使得国外竞争者在国内市场更具竞争力,同时本国企业在国际市场面临更大的竞争压力,这种压力将迫使低效率的企业退出市场,其留下的市场将被生存下来的企业和新进入企业所占有,这些企业的生产规模可能扩大,并引致生产要素和经济资源进一步集中(Melitz, 2003),规模经济效应使企业有能力和动机进行更多研发和新产品创新活动,从而提升企业的出口产品质量。

基于上述分析,本章尝试利用 2000—2007 年工业企业微观数据和高度细化的海关贸易数据,全面系统地考察人民币汇率变动对中国工业企业出口产品质量的影响。本部分可能在以下几个方面有所拓展:第一,对 2000—2007 年工业企业数据和海关数据进行样本匹配,测算企业层面的人民币实际有效汇率指标和产品质量指标,从而更准确地考察汇率变动对企业出口产品质量的影响。第二,考虑到现实中企业存在异质性,本章进一步深入研究了人民币汇率变动对不同特征(包括生产率、融资约束、所有制和贸易方式四个方面)企业出口产品质量的异质性影响。在此基础上,进一步考察了人民币汇率对企业出口产品质量变迁的影响，因此，本部分内容较相关文献有所突破。第三，将企业出口增长的来源分解为企业的进入和退出、持续存在的企业其出口产品的进入和退出以及持续存在的企业-产品组合，分别考察人民币汇率对进入企业、退出企业、进入产品、退出产品以及持续存在的产品这 5 个子样本的产品质量的影响，从而有助于深化对人民币汇率变动影响企业出口产品质量的作用渠道的理解。最后，出口持续时间是企业贸易增长的重要组成部分（陈勇兵等，2012），并且出口持续时间与产品质量之间具有紧密的联系（施炳展，2013），从而作为拓展分析，本章在有关人民币汇率变动与中国企业出口产品质量问题的研究中，首次引入生存分析模型考察了人民币实际有效汇率对不同产品质量层次的企业出口持续时间的影响，从而丰富和拓展了这类文献的研究视角。

本章研究发现，人民币升值促进了企业出口质量的提升，但是该效应因企业生产率水平、融资约束、所有制和贸易方式的不同而具有显著的异质性。另外，通过对出口贸易进行分解，不难发现人民币升值有利于新进入企业的产品质量提升，但不利于退出企业的产品质量提升；人民币升值有利于新进入产品的质量提升，但不利于退出产品的质量提升；并且对持续存在的企业-产品组合的质量提高具有积极影响。最后，通过引入生存分析模型的研究表明，人民币升值显著缩短了出口低质量产品的企业的出口持续期，却可以延长出口高质量产品的企业的出口持续期。本部分从微观层面证实了人民币升值有益于提升企业产品质量的论断，对我国继续实施人民币汇率形成机制改革以推动外贸产品结构升级具有重要的政策含义。

本章的研究是建立在一系列研究的基础之上的。首先是汇率变动与企业出口贸易的相关研究。伯曼等人（Berman et al.，2012）首次使用法国企业层面的微观数据分析了汇率变动对企业出口贸易的异质性影响。他们发现具有较高生产率的出口企业在本币贬值时可以更多地提高商品加价，而较少地扩大出口量。埃米蒂等人（Amiti et al.，2012）使用比利时大样本微观企业数据的分析表明，企业对汇率变动的异质性反应可能与企业在国外的市场份额及其进口密集度有关。弗罗因德等人(Freund et al.,2011)使用中国1997—2005年的贸易数据,估计了不同贸易方式企业的进出口汇率弹性,发现加工贸易对汇率变动不敏感,并且出口产品的国内投入比例越高,其对汇率变动越敏感。唐和张(Tang and Zhang,2012)使用中国微观企业数据进行分析,发现汇率升值对中国出口企业的进入退出以及产品生产具有显著影响。李宏彬等人(Li et al.,2012)使用中国企业层面的微观数据深入分析了双边实际汇率波动对企业定价行为和出口量的影响,发现人民币每升值10%,企业出口价格下降50%左右,出口量下降2%~4%。张会清和唐海燕(2012)基于2005—2009年中国工业企业的样本数据,采用Heckman选择模型评估人民币升值对出口贸易的整体影响和结构影响。研究发现,人民币升值对企业出口产生了显著的负面冲击,人民币升值不利于中国出口贸易结构的优化调整。刘青等人(Liu et al.,2013)使用倍差法实证考察了人民币汇率波动对中国企业出口行为的影响,并使用多种方法考察了结论的稳健性,发现人民币升值1%,中国出口总值下降1.89%。

其次是关于产品质量与出口贸易问题的相关研究。弗朗和赫尔普曼(Flam and Helpman,1987)是产品质量与国际贸易问题理论研究方面的典型代表。此后,格罗斯曼和赫尔普曼(Grossman and Helpman,1991)、胡梅尔斯和克莱诺(Hummels and Klenow,2005)分别从理论和实证角度考察了产品质量对贸易进而对经济增长的影响。菲尔霍根(Verhoogen,2008)基于墨西哥制造业企业层面的数据,分析了产品质量、国际贸易与工资的关系,研究发现,汇率波动引致的产品质量升级增加了行业内的工资不平等。巴斯托斯和席尔瓦(Bastos and Silva,2010)首次使用葡萄牙企业层面的数据分析了出口质量、企业生产率和出口属性之间的关系,发现高技术企业倾向于出口高质量产品。马克等人(Mark et al.,2012)利用中国纺织业海关数据和工业数据库的匹配数据,研究了产品质量和生产效率对企业贸易行为影响的相对重要性。曼诺娃和张志伟(Manova and Zhang,2013)用进口中间产品的价格作为中间投入的质量衡量指标,使用中国2003—2005年的海关数据,考察了多产品企业生产选择和产品质量的关系。在国内方面,李坤望等人(2012)基于发展趋势、跨国比较和产品分布等视角,使用肖特(Schott, 2004)的方法首次分析了中国出口产品质量状况,他们发现加入世界贸易组织以来中国出口产品质量一直处于较低的阶段,并且具有不断恶化的倾向。施炳展(2013)利用 2000—2006 年海关细分贸易数据,采用事后反推的方法,系统测算中国企业出口产品质量,发现本土企业的产品质量升级效应、出口稳定性、持续时间、广度均劣于外资企业,提升产品质量应成为中国本土企业出口的更高追求。

上述文献或者考察了汇率变动对企业出口行为的影响,或者分析了汇率变动对国家、地区或行业出口质量的影响。但是,其一,它们均没有将汇率变动与微观企业的出口产品质量纳入统一的分析框架,从而对汇率影响出口质量的认识是有限的,并且关于中国该领域的研究更是少之又少;其二,囿于数据的可获得性,使用中国数据的分析或者仅使用中国工业企业数据库,或者仅使用海关数据库,从而只能使用国家层面或者行业层面的人民币汇率指标进行分析,忽略了汇率变动在企业之间的异质性;其三,它们均没有考虑人民币汇率变动对不同产品质量层次的企业出口持续时间的影响,不能从企业出口动态的视角认识人民币汇率变动与企业出口产品质量之间的关系。

本章其余部分的结构安排如下:第二部分为数据与模型构建;第三部分报告基准估计结果,并考察了人民币汇率变动对企业出口产品质量的异质性影响;第四部分通过对出口贸易进行分解,从动态视角考察人民币汇率变动对企业出口产品质量的影响;第五部分构建生存模型,分析人民币汇率变动对不同产品质量层次的企业出口持续期的影响;最后是本章总结。

第二节 数据与模型构建

一、计量模型构建

首先,为了考察人民币汇率变动与企业出口产品质量之间的关系,在阿拉

和肖特(Hallak and Schott, 2011)以及施炳展(2013)分析的基础上,构建以下回归模型:

$$\ln Quality_{ijmt} = \alpha_0 + \alpha_1 \ln reer_{it} + \alpha_2 X_{it} + v_i + v_t + \varepsilon_{ijmt} \tag{8-1}$$

其中,下标 i、j、m、t 分别表示企业、产品、出口国和年份。$Quality_{ijmt}$ 表示产品质量,*reer* 为企业层面的人民币实际有效汇率,v_i 和 v_t 分别表示企业和年份特定效应,ε_{ijmt} 表示随机扰动项。控制变量 X_{it} 具体包括:企业生产率(*tfp*)、企业规模(*scale*)、平均工资(*wage*)、企业利润率(*profit*)、融资约束(*finance*)、政府补贴(*subsidy*)、企业类型的虚拟变量(*foreign*, $foreign=1$ 表示外资企业,否则为内资企业)、加工贸易企业的虚拟变量(*style*, $style=1$ 表示加工贸易企业,否则为其他企业)。

二、指标测度

(一) 企业产品质量测算

本章采用阿拉和肖特(Hallak and Schott, 2011)以及施炳展(2013)的事后推理方法来计算企业的出口产品质量。当前具有广泛影响力的测算产品质量的文献当属肖特(Schott, 2004),它使用世界各国对美国出口产品的单位价值量来衡量产品质量。然而单位价值量不仅包含质量信息,而且包含成本信息,从而单位价值量方法测算产品质量是不准确的。随后,阿拉和肖特(Hallak and Schott, 2011)等打破单位价值量等价于质量的假设,利用事后推理的思路测算了产品质量,并为大量后学者采用和改进。

具体地,借鉴施炳展(2013)的方法,第 j 种产品对应的消费数量可表示为:

$$q_j = p_j^{-\sigma} \lambda_j^{\sigma-1} \frac{E}{P} \tag{8-2}$$

其中,E 为消费者支出,P 为价格指数。j 为产品种类,p 为产品价格,λ 表示产品质量,q 为产品数量,$\sigma>1$ 表示产品种类间的替代弹性。

由于数据具有年份-企业-出口国-产品四个维度,对于海关八位编码下的

某种产品 j 而言，企业 i 在 t 年对 m 国的出口数量可表示为：

$$q_{imt} = p_{imt}^{-\sigma}\lambda_{imt}^{\sigma-1}\frac{E_{mt}}{P_{mt}} \tag{8-3}$$

两边取自然对数，进行简单整理后得回归方程式(8-4)：

$$\ln q_{imt} = \chi_{mt} - \sigma\ln p_{imt} + \varepsilon_{imt} \tag{8-4}$$

其中 χ_{mt} 为出口国-年份两维虚拟变量，可以控制仅随出口国变化的变量如地理距离，也可以控制同时随时间和出口国变化的变量，如国内生产总值。$\ln p_{imt}$ 为企业出口产品的价格；$\varepsilon_{imt} = (\sigma-1)\ln\lambda_{imt}$ 为包含产品质量信息的残差项。值得注意的是，(8-4)式是基于某一产品的回归方程式。产品质量的具体计算公式为：

$$quality_{imt} = \ln\hat{\lambda}_{imt} = \frac{\hat{\varepsilon}_{imt}}{(\sigma-1)} = \frac{\ln q_{imt} - \ln\hat{q}_{imt}}{(\sigma-1)} \tag{8-5}$$

(8-5)式可以测度每个企业在每个市场每个年度出口的某种 HS 八位码产品的质量，为了便于比较，这里借鉴施炳展(2013)的做法对(8-5)式进行标准化处理，从而可以获得企业 i 在 t 年对 m 国出口的某种 HS 八位码产品的标准化质量指标 $Quality_{imt}$：

$$r\text{-}quality_{imt} = \frac{quality_{imt} - \min quality_{imt}}{\max quality_{imt} - \min quality_{imt}} \tag{8-6}$$

min、*max* 分别代表求最小值和最大值，是针对某一种 HS 八位码产品，在所有年度、所有企业、所有出口国层面上求出最值；(8-6)式定义的标准化质量指标位于[0, 1]之间，而且没有单位，可以在不同层面加总，从而可用于进行跨期、跨截面的比较分析。按照(8-6)式可以得到本章实证分析所用的产品质量数据。

（二） 人民币实际有效汇率指标的测度

人民币实际有效汇率指标的测度同本书第三章。

（三） 企业生产效率（*tfp*）

本章采用扩展的 OP 法进行测算。具体测算方法见本书第四章。

（四） 其他控制变量

（1）企业规模（*scale*）。一般而言，企业规模往往与其物质资本、人力资本及市场竞争力正相关，从而规模相对大的企业更有能力生产并出口高质量产品。本章采用企业销售额取对数来衡量企业规模，预期该项系数为正。

（2）平均工资水平（*wage*）。根据新新贸易理论，只有劳动生产率比较高、盈利性比较好的企业才会选择出口，并且有能力生产高质量产品，这些企业支付的工资也往往比只供国内消费的企业要高。这一理论说明工资与出口企业的产品质量之间可能会存在一定的正向关系。本章在回归方程中加入平均工资变量，以考察平均工资对企业出口产品质量的影响。本章使用 1999 年为基期的居民消费价格指数对名义量进行平减。

（3）企业利润率（*profit*）。由于企业从事出口活动，生产并出口高质量产品往往需要投入大量的资金和相关要素，因此企业利润率也是企业出口产品质量的影响因素之一，预期该变量的符号为正。本章采用企业净利润与企业销售额的比值来衡量企业利润率，其中企业净利润使用“利润总额与补贴收入的差额”来表示。

（4）融资约束（*finance*）。进入出口市场的沉没成本、信息收集成本、销售网络建立成本等都要求企业有较好的财务状况或融资能力。贝洛内等人（Bellone et al.，2009）利用法国企业数据证实了企业的外部融资状况是影响企业出口绩效的关键因素，只有财务状况比较好的企业才能够进入出口市场并扩大出口高质量产品。本章借鉴孙灵燕和李荣林（2011）的做法，采用利息支出与固定资产的比值来衡量融资约束，该值越大则表明企业面临的融资约束程度越小，预期该变量的符号为正。

（5）政府补贴（*subsidy*）。引入政府补贴变量来控制政府的产业扶持力度和干预程度对企业出口产品质量的影响。本章用补贴收入与企业销售额的比值取对数表示政府补贴力度。

(6) 本章加入所有制变量主要是为了考察不同类型企业出口产品质量的差异性。对于外商资本占比较大的企业,多为出口导向型企业,且其出口贸易方式也多为加工贸易,施炳展(2013)的研究发现,与内资企业相比,外资企业的出口产品质量高于内资企业。此外,包群等人(2011)的研究发现,与内资企业相比,外资企业通常具有更高的出口倾向和出口量。因此,外资企业可能具有较高的出口倾向和出口能力。具体地,引入企业类型虚拟变量(*foreign*),当企业为外资企业时将其赋值为 1,否则为 0。

三、数据说明

本章实证分析中使用的是 2000—2007 年中国海关数据库和工业企业数据库匹配得到的出口企业的数据,借鉴田巍和余淼杰(2012)、厄普瓦尔德等人(Upward et al., 2013)的方法来匹配上述两套数据。对于匹配成功的样本,进行了如下处理:(1)删除雇员人数小于 8 人的企业样本;(2)删除企业代码不能一一对应,贸易额为零值或负值的样本;(3)删除工业增加值、中间投入额、固定资产净值年平均余额以及固定资产中任何一项存在零值或负值的企业样本;(4)删除企业销售额、平均工资存在零值或负值的企业样本;(5)删除企业年龄小于零的企业样本;(6)贸易中间商可能存在价格调整,出口产品价格和数量信息并不能真实反映生产企业的产品质量信息,因此剔除掉贸易中间商样本,即企业名称中带有“贸易”和“进出口”字样的企业(Amiti et al., 2012; Yu, 2013);(7)考虑到农产品和资源品的质量主要源自资源禀赋,不能准确体现质量的内涵,因此从样本中剔除农产品和资源品样本;(8)为了保证回归的可信度和数据可信度,剔除总体样本量小于 100 的产品。

通过上述处理,最终获得 2000—2007 年 76 692 家企业出口的 3 401 种产品的数据,样本量为 1418477。在数据整理的基础上,按照(8-6)式可以得到产品层面的产品质量数据。

表 8－1 各主要变量的描述性统计

变量	样本量	均值	标准差	最小值	最大值
lnQuality	1418477	0.45292	0.25439	－3.47812	0
lnreer	1418477	4.55652	0.11990	3.79945	4.95765
lnscale	1418477	11.26909	1.56471	2.19723	18.64382
lntfp	1364007	7.28612	1.27175	－2.37134	15.03607
lnwage	1417791	8.72001	1.40849	0.69315	15.83150
profit	1418477	0.03314	0.11601	－9.10421	7.43481
finance	1418477	0.04798	0.17128	－8.17004	9.91200
subsidy	1418477	0.00161	0.01744	－1.44557	8.52027
foreign	1418477	0.66207	0.47300	0	1
style	1418477	0.43562	0.49482	0	1

第三节 基准估计结果及分析

一、基准估计

表 8－2 的第(1)列至第(3)列显示了使用跨度为 2000—2007 年的非平衡面板数据所得的基准回归结果。第(1)列对基准模型进行估计，结果显示人民币升值对企业出口质量提升具有积极影响。对其可能的一个解释是，汇率变化会加大国内市场的竞争并由此加速企业在市场上的进入和退出，本国货币升值使国外竞争者相比本国企业在国内市场更有竞争力，市场竞争压力的增强会迫使一部分低效率的企业退出市场，而新进入市场的企业和生存下来的企业将更有效率，从而更有能力生产高质量产品(Aw et al.，2001)。值得注意的是，表 8－2 只是一个初步的估计结果，关于汇率变化引致的企业进入和退出状况，将在本章的第四部分进行详细分析。

表 8-2　基准估计结果：人民币汇率与出口产品质量

	(1)	(2)	(3)	(4)	(5)
lnreer	0.0121***	0.0121***	0.0120***		
	(3.341)	(3.335)	(3.302)		
lnreer(*t*−1)				0.0119***	
				(3.300)	
lnreer(*t*−2)					0.0120***
					(3.303)
lnscale	0.0126***	0.0102	0.0110	0.0113	0.0112
	(11.304)	(1.384)	(1.386)	(1.569)	(1.478)
lntfp	0.0076***	0.0076***	0.0076***	0.0078***	0.0077***
	(9.374)	(9.378)	(9.405)	(9.410)	(9.406)
lnwage	0.0022***	0.0022***	0.0021***	0.0020***	0.0020***
	(3.583)	(3.587)	(3.538)	(3.457)	(3.438)
profit	0.0087**	0.0087**	0.0087**	0.0089***	0.0088***
	(2.417)	(2.416)	(2.413)	(2.856)	(2.847)
finance	0.0039**	0.0039**	0.0040**	0.0041*	0.0041*
	(2.495)	(2.496)	(2.526)	(1.932)	(1.930)
subsidy	0.0177*	0.0177*	0.0178*	0.0179*	0.0177*
	(1.857)	(1.855)	(1.869)	(1.873)	(1.857)
foreign		0.0347**	0.0349**	0.0358***	0.0348***
		(2.350)	(2.363)	(3.278)	(3.272)
style			0.0002**	0.0004***	0.0003***
			(2.174)	(2.892)	(2.853)
常数项	0.4754***	0.4999***	0.5000***	0.5023***	0.5103***
	(24.861)	(23.021)	(23.034)	(22.164)	(22.139)
企业效应	是	是	是	是	是
年份效应	是	是	是	是	是
样本量	1361382	1361382	1361382	1191210	1021037
R^2	0.248	0.254	0.246	0.251	0.250

注：(　)内数值为纠正了异方差后的 t 统计量；***、** 和 * 分别表示 1%、5%和 10%的显著性水平。

借鉴余淼杰(2011)的做法，本章根据企业是否接受境外投资，使用一个虚拟变量(*foreign*)来标示外资企业。这里只要涉及包括港澳台在内的任何境外投资，该企业就归入外资企业。第(2)列中的回归结果显示外资企业相对于非外资企业具有较高的出口产品质量。

在第(3)列中，在基准模型的基础上加入了其他控制变量及标示加工贸易企业的虚拟变量(*style*)。结果显示，加工贸易企业的系数显著为正，这也意味着加工贸易企业相对于非加工贸易企业有更高的出口产品质量，这与施炳展(2013)的结论吻合。此外，其他控制变量的符号与预期相符。

最后，考虑到汇率变动对出口产品质量的影响可能会有一定的时滞，分别在表 8－2 的第(4)列和第(5)列中进一步引入了汇率指标的滞后一期和滞后两期项，回归结果显示，汇率指标的滞后一期和滞后两期项，在系数大小和显著性方面均没有发生实质性变化。基于此，本章在后续的实证分析中均使用汇率指标的当期值进行分析。

此外，2005 年我国开始实行以市场供求为基础、参考一篮子货币进行调节、有管理的浮动汇率制度，因此，2005 年可能是一个结构性断点。为此，首先对人民币汇率指标进行了 Chow 断点检验(表 8－3)。Chow 断点检验结果表明，接受“人民币汇率在 2005 年不存在断点”的原假设，而且检验效果较为理想，表明本章结论不会受到结构性断点问题的影响。

表 8－3　Chow 断点检验：人民币汇率与出口产品质量

F 统计值	*P* 值	Wald 统计量	*P* 值
10.673	0.120	15.025	0.104

为了进一步验证上述结论的可信性，进一步将样本划分为 2000—2005 年以及 2006—2007 年两个子样本，分别进行计量检验。具体来看，以 2005 年为断点分时段分别考察人民币汇率对企业出口产品质量的影响(表 8－4)，人民币汇率指标对企业出口产品质量的影响在两个时间段并不存在显著差异。这再次验证了本章结论不会受到结构性断点问题的影响。

表 8-4　子样本回归：人民币汇率与出口产品质量

	2000—2005 年	2006—2007 年
lnreer	0.0122***	0.0123***
	(3.350)	(3.443)
lnscale	0.0565***	0.0681***
	(5.169)	(5.102)
lntfp	0.0057***	0.0058***
	(9.338)	(9.329)
lnwage	0.7072***	0.7071***
	(6.727)	(6.713)
profit	0.0688***	0.0687***
	(14.808)	(14.782)
finance	0.3371*	0.3206*
	(1.867)	(1.811)
subsidy	0.0048**	0.0091***
	(2.103)	(2.594)
foreign	0.0057**	0.1023**
	(2.174)	(2.083)
style	0.0092***	0.0079***
	(4.578)	(4.378)
常数项	0.0808***	0.4010***
	(24.152)	(22.501)
企业效应	是	是
年份效应	是	是
样本量	1021036	340344
R^2	0.239	0.233

注：同表 8-2。

二、异质性分析

前文将不同特征的企业样本混合在一起考察了人民币汇率对企业出口产品质量影响的平均效应，并未对不同特征企业的影响加以区别。然而，由于企业在生产率、贸易方式等方面均存在显著的异质性，从而汇率波动对不同特征企业出口产品质量的影响可能存在差异，基于此，接下来本章将从企业生产率、融资约束、企业所有制和贸易方式四个方面深入考察人民币汇率对中国企业出口产品质量的异质性影响。

下面借鉴比斯托(Bustos, 2011)的做法,构建(8-7)式来考察人民币汇率对企业出口产品质量的异质性影响:

$$\ln Quality_{it} = \alpha_0 + \sum_{qr=1}^{4} \alpha_1^{qr} \times (\ln reer_{it} \times C_{it\_qr}) + \sum_{qr=2}^{4} \beta^{qr} \times C_{it\_qr} + \alpha \times X_{it} + \xi \tag{8-7}$$

其中,C 为企业异质性特征变量,包括企业生产率(tfp)、融资约束($finance$);$qr=1, 2, 3, 4$ 表示企业特征按照从小到大排序的 4 分位数[①],相应地,C_{it_qr} 表示企业特征虚拟变量,当企业 i 的 C 特征变量属于第 qr 分位数时取值为 1,否则为 0。

(一) 企业生产率的异质性

表 8-5 第(1)列考察了人民币汇率对不同生产率企业出口产品质量的影响。估计结果显示:人民币实际有效汇率与企业生产率第 1 分位数虚拟变量的交叉项 ($\ln reer \times tfp\_q1$) 的估计系数在第(1)列中显著为负,这说明对于最低生产率的企业而言,人民币实际有效汇率升值对其产品质量具有消极影响。对于生产率较低的企业来说,由于其往往是初级产品或者劳动密集型产品的生产者,产品利润空间较小,人民币升值时受自身生产能力限制,其往往会通过降低产量来应对人民币升值的冲击,无力通过改进产品质量来增强自身的竞争力;人民币实际有效汇率与企业生产率第 2 及第 3 分位数虚拟变量的交叉项(即 $\ln reer \times tfp\_q2$ 和 $\ln reer \times tfp\_q3$) 的估计系数为正,且均没有通过显著性检验,意味着人民币实际有效汇率升值对中等生产率企业的出口产品质量有较为微弱的促进作用;人民币实际有效汇率与企业生产率第 4 分位数虚拟变量的交叉项 ($\ln reer \times tfp\_q4$) 的估计系数为正,且通过了 1%的显著性检验,这说明就最

---

① 这里以企业特征变量的样本平均值为基础将企业划分为四个等份。

高生产率的企业而言，人民币实际有效汇率升值时其主要通过改进产品质量增强产品竞争力的方式来应对汇率升值的冲击，并且生产率越高，汇率对出口产品质量的正面效应越大。

（二） 企业融资约束的异质性

企业融资约束在汇率与贸易问题研究中的作用在国内外研究中日益引起人们的关注，表 8－5 第(2)列考察了人民币汇率对不同融资约束特征企业出口产品质量的影响。从估计结果可以看出，人民币实际有效汇率与企业融资约束 4 分位数虚拟变量的交叉项大部分较为显著，说明人民币实际有效汇率对不同融资约束企业的出口产品质量都具有显著的影响，这与总体样本的估计结果是类似的。具体来看，交叉项 $\ln reer \times finance\_q1$ 的系数为负，表明人民币汇率对较高程度融资约束的企业出口产品质量具有显著的抑制作用。$\ln reer \times finance\_q2$、$\ln reer \times finance\_q3$ 以及 $\ln reer \times finance\_q4$ 的估计系数符号均为正，且分别通过了 10%、1%、1% 的显著性检验，并且 $\ln reer \times finance\_q4$ 的系数绝对值最大，这说明人民币汇率对较低程度融资约束的企业出口产品质量具有显著的促进作用，并且对融资约束程度越低出口企业的产品质量积极影响越大。对这一结果可能的解释是，企业的出口行为和产品创新往往需要大量的资金投入，在面临因人民币升值导致的国内市场竞争加剧时，只有那些融资约束程度较低的企业才有可能从外部融资渠道获得足够的资金支持，进而通过改进产品质量来应对汇率升值的冲击，而那些融资约束较大的企业更多的是通过调整出口量等方式来应对汇率升值的冲击，或者选择退出出口市场。

表 8－5 人民币汇率对企业出口产品质量异质性影响的估计结果

	生产率异质性	融资约束异质性
	(1)	(2)
lnreer	0.0107***	0.0106***
	(2.985)	(2.979)
C_q2	−0.0009	0.0062***

续表

	生产率异质性	融资约束异质性
	(1)	(2)
	(−0.974)	(8.189)
C_q3	0.0078***	0.0038***
	(7.667)	(4.727)
C_q4	0.0129***	0.0014
	(11.612)	(1.574)
lnreer×C_q1	−0.0111***	−0.0008***
	(−9.518)	(−3.142)
lnreer×C_q2	0.0002	0.0017*
	(0.383)	(1.730)
lnreer×C_q3	0.0003	0.0043***
	(0.167)	(3.605)
lnreer×C_q4	0.0239***	0.0185***
	(17.440)	(14.617)
lnscale	0.0122***	0.0045**
	(11.506)	(2.526)
lntfp		0.0076***
		(9.415)
lnwage	0.0022***	0.0022***
	(3.589)	(3.593)
profit	0.0087**	0.0087**
	(2.423)	(2.422)
finance	0.0039**	
	(2.498)	
subsidy	0.0178*	0.0177*
	(1.860)	(1.858)
foreign	0.0057**	0.0348**
	(2.174)	(2.357)
style	0.0076***	0.1279***
	(9.412)	(9.378)
常数项	0.4823***	0.5069***
	(25.586)	(23.608)
企业效应	是	是
年份效应	是	是
样本量	1361382	1361382

注：同表8-2。

（三）企业所有制和贸易方式的异质性

考虑到人民币汇率变动对不同所有制类型和不同贸易方式出口企业的产品质量会造成不同的影响①，进一步在方程(8－1)的基础上引入汇率项与所有制虚拟变量和贸易方式虚拟变量的交互项对上述问题进行深入分析。所有制方面，根据样本数据将企业分为国有企业（*soes*）、外资企业（*foreign*）和民营企业（*private*）三种类型，其中外资企业包括中外合资和中外合作两种形式，以外资企业作为基础类别。贸易方式方面，将样本划分为加工贸易企业（*process*）、一般贸易企业和其他（*qita*）三种类型，以一般贸易作为基础类别。具体回归结果见表8－6。

从出口企业的所有制来看，人民币汇率变动对外资企业出口产品质量的影响力度要大于国有企业，但是人民币升值却对民营企业的产品质量产生了消极影响，这可以归因于中国民营企业往往规模较小，技术水平较低和面临较大的融资约束，从而受资金等各方面条件的限制，当汇率冲击来临时，其产品质量改进能力往往较弱，并且在数量调整无济于事时更倾向于选择退出出口市场。而国有企业在人民币升值时，虽然产品质量有所改进，但是幅度较为微弱，这可能是由于国有企业的出口利润函数中包含了其他的一些政策导向性行为（李宏彬等，2011），产品质量对汇率变动反应较为迟钝。

从出口企业的贸易方式来看，人民币升值对加工贸易企业出口产品质量的积极影响要远大于一般贸易，即人民币汇率升值对企业出口产品质量的影响会因为加工贸易而得到增强。对其可能的解释是：其一，在中国加工贸易出口额中，外资加工贸易出口占据了较大比例（达到85%以上），这部分企业的出口行为更多是受到跨国公司的控制，从而其技术水平往往较高，并且面对人民币汇率波动时更有能力进行产品质量升级（Freund et al.，2011）；其二，加工贸易的

① 样本中，外资企业出口额占全部样本出口额的比重超过65%，加工贸易出口额占全部样本出口额的50%以上。

显著特征是大量进口高质量中间产品，出口产品的国外附加值含量较高，从而加工贸易的产品质量往往高于一般贸易。人民币升值时，加工贸易企业更有能力购进先进中间产品，出口更高质量的产品。

表 8－6　人民币汇率对企业出口产品质量的异质性影响

	企业类型	贸易方式
lnreer	0.0105***	0.0408***
	(2.945)	(12.515)
lnreer×*soes*	−0.0009	
	(−0.974)	
lnreer×*private*	−0.0239***	
	(−17.440)	
lnreer×*process*		0.0163***
		(12.418)
lnreer×*qita*		−0.0017*
		(−1.730)
lnscale	0.0002	−0.0001
	(0.383)	(−0.167)
lntfp	0.0077***	0.0182***
	(9.443)	(17.399)
lnwage	0.0021***	0.0007
	(3.544)	(1.309)
profit	0.0087**	0.0018
	(2.419)	(0.375)
finance	0.0040**	0.0047***
	(2.530)	(3.572)
subsidy	0.0179*	0.0072
	(1.872)	(0.565)
foreign		0.0014
		(1.574)
style	0.0107***	
	(9.095)	
常数项	0.5070***	0.1739***
	(23.621)	(7.070)
企业效应	是	是
年份效应	是	是
样本量	1361382	1363335

注：同表 8－2。

三、稳健性分析

（一）人民币汇率的内生性问题

由于贸易加权的实际有效汇率指标的测算过程中涉及多国数据，并且从指标构造来看，汇率变动会对贸易权重产生影响，从而人民币实际有效汇率变量可能是内生的，不满足经典线性回归中严格外生性的要求并导致估计偏差。对于该类内生性问题，通常的改进方法是寻找一个与人民币汇率紧密相关但独立于或者弱相关于企业生产率的变量作为工具变量进行两阶段最小二乘法估计。为此，本章使用人民币实际有效汇率指标的滞后一期值和滞后两期值为工具变量。

基于工具变量的2SLS估计结果报告在表8-7第(1)列。从中可以看出，人民币实际有效汇率对企业出口产品质量的效应均为正，说明人民币实际有效汇率升值有利于企业出口产品质量提升，这与前文的基准分析的结果吻合。这也说明，在进一步考虑人民币实际有效汇率的内生性问题之后本章结论依然稳健。另外，还通过多种统计量来检验所选工具变量的合理性：首先，关于未被包括的工具变量是否与内生变量相关这一问题，采用克莱因别尔根和帕普(Kleibergen and Paap，2006)的LM统计量来进行检验，结果拒绝了“工具变量识别不足”的原假设，即未被包括的工具变量与内生变量不相关；其次，使用克莱因别尔根和帕普(Kleibergen and Paap，2006)的Wald rk F统计量来检验工具变量是不是有效的，回归结果显示Wald rk F统计量大于Stock-Yogo检验10%水平上的临界值，这表明使用的工具变量不是弱识别的；最后，安德森和鲁宾(Anderson and Rubin，1949)的Wald检验以及Stock和Wright的S检验都表明本章使用的工具变量与内生变量之间具有较强的相关性。由此可以判断，本章选取的工具变量具有一定的合理性。这也说明，在进一步考虑人民币实际有效汇率的内生性问题之后本章结论依然稳健。

（二）GMM估计方法

在上述的所有分析中，均未涉及企业产品质量的动态行为，然而企业的出口产品质量可能与其在上一时期的活动有关。为了考察企业出口产品质量是否具有持续性特征，在前面静态模型的基础上进一步引入企业出口产品质量的一期滞后项将其扩展为一个动态面板模型，这样处理的好处还体现在可以涵盖未考虑到的其他影响因素，进而减轻遗漏变量偏差。动态面板模型的估计方法主要有差分GMM和系统GMM，其中系统GMM充分利用了差分方程与水平方程的信息，适合于估计具有“大截面、短时期”特征的样本。此外，相对于一步法估计而言，两步法系统GMM估计较不容易受到异方差的干扰，不过在有限样本下，由两步法估计得到的标准误会出现下偏，对于这一点，本章采用温德梅杰(Windmeijer, 2005)的方法对两步法标准误的偏差进行矫正。在处理内生性问题方面，动态面板系统GMM方法的优势在于只需用到变量的滞后项作为工具变量，这里选择生产率和人民币实际有效汇率变量的两阶及其更高滞后项的水平变量作为差分方程的工具变量进行估计，结果报告在表8-7第(2)列。需要指出的是，两步法系统GMM估计的可靠性取决于工具变量的可靠性和模型设置的合理性，为此本部分进行了两类检验：其一是Hansen过度识别检验，其原假设是“工具变量是有效的”；其二是Arellano-Bond AR(1)检验及AR(2)检验，其原假设分别为“模型的残差序列不存在一阶序列相关”和“模型的残差序列不存在二阶序列相关”，如果不能在10%水平上拒绝Arellano-Bond AR(2)检验，则表明模型的设定是合理的。从检验结果可以看出，Hansen检验的p值大于0.1，说明不能拒绝“工具变量是有效的”原假设；Arellano-Bond AR(1)检验的p值小于0.05但AR(2)检验的p值大于0.1，这意味着残差项只存在一阶序列相关性而不存在二阶序列相关性，即回归模型的设定是合理的。从估计结果来看，人民币实际有效汇率对企业出口产品质量的影响为正，与前文结论一致。

表 8-7 稳健性检验：人民币汇率与出口产品质量

	2SLS 估计(1)	系统 GMM 估计(2)	几何加权的汇率指标 系统 GMM 估计(3)
lnreer	0.0145***	0.0191***	0.0184***
	(3.807)	(3.292)	(3.139)
lnscale	0.0005	0.0034***	0.0034***
	(0.421)	(5.259)	(5.163)
lntfp	0.0083***	0.0012*	0.0012*
	(3.063)	(1.750)	(1.715)
lnwage	0.0195***	0.0091***	0.0093***
	(7.148)	(16.933)	(17.057)
profit	0.0031	0.0173***	0.0171***
	(0.497)	(4.588)	(4.532)
finance	−0.0022	0.0086***	0.0086***
	(−0.635)	(3.816)	(3.797)
subsidy	0.0118	0.0456***	0.0459***
	(0.541)	(3.009)	(3.026)
foreign	0.0088***	0.0048***	0.0053***
	(4.848)	(5.003)	(5.305)
style	1.7268***	0.4600***	0.4563***
	(5.590)	(17.229)	(16.952)
K-P rk LM 统计量	415.257[0.000]		
K-P Wald rk F 统计量	226.527[7.472]		
A-R Wald 统计量	4.38[0.027]		
S-W LM S 统计量	5.36[0.042]		
Hansen 检验		48.17[0.393]	52.31[0.228]
AR(1)检验		−3.37[0.000]	−4.27[0.000]
AR(2)检验		0.35[0.274]	0.62[0.329]
行业效应	是	是	是
地区效应	是	是	是
年份效应	是	是	是
样本量	182909	182903	182903

注：( )内数值为纠正了异方差后的 t 统计量，[ ]内数值为相应统计量的 p 值；***、**和*分别表示 1%、5%和 10%的显著性水平。K-P 为 Kleibergen-Paap，A-R 为 Anderson-Rubin，S-W 为 Stock-Wright。结果省略了常数项和被解释变量的滞后一期项。

（三）人民币实际有效汇率的指标选择

考虑到估计结果可能受人民币实际有效汇率指标选择的影响，本章在此又选取了另外一个人民币实际有效汇率测度指标对模型重新进行了估计，以保证结果的可靠性。一般认为实际有效汇率的定义主要有两种形式：算术加权形式和几何加权形式（李宏彬等，2011）。布罗德斯基（Brodsky，1984）基于156个国家的样本数据进行分析，以比较算术加权形式和几何加权形式得到的有效汇率，结果发现几何加权形式的有效汇率是一个无偏的有效汇率指数。因此在这里为了考察本章结论的稳健性，使用几何加权方法得到的实际有效汇率指标进行估计[见表8-7第(3)列]。从回归结果可以看出，人民币实际有效汇率的估计系数为正，并且通过了1%水平的显著性检验，表明人民币实际有效汇率升值的确显著地促进了企业的出口产品质量提高。

第四节　人民币汇率与企业出口产品质量：动态分解

施炳展（2013）的研究认为产品质量与企业进入、退出、持续出口行为密切相关。通过对数据的统计分析，他发现持续出口企业的产品质量水平高于新进入企业的质量水平，退出企业的产品质量水平最低，因此生产高质量产品的企业更容易进入并持续存活于出口市场。以下本章将企业的出口行为进行分解，并将出口企业的产品质量与企业的出口动态纳入计量回归，以更深入地考察人民币汇率变动对企业出口产品质量的影响途径。

按照邓希炜和张铁凡（Tang and Zhang，2012）的方法，将企业在第t年和第$t-1$年的出口增长的来源分解为新进入企业(N)，退出企业(E)，以及持续存在的企业(C)：

$$\Delta x_t = \sum_{i \in N} x_{it} - \sum_{i \in E} x_{it-1} + \sum_{i \in C} \Delta x_{it} \tag{8-8}$$

其中，i表示企业，t表示时间。对于持续存在的企业($i \in C$)，进一步将其出口增长分解为企业-产品组合的增减以及持续存在的企业-产品组合的贸易量的增减：

$$\sum_{i\in C}\Delta x_{it}=\sum_{r\in A_i}x_{irt}-\sum_{r\in D_i}x_{irt-1}+\sum_{r\in G_i}\Delta x_{irt}+\sum_{r\in S_i}\Delta x_{irt} \tag{8-9}$$

其中，r 表示一组交易的类型，具体包括：新的产品贸易关系(A_i)；减少的产品贸易关系(D_i)；持续存在的产品贸易关系贸易量的增加(G_i)和贸易量的减少(S_i)。接下来分别考察人民币汇率对企业出口贸易的影响。

在实证分析之前，首先使用转移概率矩阵来分析不同质量层次的企业产品质量转移的情况。以外资企业为例，首先将 2000 年的外资企业按照其出口产品质量由低到高的顺序分成低、中、高三组①，若下一年不出现在样本中则为退出。同理，也将 2001 年的外资企业划分为低、中、高三组，然后计算在 2000 年位于某一质量组的外资企业到 2001 年时其转换为其他质量组的比例，这样依时间类推，可以得到外资企业在各年的不同质量组间的转移概率，然后通过对各年的转移概率取均值，最终得到外资企业在不同质量组之间的平均转移概率(表 8－8)。其他类型企业的计算方法与此相同。

表 8－8　不同类型企业质量组之间的平均转移概率

foreign	低	中	高	退出
低	0.430	0.268	0.169	0.133
中	0.222	0.392	0.291	0.095
高	0.111	0.210	0.601	0.078

soes	低	中	高	退出
低	0.439	0.257	0.102	0.202
中	0.192	0.431	0.220	0.157
高	0.088	0.230	0.524	0.158

① 以企业产品质量水平的 33%和 66%分位数作为临界点，将样本划分为低、中、高三组。

private	低	中	高	退出
低	0.586	0.133	0.044	0.237
中	0.279	0.380	0.168	0.173
高	0.143	0.220	0.462	0.175

注：将企业的产品质量按照由低到高的顺序分成低、中、高三组，若下一年不出现在样本中则为退出。

表8-8为不同类型的企业在不同质量组间的转移概率，也是对出口“干中学”能力的进一步考察。外资企业低质量组到中质量组的转移概率为0.268，中质量组到高质量组的概率为0.291，均高于内资企业，说明外资企业质量提高得更快。国有企业和民营企业分别是0.257、0.220和0.133、0.168。外资企业不同质量组别的退出概率分别是0.133、0.095、0.078，远低于内资企业。内资企业中民营企业的退出概率最高，外资企业中高产品质量企业下一年继续维持在高质量组的概率为0.601，高于内资企业中国有企业的0.524以及民营企业的0.462，民营企业低质量组的维持概率最高，为0.586。

首先，企业的进入和退出，使用分年度数据来定义企业退出。具体而言，当企业i在第t年出口但在$t+1$年不出口时，将企业定义为退出企业。当企业i在第$t-1$年没有出口但在t年有出口时，将企业定义为进入企业。接下来分别使用进入和退出的子样本，对方程(8-1)进行估计，以考察人民币汇率对进入和退出企业的产品质量的影响，具体结果见表8-9第(1)—(2)列。第(1)列结果显示，人民币实际有效汇率对新进入企业的产品质量的影响系数显著为正，其中对外资企业的积极影响大于对国有企业和民营企业的情况，即人民币升值有利于新进入企业的产品质量提升。第(2)列中，人民币实际有效汇率对退出企业的产品质量具有负面影响，其中对民营企业产品质量的消极影响最大，这也验证了表8-8中的结论，总体来看，人民币实际有效汇率升值不利于退出企业的产品质量提升，长期来看这可能会进一步加速低质量民营企业退出出口市场。其次，产品的进入和退出，对于持续存在的企业，进一步定义产品的进入和退出。具体而言,当某一种产品 i 在第 t 年出口但在 $t+1$ 年不出口时,将其定义为退出产品。当某一种产品 i 在第 $t-1$ 年没有出口但在 t 年有出口时,将其定义为进入产品。下面分别使用产品进入和退出的子样本来考察人民币汇率对进入和退出产品质量的影响,估计结果见表 8-9 第(3)—(4)列。第(3)列结果显示,人民币实际有效汇率对新进入产品质量的影响系数显著为正,其中对外资企业的积极影响大于对国有企业和民营企业的情况,这说明面对人民币升值,外资企业更倾向于也更有能力进行新产品的研发,以应对更加激烈的市场竞争。第(4)列中,人民币实际有效汇率对退出产品的质量具有显著的负面影响,其中对民营企业产品质量的消极影响最大,这可能是因为在面临人民币升值时,民营企业尤其是小规模民营企业由于其较大的融资约束和相对较低的技术水平,往往无力进行新产品开发或者迫于压力减少产品生产和出口的种类。总体来看,人民币实际有效汇率升值有利于新进入产品的质量提升,但不利于退出产品的质量提升。

表 8-9　人民币汇率对出口产品质量的动态视角检验

	企业进入	企业退出	产品进入	产品退出	持续存在的企业-产品组合
	(1)	(2)	(3)	(4)	(5)
lnreer	0.0552***	−0.0160	0.0199***	−0.0293***	0.0465***
	(5.180)	(−1.132)	(4.224)	(−4.394)	(12.051)
lnreer×*soes*	−0.0012***	−0.0013***	−0.0005***	−0.0013***	−0.0006***
	(−8.529)	(−6.444)	(−11.789)	(−5.965)	(−6.747)
lnreer×*private*	−0.0135***	−0.0063***	−0.0054***	−0.0080***	0.0018***
	(−12.553)	(−5.874)	(−6.736)	(−10.705)	(13.950)
lnscale	0.0111**	0.0042**	0.0039	0.0012	0.0015
	(2.475)	(2.565)	(0.850)	(0.621)	(0.618)
lntfp	0.0085***	0.0115***	0.0024*	0.0030**	0.0186***
	(4.110)	(5.010)	(1.746)	(2.013)	(17.697)

续表

	企业进入	企业退出	产品进入	产品退出	持续存在的企业-产品组合
	(1)	(2)	(3)	(4)	(5)
lnwage	0.0012	0.0015	0.0047***	0.0021*	0.0009
	(0.622)	(0.621)	(5.199)	(1.955)	(1.423)
profit	0.0110**	0.0039	0.0013	0.0182***	0.0175***
	(2.496)	(0.857)	(0.186)	(13.709)	(9.411)
finance	0.0350***	0.0209***	0.0397***	0.0052**	0.0056***
	(29.831)	(10.567)	(41.068)	(2.361)	(3.593)
subsidy	−0.0537	0.0053	0.0470	−0.0157	−0.0122
	(−0.658)	(0.040)	(1.488)	(−0.383)	(−0.849)
foreign	0.0524***	0.0239	0.0110***	0.0128***	0.0023**
	(2.714)	(1.450)	(6.268)	(7.462)	(2.516)
style	0.0085***	0.0115***	0.0042**	0.0060***	0.0057***
	(4.109)	(5.001)	(2.566)	(3.615)	(6.701)
常数项	0.3250***	0.4788***	0.3732***	0.6564***	0.1482***
	(6.039)	(6.631)	(14.349)	(17.179)	(6.363)
企业效应	是	是			
年份效应	是	是	是	是	是
行业效应			是	是	是
样本量	1012933	656929	703995	501113	862222
R^2	0.264	0.248	0.297	0.304	0.316

注：同表 8-2。

最后，有关持续存在的产品贸易关系。对于持续存在的企业-产品组合，继续对方程(8-1)进行估计，以考察人民币汇率对持续存在的出口产品质量的影响，具体结果见表 8-9 第(5)列。第(5)列中，人民币实际有效汇率对持续存在的产品质量的影响系数显著为正，但是该效应在民营企业最大，国有企业最小，这可能是由于国有企业往往为大型垄断型行业，其受到国家政策性支持较多，而民营企业只有通过不断的产品创新和质量升级，才能在市场中赢得胜利，从而相比国有企业，民营企业进行“出口中学习”的动力更大。

第五节　产品质量视角下人民币汇率对企业出口持续期的影响

尽管前述研究较为细致地考察了人民币汇率对企业出口产品质量的影响，但均未涉及企业出口持续期问题。一方面，通过对出口贸易进行分解，发现人民币升值有利于新进入企业的产品质量提升，但不利于退出企业的产品质量提升；人民币升值有利于新进入产品的质量提升，但不利于退出产品的质量提升；并且对持续存在的企业-产品组合的质量提高具有积极影响。观察上述分析，容易得出结论，人民币汇率变动通过影响新进入企业、退出企业以及持续存在的企业产品质量，进而会影响企业的生存状况，比如人民币升值有利于新进入企业的产品质量提升，但不利于退出企业，而退出出口市场的企业往往是那些出口较低质量产品的企业，也就是说，人民币汇率升值会减少出口高质量产品的企业退出出口市场状况的发生，而增加出口低质量产品的企业退出出口市场的可能性。从另一个角度来讲，推测人民币汇率升值会延长出口高质量产品的企业的出口持续时间，而缩短出口低质量产品的企业的出口持续时间。

另一方面，出口持续期与出口产品质量之间存在较为紧密的联系，施炳展(2013)对产品质量与企业出口持续时间的研究发现，企业产品质量水平越高，其出口持续时间越长，即企业产品质量与产品出口持续期成正比。另外，根据前文结论，人民币汇率升值会提升企业的出口产品质量，依此逻辑，可以推测人民币汇率升值通过提升企业的出口产品质量，进而有助于延长企业的出口持续期。而佟家栋等人(2014)研究发现人民币汇率升值倾向于缩短企业出口的持续时间。那么，人民币汇率变动对企业出口持续期的影响到底是怎样的？是否因出口产品质量的不同而存在差异？很显然，对上述问题的解答有助于更全面地理解和评价人民币汇率对企业出口产品质量之间的关系。综合上述两类文献的结论，可以推测，较高的企业出口产品质量可能会逆转人民币汇率升值对企业出口持续时间的消极影响。接下来使用生存分析模型进行实证分析，以考察上述推测的准确性。

首先，将某个企业从有出口行为直至其终止出口行为（中间没有间断）所经历的时间长度定义为企业的出口持续时间，以年为单位。“风险事件”是指企业终止其出口行为的事件，它主要包括以下几种情形：企业仍在经营但其出口量为零，或者是企业倒闭因而完全退出市场。本章以2000—2007年间持续经营的企业为考察对象，所以本章中的“风险事件”是由前一种情形引起的。但是不容忽视的是，如果直接利用2000—2007年的样本数据进行生存分析将不可避免地遇到诸如左侧删失和右侧删失在内的数据删失问题。当无法获知比样本数据时间更早年份的企业出口状态时，左侧删失问题会出现，而忽略左侧删失问题往往会导致对企业出口持续时间的低估。因此，在具体分析时，需要使用新的分析样本进行，具体地，使用在2000年无出口行为但在2001—2007年期间有出口行为的企业进行分析。最终，本章的样本中企业出口持续时间最长为7年。另外，当无法获得样本期之后年份的企业出口状态信息时，右侧删失问题便会出现，不过生存分析方法可以很好地解决右侧删失问题，因此无需考虑（陈勇兵等，2012；毛其淋和盛斌，2013）。

在生存分析方法中，常用生存函数来描述生存时间的分布特征。根据既有的研究文献，将企业出口的生存函数定义为企业在样本中出口持续时间超过 t 年的概率，表示为：

$$S(t)=\Pr(T>t)=\prod_{k=1}^{t}(1-h_k) \tag{8-10}$$

其中，T 表示企业保持出口状态的时间长度，h_k 为风险函数，表示企业在第 $t-1$ 期有出口活动的条件下，在第 t 期退出出口市场的概率。进一步地，生存函数的非参数估计通常由 Kaplan-Meier 乘积项的方式给出：

$$S(t)=\prod_{k=1}^{t}((N_k-D_k)/N_k) \tag{8-11}$$

在上式中，N_k 表示在 k 期中处于风险状态中的持续时间段的个数，D_k 表示在同一时期观测到的“失败”对象的个数(即退出出口市场的企业数)。

接下来采用 Kaplan-Meier 估计(8－11)式来初步分析人民币汇率对不同质量层次企业出口持续期的影响。第一步,按照企业出口产品质量水平的高低将企业分为高质量出口企业和低质量出口企业。首先计算在考察期内各企业出口产品质量水平的中位数值,接下来把产品质量大于中位数值的企业视为高质量出口企业,其余的为低质量出口企业。

第二步,在上述分组的基础上,针对不同产品质量组企业,进一步按照人民币实际有效汇率水平的高低对企业进行分组。首先分别计算在考察期内不同产品质量组企业人民币实际汇率水平的中位数值,接下来把小于中位数值的企业视为低汇率组企业,其余的为高汇率组企业。

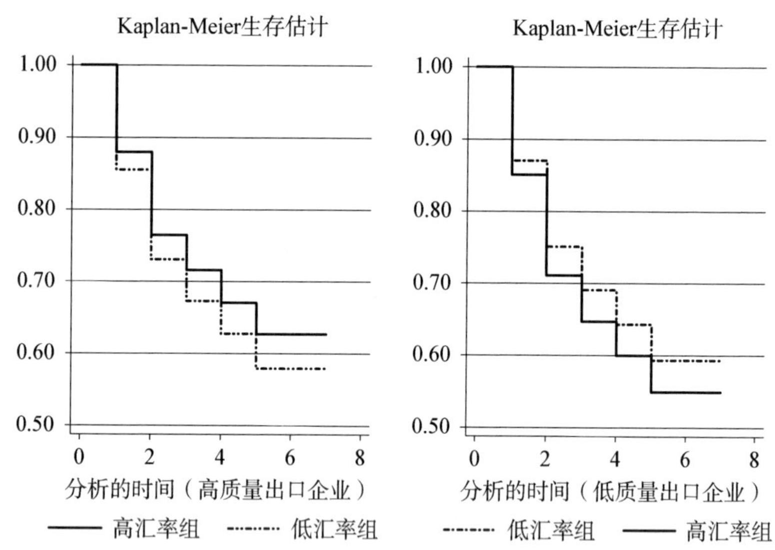

图 8－1　不同产品质量分组下的企业出口持续时间的生存曲线

两类企业出口持续期的 Kaplan-Meier 生存曲线如图 8－1 所示。从中可以看到,对于低质量出口企业而言,在大多数的持续时间段,人民币实际有效汇率水平较低组别的生存曲线位于人民币实际有效汇率水平较高组别之上,表明人民币实际有效汇率升值缩短了低质量企业出口的持续时间。与此相反，对于高质量产品出口企业而言，人民币实际有效汇率升值却延长了企业出口的持续时间。此外，图 8-1 还显示，随着时间的推移，高汇率组和低汇率组企业的 Kaplan-Meier 生存曲线的差异也变得越来越大。

以上 Kaplan-Meier 生存曲线分析初步表明，汇率对企业出口持续期的影响受到企业出口产品质量的约束，但不能由此认定人民币汇率升值倾向于延长高质量产品的出口持续期，由于汇率与企业出口持续期之间的关系可能会受到企业生产率和企业规模等企业自身异质性特征以及一些非观测因素的影响，为了更准确地考察产品质量对人民币汇率与企业出口持续期之间关系的影响，这里进一步使用离散时间的 cloglog 生存模型进行计量估计，其中，这里在模型中加入了一个人民币汇率独立项及其与产品质量高低虚拟变量(g)的交互项，来说明产品质量对人民币汇率与企业出口持续期之间关系的影响。具体模型设定如下：

$$c\log\log(1-h_{it}) = \alpha_0 + \alpha_1 \ln reer_{it} \times g + \alpha X_{it} + \tau_t + v_j + v_t + \varepsilon_{it} \tag{8-12}$$

其中，$h_{it} = \Pr(T_i < t+1 \mid T_i \geqslant t,\ x_{it}) = 1 - \exp[-\exp(\beta' x_{it} + \tau_t)]$ 代表离散时间风险率，τ_t 为基准风险率，它为时间的函数，可用于检验时间依存性的具体形式；x_{it} 为协变量，包括 $\ln reer_{it}$ 和控制变量集合 X_{it}；v_j 和 v_t 分别表示行业和年份特定效应，ε_{it} 表示随机扰动项；其他变量与(8-1)式相同。当企业为高质量出口企业时，将 g 赋值为 1，反之为 0。

表 8-10 报告了人民币汇率对不同产品质量的企业出口持续时间影响效应的估计结果。其中第(1)列未控制不可观测异质性，发现人民币实际有效汇率的估计系数为正且通过了 10%水平的显著性检验，这初步表明人民币实际有效汇率升值提高了低质量企业终止出口行为的风险率，进而倾向于缩短低质量企业出口持续时间；与之相反，人民币实际有效汇率升值会降低高质量企业终

止出口行为的风险率，从而延长高质量企业的出口持续时间。第(2)列在此基础上进一步控制了不可观测的异质性，根据 *rho* 值可知，因不可观测异质性引起的方差占总误差方差的比例约为36%，另外，*rho* 值的似然比检验也在1%水平上拒绝了"企业不存在不可观测异质性"的原假设，因此在模型中控制不可观测异质性是合理的。在对不可观测异质性进行控制之后，人民币实际有效汇率对低产品质量企业出口持续时间的估计系数均在1%水平上显著为正，其对高产品质量企业出口持续时间的估计系数均在1%水平上显著为负，而且与第(1)列的估计结果相比，相应变量估计系数的绝对值均有所提高，这再次表明人民币汇率升值的确缩短了低质量企业出口的持续时间，而延长了高质量企业出口的持续时间。此外，从第(2)列的估计结果还可以看出：企业生产率(*tfp*)、企业规模(*scale*)、平均工资(*wage*)、企业利润率(*profit*)以及政府补贴(*subsidy*)的估计系数大部分在1%水平上显著为负，这说明生产率越高、企业规模越大、工资水平越高、盈利性越好、政府补贴越多的企业，其出口持续时间越长，这与通常的预期是相吻合的。

表8-10　人民币汇率影响出口产品质量的生存分析估计结果

	未控制不可观测异质性	控制不可观测异质性		
	cloglog 总体样本	cloglog 总体样本	cloglog 首个持续时间段	cloglog 唯一持续时间段
	(1)	(2)	(3)	(4)
lnreer	0.0059*	0.0058***	0.0021***	0.0061***
	(1.784)	(3.391)	(6.182)	(6.841)
lnreer×*g*	−0.0144***	−0.0708***	−0.0049***	−0.0713***
	(−6.110)	(−6.352)	(−6.900)	(−6.759)
lnscale	−0.0029***	−0.0011***	−0.0029***	−0.0011***
	(−5.260)	(−4.577)	(−5.271)	(−4.617)
lntfp	−0.0107***	−0.0083***	−0.0108***	−0.0083***
	(−7.011)	(−6.105)	(−7.074)	(−5.835)

续表

	未控制不可观测异质性	控制不可观测异质性		
	cloglog 总体样本	cloglog 总体样本	cloglog 首个持续时间段	cloglog 唯一持续时间段
	(1)	(2)	(3)	(4)
lnwage	−0.0065***	−0.0012	−0.0065***	0.0002
	(−3.182)	(−1.126)	(−3.162)	(1.257)
profit	−0.0097***	−0.0064***	−0.0067***	−0.0065***
	(−7.359)	(−4.433)	(−8.351)	(−4.503)
finance	−0.0032***	−0.0160***	−0.0033***	−0.0161***
	(−5.995)	(−6.128)	(−6.030)	(−6.222)
subsidy	−0.0655***	−0.1005***	−0.0655***	−0.1007***
	(−10.261)	(−10.202)	(−10.258)	(−10.231)
foreign	0.0215***	0.0040***	0.0225***	0.0042***
	(11.427)	(11.855)	(13.162)	(12.373)
style	0.0124***	0.0123***	0.0076***	0.0087***
	(5.763)	(5.966)	(5.211)	(6.615)
常数项	0.3283***	0.6943***	0.3306***	0.6967***
	(9.740)	(10.441)	(9.751)	(13.745)
行业效应	是	是	是	是
年份效应	是	是	是	是
对数似然值	−3286	−3459	−3173	−4110
rho 值		0.3572	0.3639	0.3671
rho 值的似然比检验		462.40 [0.00]	459.68 [0.00]	520.77 [0.00]
样本量	71595	76692	62843	53528

注：(　)内数值为纠正了异方差后的 *t* 统计量；***、**和*分别表示1%、5%和10%的显著性水平；*rho* 表示企业不可观测异质性的方差占总误差方差的比例。

为了考察上述结论的稳健性，本部分还分别对首个持续时间段(first spell)样本和唯一持续时间段(one spell only)样本进行了估计。表8-10第(3)和第(4)列分别报告了首个持续时间段样本和唯一持续时间段样本的估计结果，从中可以看出，人民币实际有效汇率估计系数变动不大，这再次说明人民币汇率升值缩短了出口低质量产品的企业出口的持续时间，延长了出口高质量产品的企业出口的持续时间。此外,其他企业异质性特征变量的估计系数符号和显著性水平没有发生根本性变化,这表明估计结果总体上是很稳健的。

第六节　小结:人民币升值驱动企业出口质量升级

利用2000—2007年工业企业大样本微观数据和高度细化的海关数据,本章测算了企业层面的贸易加权的人民币实际有效汇率指标和产品质量指标,并实证考察了人民币汇率对企业出口产品质量的影响。本章研究发现:人民币升值有利于企业出口产品质量提升,该结论在有效地克服了人民币汇率变量的内生性问题之后依然稳健。

引入企业特征的分析表明,人民币汇率对不同特征企业的出口产品质量具有显著的异质性影响。首先,在企业生产率的异质性方面,人民币实际有效汇率升值对最低生产率的企业其出口产品质量有消极影响,而对最高生产率的企业而言,人民币实际有效汇率升值时企业主要通过改进产品质量增强产品竞争力的方式来应对汇率升值的冲击,并且生产率越高,汇率对出口产品质量的正面效应越大。其次,在企业融资约束方面,人民币汇率对较高程度融资约束的企业出口产品质量具有显著的抑制作用,而其对较低程度融资约束的企业出口产品质量具有显著的促进作用,并且对融资约束程度越低出口企业的产品质量积极影响越大。最后,从所有制类型上看,相比其他类型企业,人民币升值不利于民营企业的出口产品质量提高;在贸易方式方面,人民币升值对加工贸易企业出口产品质量的积极影响要远大于一般贸易企业。

进一步通过对出口贸易进行分解,不难发现人民币升值有利于新进入企业的产品质量提升,但不利于退出企业的产品质量提升;人民币升值有利于新进入产品的质量提升,但不利于退出产品的质量提升;并且人民币升值对持续存在的企业-产品组合的质量升级具有积极影响。相比内资企业,外资企业的产品质量提高更快。最后,采用离散时间生存分析模型的研究发现,人民币实际有效汇率升值显著缩短了出口低质量产品的企业的出口持续期，却可以延长出口高质量产品的企业的出口持续期。此外还发现，生产率水平越高、规模越大、工资水平越高以及盈利性越好的企业，其出口的持续时间往往越长。

本章以人民币汇率改革所引发的人民币升值为背景，深入研究了人民币汇率变动对中国工业企业出口产品质量的影响，结果发现，平均来看人民币实际有效汇率每升值10%，企业出口产品质量提高0.12%，并且上述效应因企业生产率、融资约束状况、所有制及出口贸易方式的不同而存在差异；引入生存分析模型的分析表明，人民币升值显著地缩短了出口低质量产品的企业的出口持续时间，而延长了出口高质量产品的企业的出口持续时间。总体来看，人民币汇率波动对中国企业尤其是加工贸易企业出口产品质量的影响力度较大，在当前加工贸易占据贸易半边天的中国，这可以为人民币升值后中国出口贸易结构升级的事实提供一个合理解释，也说明提升本土企业出口产品质量水平、优化本土企业出口绩效是将来我国外贸发展的重要政策方向。后金融危机时代的全球贸易新趋势表明，价值链竞争将引领未来十年的全球竞争，以往依靠低成本优势建立起来的国家比较优势将难以持续。中国制造业想要向全球价值链的上游攀升，就必须不断提高自身的生产率并建立成本领先之外的竞争力。本章的研究表明，人民币升值对于企业出口质量提高和价值链升级不是压力，而是动力。本章在一定程度上丰富了对人民币汇率和企业出口产品质量研究的文献，对我国继续实施人民币汇率形成机制改革，以推动外贸产品结构升级具有重要的政策含义。

第九章　结论与展望

汇率问题是国际金融和国际贸易的核心问题。中国作为世界第二大经济体和世界第一大出口国，自2005年汇率制度改革以来，人民币名义汇率和实际汇率持续升值，而人民币汇率的持续升值对本国出口型企业的影响意义非凡，直接关系到我国对外贸易的持续发展以及经济发展的动力问题。围绕着人民币汇率变动对出口企业的微观行为是如何进行传导和体现的这一问题，本书全面系统地考察了人民币汇率变动对中国制造业出口企业行为的影响，分别从出口企业生产率、出口企业加成率、企业出口动态、多产品企业的出口行为及出口产品质量等五个方面展开研究。本章对前文的研究进行总结，归纳和概括本书的主要结论，并在此基础上得到相应的政策含义；最后就本书在研究过程中存在的不足和局限性进行说明，并对未来该领域的研究进行展望。

第一节　主要结论与政策启示

一、主要结论

（一）关于人民币汇率变动与出口企业生产率

（1）人民币实际有效汇率升值对制造业出口企业生产率的净效应为正，其通过企业资本劳动要素配置效应、企业选择效应、规模经济效应以及人力资本提升效应对制造业出口企业的生产率提升产生了积极影响，并且上述结论在考虑了人民币实际有效汇率的内生性等问题之后依然稳健。

（2）人民币实际有效汇率对出口企业生产率的影响，因企业是否为纯出口企业、贸易方式、技术水平和所有制的不同而具有显著的异质性。

(3) 作为人民币汇率影响出口企业生产率的制约因素,企业融资能力越强,人民币汇率升值对出口企业生产率的积极影响越大。

(二) 关于人民币汇率变动与出口企业加成率

(1) 人民币升值显著降低了出口企业的加成率,并且出口依赖度越高的企业,人民币升值对其加成率的负面影响越大。

(2) 动态分析表明人民币升值对出口企业加成率的影响可能存在1年的时滞,它对企业加成率的抑制作用随着时间的推移呈递增趋势。

(3) 人民币汇率升值对出口企业加成率的影响,因企业生产率水平、融资约束、所有制和贸易方式的不同而具有显著的异质性。

(4) 中介效应检验表明,“价格竞争”和“规模效应”是人民币升值影响出口企业成本加成定价能力的重要渠道。此外,从加成率分布的角度来看,人民币升值降低了行业内企业加成率的离散度,从而有益于优化资源配置。

(三) 关于人民币汇率变动与企业出口动态

(1) 人民币实际有效汇率升值对中国工业企业的出口决策、出口数量、出口价格和出口额均有显著的抑制作用,并且从标准化系数来看,其对出口数量、出口价格和出口额的影响相对较大,这说明人民币实际有效汇率对企业出口的影响更多体现在集约边际上,并且在集约边际内部,企业主要通过调整出口数量来应对人民币实际有效汇率升值对其出口的冲击。

(2) 人民币实际有效汇率对企业出口行为的影响,因企业生产率水平、规模、融资约束、所有制和贸易方式的不同而具有显著的异质性。

(3) 关于人民币实际有效汇率与企业出口持续期的生存分析发现,人民币实际有效汇率升值显著缩短了企业出口的持续时间。

(四) 关于人民币汇率变动与企业出口动态: 多产品企业的视角

(1) 实际汇率升值会降低本国出口商品的价格和出口数量;并且相比低生产率企业,汇率升值时,高生产率企业出口商品价格降低的幅度更大,出口数量减少得较少。在多产品企业内部,汇率变动对核心产品的出口价格影响力度更大,从而面对汇率升值,核心产品出口数量减少得更少。

(2) 汇率升值促使中国出口企业缩小了其出口产品的范围,并提高了出口产品的集中度。也就是说,人民币汇率升值可以加速企业出口产品之间的优胜劣汰,使企业集中核心优势生产并出口其最具竞争力的产品,长远来讲有益于提升中国企业的出口产品竞争力。

(3) 生存分析表明,人民币实际汇率升值有助于延长核心产品的出口持续期,却缩短了非核心产品的出口持续期。

(五) 关于人民币汇率变动与企业出口产品质量

(1) 人民币升值促进了企业出口产品质量的提升,但是该效应因企业生产率水平、融资约束、所有制和贸易方式的不同而具有显著的异质性。

(2) 通过对出口贸易进行分解,不难发现人民币升值有利于新进入企业的产品质量提升,但不利于退出企业的产品质量提升;人民币升值有利于新进入产品的质量提升,不利于退出产品的质量提升,并且对持续存在的产品质量提高具有积极影响;此外,相比内资企业,外资企业的质量提高更快。

(3) 通过引入生存分析模型的研究表明,人民币升值显著缩短了出口低质量产品的企业的出口持续期,却可以延长出口高质量产品的企业的出口持续期。

二、政策启示

在理论和经验研究的基础上,本书得到如下政策启示。

(一) 要继续深化人民币汇率制度改革

本书的研究表明:人民币汇率升值可以显著地促进出口企业生产率提升;在企业出口方面,人民币汇率升值不仅显著地促进了企业参与出口市场,而且也提高了已有出口企业的出口强度,另外还有助于延长企业的出口持续时间,在某种程度上,这能很好地诠释人民币汇率变动对微观出口企业的影响机理。此外,人民币汇率变动不仅有利于扩大多产品企业的出口产品范围,并且提高了企业出口产品的集中度,即人民币升值使企业集中出口核心产品,加速了企业出口产品之间的优胜劣汰，长远来讲有益于提升中国企业的出口产品竞争力。最后，人民币升值可以促进企业出口产品质量的提升，从这方面来说，人民币汇率的适当升值是值得肯定的。为了推动中国制造业出口企业实现更好的发展，需要进一步深化人民币汇率制度改革，运用好人民币升值后的有利空间。

一方面，继续坚持和完善人民币汇率制度改革。汇率变化和汇率制度的选择紧密相关，面对当前国内外各方面要求人民币升值的压力，完善现行人民币汇率制度已经是一个迫切需要解决的问题。当前我国汇率形成机制主要存在市场化程度不足，外汇市场的服务功能不完善以及对外部均衡具有不利影响等不足。作为我国的自主选择，为了避免汇率大幅波动，汇率形成机制的完善需要充分考虑我国经济和社会等各方面的承受能力，在贯彻有管理的浮动汇率制度的同时，始终坚持主动性、可控性和渐进性的汇率制度改革原则，有序推进汇率制度改革。

国内外众多学者认为随着中国经济的崛起，人民币汇率升值已势不可挡。同时，考虑到一次性大幅升值可能给经济带来的冲击，人民币汇率的调整应该坚持渐进性的原则。特别地，当前人民币汇率已经在均衡水平附近小幅波动，尤其是在 2008 年全球金融危机爆发后世界经济衰退的可能性变大、中国出口持续下滑的形势下，我国货币当局更应该按照“主动性”“渐进性”和“可控性”的原则来调节人民币汇率的升值幅度和升值速度，不断完善人民币汇率形成机制。

另一方面，出口型企业要适应人民币升值的新形势，在抓住人民币升值有利时机的同时，加快自身技术创新，提高应对汇率冲击的能力。人民币升值对于出口企业而言总体上利大于弊，短期内人民币升值会加剧出口市场竞争，给出口企业带来一定的消极影响，但长远来看，它有利于出口企业之间的优胜劣汰及企业内部出口产品结构的调整，最终有利于出口企业生产率提升，并加快提高我国出口贸易在全球的竞争力。其一，人民币升值会降低出口企业进口成本，使其可以较小的成本引进国外先进技术和设备，通过出口产品质量改进和更新换代，为自身创造更好的贸易条件，最终通过其在出口产品方面的质优价廉实现出口的高效益。其二，相关外汇指定银行或部门要进一步改善金融服务，通过推出更多涉外金融产品为出口企业降低财务资金成本。其三，外汇管理部门应为出口企业发展提供强有力的支持，不断加强和完善外汇管理和外汇服务，增加相关政策的执行灵活性和自由度。最后，相关政府部门应转变观念，在当前人民币汇率升值呼声不断高涨的背景下，鼓励引导企业合理利用境内境外两种资源、两个市场，在发挥企业自身优势的同时，不断调整经营战略，通过深化外部市场参与度，培植壮大外向型企业实力，增强企业国际竞争力。

（二） 要继续加强企业自主创新能力的培养

本书的研究发现，人民币升值有利于新进入企业的产品质量提升，但不利于退出企业的产品质量提升；人民币升值有利于新进入产品的质量提升，但不利于退出产品的质量提升，并且对持续存在的产品质量提高具有积极影响；人民币升值显著缩短了出口低质量产品的企业的出口持续期，却可以延长出口高质量产品的企业的出口持续期。这就意味着，要提高企业的出口竞争力，首先要提高企业出口产品的质量，这是问题的根本所在。此外，人民币实际有效汇率升值对促进制造业企业生产率提升具有积极作用。对于大多出口企业来说，面对人民币汇率不断升值的压力，它们会通过加大研发力度和加快技术改造的方式提高自身竞争能力，最终促进其出口产品的升级换代。综上，从贸易发展的长远战略来讲，人民币汇率的适度和渐进升值可以促进企业技术和产品创新的步伐，最终提升我国出口企业在全球产业链中的地位。

要提高技术创新能力，企业必须加快技术开发中心的建设，加大研发投入，并不断培育和发展具有自主知识产权的关键技术。

一方面，出口企业应该加快产业和产品结构的升级步伐。在未来较长的时期内，人民币汇率升值的趋势仍然存在并可能持续下去，中国附加值较低产品的生产商或者进出口厂商应抓住这一机会，在新一轮人民币汇率升值高潮来临之前充分引进境外先进技术和设备，完成自身设备的升级、转移或者更新，在降低产品生产成本的同时提高产品技术含量和附加值。

另一方面,我国出口企业应提高自身规模经济效应。通过实现产品规格的统一和标准化,规模经济能够降低出口企业的生产成本,提高出口企业的技术水平和创新能力,有助于增强出口企业竞争力。由于当前我国具有劳动成本、原材料成本和资源成本低等优势,现阶段我国出口贸易主要集中于部分技术含量低,贸易条件不利的产品方面。从贸易结构模式方面来看,当前我国大部分出口企业或者未达到有效规模,或者存在规模不经济、市场集中度低、企业效益差等问题,不利于自身创新能力的提升。基于上述情况,我国应鼓励企业加快建立现代企业制度,在实现规模经济效应的同时实现企业合理并购。另外,通过加强企业间合作和资源互补,形成适度产业集聚,在加快产业内贸易发展的同时,促进我国出口贸易结构的优化升级。

(三) 合理引导加工贸易发展

本书研究发现加工贸易在人民币升值时受到的冲击小于一般贸易,即人民币汇率升值对出口的影响会因为加工贸易而弱化。这一方面是由于在中国加工贸易出口额中,外资加工贸易出口占据了较大比例,这部分企业的出口行为更多是受到跨国公司的控制,受人民币汇率波动的影响相对小。另一方面是由于,在我国,进料加工贸易占加工贸易总额的较大比例,在此贸易方式下大部分原材料、核心零部件都依赖进口,人民币升值时,进口价格由于具有较高的汇率传递弹性而大幅下降,从而可以在一定程度上缓解人民币升值对出口的负面冲击。最后,国际资本市场以及外界在2002年之后普遍存在人民币升值的预期,在存在人民币升值预期的情况下,人民币实际有效汇率对出口的影响将受到一定程度的抑制。

上述结论启示,我国应该循序渐进地引导贸易方式升级,适当地保留一定比例的加工贸易,以抵御外部不确定因素的冲击。虽然加工贸易出口产生的贸易附加值低于一般贸易,但我们不能对加工贸易方式"一棒子打死",为了创造更多的贸易附加值和提升我国在全球价值链中的地位而一味地放弃加工贸易。

胡翠和林发勤(2015)的研究发现,在促进企业生产率提升方面,加工贸易的作用甚至远远大于一般贸易,因此,对于仍然处于发展阶段的中国来说,我们应该坚持循序渐进的贸易方式升级之路,在保留一部分加工贸易的同时,鼓励企业自主研发和技术创新,在发展的过程中找到加工贸易和一般贸易的最优配比,并最终实现我国由贸易大国到贸易强国的顺利转型。

在开拓国际市场、利用外需带动国内经济增长以及推进工业化进程中,加工贸易均对中国做出了巨大贡献,但值得注意的是,中国有较大比例的加工贸易当前仍处于简单加工和装配的发展阶段,这部分加工贸易由于技术含量低、产业链条短,因而具有“出口飞地”的性质。当前我国应从技术外溢的角度不断规范加工贸易的发展,具体来看:一是不断提升加工贸易的技术含量以促进其转型升级;二是国内企业加大自主研发投入,加快人力资本积累和技术进步;三是加强加工制造的价值增值,关注国际外包业务的发展趋势,拓展自己的业务范围,提高工人收入并以此来带动内需的扩大,督促企业进行技术创新。除此以外,政府应准确定位加工贸易的发展重点,延长加工贸易在国内的制造环节,积极引入研发设计、服务等高附加值的上游产业环节,从而充分发挥加工贸易企业的关联效应,促进产业结构调整、优化。

(四) 继续深化金融市场改革,促进中小企业融资

汇率与企业生产率的研究表明,人民币实际有效汇率的资本劳动要素配置效应对于较低程度融资约束企业的生产率提升促进作用更大,并且对融资约束程度越低的企业的生产率积极影响越大。企业的流动性短缺问题在人民币升值时将变得异常重要,因为技术投资是企业生产率提升的前提条件,而人民币升值会增大企业的资金压力并由此导致资金链的断裂,总之融资成本过高或者金融市场不发达都将不利于汇率资本劳动要素配置效应的充分发挥,如果升值幅度过高,企业甚至可能因为流动性欠缺而停止经营。此外,汇率变动与企业出口动态的研究表明,人民币汇率对较低程度融资约束企业的出口价格具有显著的抑制作用,并且融资约束程度越低的企业的价格调整空间就越大,而人民

币汇率对较低程度融资约束企业的出口数量具有微弱的抑制作用，并且对融资约束程度越低的企业的出口数量抑制作用越弱，由于企业的出口行为往往需要大量的资金投入，在面临因人民币升值导致的国内市场竞争加剧时，只有那些融资约束程度较低的企业才有可能从外部融资渠道获得足够的资金支持，进而通过降低出口价格来应对汇率升值的冲击，而那些融资约束较大的企业更多的是通过调整出口量来应对汇率升值的冲击。因此，解决企业尤其是中小企业融资问题迫在眉睫。

因此，本书认为至少要从以下两个方面着手：第一，资本市场方面，进一步优化中小企业板和创业板的制度安排，加快构筑多层次的资本市场，逐步将中小企业股份转让系统试点扩大到全国，通过上述改革措施尝试拓宽中小企业的融资渠道并降低其融资成本；第二，加快金融市场发展，逐步取消对民营企业融资的相关限制条件，合理促成民营出口企业创新和金融资源的良性结合。通过上述举措支持民营出口企业的发展。同时出口企业应立足国际市场要求，通过增加研发支出、加快技术创新等方式提升自身出口产品质量和生产效率。值得注意的是，目前我国出口企业创新呈现“少数出口企业创新，多数出口企业只生产不创新”的现状。很多学者研究发现与其他类型企业相比，民营企业创新意愿较强，但往往受到外部融资环境的制约，创新意愿付诸行动困难重重。由此民营企业在融资受限制的条件下，其成为创新的主体存在较大阻力，同时也使其较难成为“走出去”的主体。与之相比，国有企业由于受到政策支持，较少存在融资问题，但它们创新动力不足。

（五）利用人民币升值的契机优化贸易结构

本书的研究表明，人民币实际有效汇率升值对制造业企业生产率和出口企业产品质量提升均具有积极影响，结果发现，平均来看人民币实际有效汇率每升值 10%，企业出口产品质量提高 0.12%，并且人民币升值显著地缩短了出口低质量产品的企业的出口持续时间，而延长了出口高质量产品的企业的出口持续时间，即人民币升值对于企业出口质量提高和价值链升级不是压力。

当前,劳动密集型产品贸易额占据了全国制造业贸易总额的半壁江山,而技术密集型和资本密集型产品贸易额的相对占比较低,这在一定程度上表明与全国制造业结构相比,我国出口贸易结构较落后。对其可能的解释是：多年来,我国始终坚持出口创汇的指导思想,同时,我国处于国际产业链的低端位置。为了响应出口创汇的政策指引,我国通过低估人民币汇率和推行出口退税等措施,促进了外汇收入的较快增长;在国际贸易中,我国充分发挥自身优势,利用劳动力丰富和自然资源禀赋充足的优势,开展加工贸易通过简单加工制造获得了产品出口的价格优势,上述举措造成了我国出口贸易呈现出低技术水平、低附加值的特点,从而我国被发达国家锁定在国际产业链的低端位置,造成了我国对外贸易大而不强的格局。当前我国面临人口红利窗口即将关闭、自然资源枯竭的严峻形势,我国只有改变低端加工和高能耗的贸易结构才能在后金融危机的新形势下保持充足的发展后劲。面对贸易结构转型的迫切需要,充分利用人民币升值的有利时机,在给资本和技术密集型出口企业施加竞争压力的同时保留一定的时间和空间,促使它们减少资源性产品出口和进行产品技术升级,有利于企业创新能力提升和出口产品质量改善,最终达到优化贸易结构的目的。

（六） 制定合理的补贴政策

为了更好地提升补贴效率和促进企业贸易水平的提高,今后的政府补贴政策可以从以下几方面进行调整：第一,政府要对企业的整体状况进行科学的评估,以此作为进行补贴的依据,补贴的额度与方式要与企业的现状与实际需求相挂钩;第二,补贴的资格评审机制要公开和透明,并要加强监督力度,以此切实降低不符合补贴资格的企业“寻租行为”的发生;第三,要对补贴企业在受补贴之后的绩效进行定期的评估,并根据审核的结果决定是增加还是减少补贴力度抑或是终止补贴。

第二节　研究展望

本书从人民币汇率变动的视角为中国制造业出口企业全要素生产率、出口企业加成率、企业出口动态、多产品出口企业的出口动态和出口产品质量的变化提供了一个新的诠释，在一定程度上丰富了中国关于汇率变动与出口企业行为的经验研究，更重要的是，本书为客观评估人民币汇率形成机制改革对企业出口的影响提供了微观层面上的依据。当然，本书的研究还存在一些不足和需要完善之处，如下几个方面值得未来作进一步深入的研究。

第一，考虑到篇幅限制，本书结合汇率变动和异质性企业研究的经典文献和中国的实际，主要选取“企业生产率”“企业加成率”“企业出口动态”“企业内部出口产品结构”和“企业出口产品质量”五个角度进行研究，然而人民币汇率变动对制造业出口企业的影响还可能体现在其他方面，例如出口企业的研发创新、企业规模分布、企业就业和员工收入、企业利润等等。很显然，对这些问题的研究有助于深化对于人民币汇率变动对制造业出口企业的微观影响的认识，同时也能更全面地考察人民币汇率变动和出口企业行为之间的关系，以及客观评估人民币汇率形成机制改革对出口企业行为的影响，因此本书的研究视角和维度还有待于进一步拓宽。

第二，本书主要是在对既有文献和理论进行梳理的基础上提出理论假说，而这种历史文献研究方法缺乏一定的严谨性，从这一角度来看，本书的理论分析还只是一个粗略的框架。如何细化人民币汇率变动对出口企业绩效的影响机制分析还需做进一步探讨，特别是需要考虑将人民币汇率变动的影响效应进行模型化表述，因此，本书的理论分析也有待深入。

第三，在考察人民币汇率变动与企业出口动态的相关章节，本书仅以企业的出口行为作为汇率传递程度的研究对象，而关于企业的进口行为并没有太多涉及。这也使得本书的研究在汇率传递效应方面具有一定的片面性，从而进一步拓展进口方面的研究也是将来可以继续展开的方向。

第四，在考察人民币汇率变动对企业出口动态的影响以及分析其对进入出口市场、退出出口市场的企业的产品质量影响时，考虑到数据方面的限制，本书主要以企业在数据库中的法人代码或者海关数据库中的企业代码对企业的进入与退出的状态进行界定，然而，工业企业数据库和海关数据库匹配成功的样本具有一个显著特点，就是在非国有企业的统计方面，只包含规模以上的部分，从而正如毛其淋和盛斌(2013)所强调的，这样就有可能误将一些非国有企业由规模以下转变为规模以上或者由规模以上转变为规模以下的情形视为进入或退出企业，从而可能会高估企业的更替状况。尽管本书在这部分研究中借鉴已有研究的做法采用了一些方法进行处理，但如何更精确地界定企业的进入或退出状况也是将来需要改进的方向。

第五，本书选择的样本区间是2000—2007年。正如前文所说，从2006年我国汇率发生了大幅度的升值。不过，这个过程在金融危机期间被打断，到近两年恢复了较大升值幅度。因此，在本书研究的样本区间，升值仅仅发生在末端，从而在一定程度上削弱了本书数据的说服力。本书使用中国海关和中国工业企业两个数据库的匹配数据进行实证分析，但由于受到笔者所拥有的两个数据库样本年份的限制，本书选取了能够选择的最优时间段2000—2007年作为分析的样本时间段，今后可以利用最新数据，进一步完善人民币汇率变动与企业出口行为的相关研究。

附录

附表1　按照单位劳动成本指数折算的人民币实际汇率

年份	US单位劳动成本	China单位劳动成本	US单位劳动力成本指数	China单位劳动力成本指数	名义汇率	实际汇率
	（美元）	（元）	2000=100	2000=100	2000=100	2000=100
2000	0.59	0.68	100	100	8.2784	8.2784
2001	0.61	0.73	102.62	106.73	8.2784	7.9598
2002	0.58	0.76	97.49	110.99	8.2784	7.2716
2003	0.58	0.77	97.84	113.17	8.2771	7.1556
2004	0.54	0.78	92	114.83	8.2767	6.6311
2005	0.55	0.79	93.39	116.41	8.1826	6.5645
2006	0.56	0.79	94.3	116.03	7.9611	6.4699
2007	0.55	0.8	92.95	118.02	7.5869	5.975
2008	0.59	0.85	99.48	124.42	6.9253	5.5373
2009	0.57	0.87	97.16	127.92	6.8314	5.189
2010	0.55	0.87	92.95	127.77	6.7666	4.9223
2011	0.57	0.89	95.95	131.16	6.4445	4.7147

附表 2　贸易加权的人民币实际有效汇率和中国贸易差额(2000—2007)

年份	贸易加权的人民币实际有效汇率	贸易差额(10 亿美元)
2000	101.62	24.11
2001	107.12	22.55
2002	104.61	30.43
2003	98.10	25.47
2004	95.41	32.09
2005	94.87	102
2006	96.15	177.48
2007	99.48	261.83

附表3　人民币与23种货币之间的名义汇率

年份	1999	2000	2001	2002	2003	2004	2005
人民币	1.00	1.00	1.00	1.00	1.00	1.00	1.00
美元	0.12	0.12	0.12	0.12	0.12	0.12	0.12
欧元	0.12	0.11	0.11	0.12	0.15	0.16	0.15
英镑	0.19	0.18	0.17	0.19	0.21	0.23	0.22
港币	0.94	0.94	0.94	0.94	0.94	0.94	0.95
日元	12.40	13.53	15.39	14.77	13.04	12.55	14.69
韩元	137.43	129.22	155.43	146.09	144.13	127.02	126.77
新台币	3.80	3.99	4.23	4.21	4.11	3.84	4.01
新加坡元	0.20	0.21	0.22	0.21	0.21	0.20	0.21
马来西亚林吉特	0.46	0.46	0.46	0.46	0.46	0.46	0.47
印度尼西亚卢比	1 174.52	1 159.23	1 256.51	1 075.72	1 025.46	1 114.00	1 220.72
泰铢	4.61	5.21	5.31	5.23	4.80	4.74	5.09
菲律宾比索	4.87	6.04	7.80	8.72	9.98	10.56	9.39
澳元	0.08	0.07	0.06	0.07	0.09	0.09	0.09
加元	0.18	0.18	0.19	0.19	0.16	0.15	0.14
瑞典克朗	1.02	1.17	1.27	1.08	0.89	0.81	0.98
瑞士法郎	0.19	0.20	0.20	0.17	0.15	0.14	0.16
俄罗斯卢布	5.25	5.65	5.79	5.82	5.51	5.31	5.65
印度卢比	5.25	5.65	5.79	5.82	5.51	5.31	5.65
巴西里尔	0.22	0.24	0.29	0.44	0.35	0.33	0.28
墨西哥比索	1.15	1.14	1.13	1.17	1.30	1.36	1.35
南非兰特	0.74	0.92	1.41	1.08	0.79	0.69	0.79
匈牙利福林	30.36	35.83	33.47	28.10	26.07	22.16	26.37
新西兰元	0.06	0.05	0.05	0.06	0.08	0.09	0.09

续表

年份	2006	2007	2008	2009	2010	2011
人民币	1.00	1.00	1.00	1.00	1.00	1.00
美元	0.13	0.14	0.15	0.15	0.15	0.16
欧元	0.17	0.20	0.20	0.21	0.20	0.21
英镑	0.25	0.27	0.22	0.24	0.23	0.25
港币	0.97	1.03	1.12	1.13	1.15	1.21
日元	14.97	15.23	13.35	13.10	12.54	12.30
韩元	118.32	126.19	200.78	170.68	172.50	181.30
新台币	4.10	4.27	4.26	4.46	4.60	4.84
新加坡元	0.20	0.20	0.22	0.20	0.20	0.20
马来西亚林吉特	0.45	0.45	0.52	0.50	0.47	0.50
印度尼西亚卢比	1 161.62	1 266.10	1 655.03	1 385.17	1 356.29	1 436.09
泰铢	4.55	4.57	5.13	4.87	4.53	4.93
菲律宾比索	6.28	5.62	6.94	6.79	6.59	6.90
澳元	0.10	0.12	0.10	0.13	0.15	0.16
加元	0.15	0.14	0.18	0.15	0.15	0.16
瑞典克朗	0.87	0.87	1.17	1.04	1.03	1.08
瑞士法郎	0.15	0.15	0.17	0.15	0.15	0.15
俄罗斯卢布	5.70	5.35	7.11	6.83	6.79	8.32
印度卢比	5.70	5.35	7.11	6.83	6.79	8.32
巴西里尔	0.27	0.24	0.35	0.26	0.26	0.29
墨西哥比索	1.39	1.48	1.63	1.98	1.90	1.96
南非兰特	0.90	0.92	1.46	1.10	1.03	1.29
匈牙利福林	24.57	23.58	28.76	27.35	31.52	36.48
新西兰元	0.09	0.10	0.08	0.10	0.11	0.12

附表4　本书第五章人民币汇率与企业出口动态稳健性检验之人民币汇率内生性问题

	出口价格方程		出口数量方程	
	IV-Probit	2SLS	IV-Probit	2SLS
	(1)	(2)	(3)	(4)
lnreer	−0.1802***	−0.1136***	−0.1802***	−0.4203***
	(−3.782)	(−6.267)	(−3.782)	(−7.457)
tfp	0.0486***	0.0394***	0.0486***	0.0262***
	(6.530)	(5.278)	(6.530)	(5.583)
scale	0.0503***	0.0329***	0.0503***	0.1120***
	(5.738)	(9.023)	(5.738)	(5.732)
age	0.0158***	0.0128***	0.0158***	0.0103***
	(9.392)	(6.227)	(9.392)	(4.578)
wage	0.0562***	0.0683***	0.0562***	0.0272***
	(5.372)	(5.267)	(5.372)	(4.752)
profit	0.0101***	0.0260***	0.0101***	0.0336***
	(3.894)	(6.657)	(3.894)	(6.168)
finance	0.0074	0.0120	0.0074	0.0132***
	(1.032)	(1.036)	(1.032)	(5.204)
subsidy	−0.0046	0.3360***	−0.0046	0.1432***
	(−1.503)	(5.562)	(−1.503)	(6.217)
foreign	0.0493***	0.1348***	0.0493***	0.2120***
	(5.457)	(5.892)	(5.457)	(6.194)
M		0.9783***		1.0333***
		(5.686)		(7.273)
常数项	1.4935***	0.5802***	1.4935***	1.8763***
	(6.094)	(7.075)	(6.094)	(5.421)

续表

	出口价格方程		出口数量方程	
	IV-Probit	2SLS	IV-Probit	2SLS
	(1)	(2)	(3)	(4)
Wald 外生性检验	9.90[0.0483] [0.0478] [0.0478]		9.90[0.0483] [0.0478] [0.0478]	
K-P rk LM 统计量		458.783[0.00]		454.528[0.00]
K-P Wald rk F 统计量		185.626[7.88]		179.167[7.91]
A-R Wald 统计量		7.69[0.0562]		7.48[0.0463]
S-W LM S 统计量		6.79[0.0693]		6.27[0.0690]
行业效应	是	是	是	是
年份效应	是	是	是	是
样本量	5 937 831	5 937 831	5 937 831	5 937 831

注：(　)内数值为纠正了异方差后的 t 统计量；* * *、* * 和 * 分别表示 1%、5%和10%的显著性水平。

附表5 本书第五章人民币汇率与企业出口动态稳健性检验的 Tobit 估计

	出口价格方程	出口数量方程
	(1)	(2)
lnreer	−0.1357***	−0.4378***
	(−6.278)	(−7.673)
tfp	0.0490***	0.0272***
	(5.678)	(5.652)
scale	0.0304***	0.1026***
	(9.345)	(5.227)
age	0.0142***	0.0110***
	(6.506)	(4.472)
wage	0.0633***	0.0273***
	(5.384)	(5.136)
profit	0.0261***	0.0275***
	(6.568)	(6.257)
finance	0.0117	0.0116***
	(1.034)	(5.053)
subsidy	0.3723***	0.3205***
	(5.336)	(6.135)
foreign	0.1294***	0.1382***
	(5.762)	(6.267)
常数项	2.5603***	2.602***
	(8.622)	(5.267)
(Pseudo)R2	0.3025	0.2764
对数似然值	−1973633	−1278847
行业效应	是	是
年份效应	是	是
样本量	5927553	5927553

注：( )内数值为纠正了异方差后的 t 统计量；***、**和*分别表示1%、5%和10%的显著性水平。

附表6 本书第五章人民币汇率与企业出口动态稳健性检验之几何加权汇率的 Tobit 估计

	出口价格方程	出口数量方程
	(1)	(2)
lnreer	−0.1012***	−0.4052***
	(−4.325)	(−7.053)
tfp	0.0268***	0.0272***
	(5.273)	(5.558)
scale	0.0392***	0.0484***
	(9.056)	(6.624)
age	0.0203***	0.0117***
	(5.624)	(4.836)
wage	0.0684***	0.0589***
	(5.456)	(5.378)
profit	0.0271***	0.0261***
	(6.582)	(6.447)
finance	0.0116	0.0120***
	(0.821)	(5.129)
subsidy	0.3470***	0.3032***
	(5.273)	(6.002)
foreign	0.1127***	0.1973***
	(5.217)	(6.056)
常数项	1.6723***	1.3679***
	(8.267)	(5.364)
(Pseudo)R2	0.2672	0.2671
对数似然值	−1578995	−1936786
行业效应	是	是
年份效应	是	是
样本量	5927553	5927553

注：( )内数值为纠正了异方差后的 t 统计量；***、**和*分别表示1%、5%和10%的显著性水平。

附表 7 本书第七章稳健性检验之出口量为被解释变量的估计结果

	持续存在的企业-产品-国家组合	2SLS 估计	几何加权的汇率指标 2SLS 估计
	(1)	(2)	(3)
lnreer	−0.3327***	−0.3345***	−0.3426***
	(−8.037)	(−8.218)	(−8.721)
lnranking	−0.0305***	−0.0298***	−0.0316***
	(−5.573)	(−5.527)	(−4.836)
lnscale	0.0017***	0.0023***	0.0021***
	(5.247)	(5.266)	(5.266)
lntfp	0.0538***	0.0515***	0.0602***
	(7.336)	(7.367)	(7.378)
lnwage	0.0426***	0.0410***	0.0435***
	(7.859)	(7.043)	(7.899)
profit	0.0121	0.0136	0.0130
	(1.157)	(1.427)	(1.452)
finance	0.0004	0.0012	0.0010
	(0.267)	(0.293)	(0.832)
foreign	0.1817***	0.1805***	0.1800***
	(2.720)	(2.728)	(2.739)
style	0.0110***	0.0121***	0.0125***
	(7.043)	(6.066)	(7.732)
K-P rk LM 统计量		423.246[0.000]	384.673[0.000]
K-P Wald rk F 统计量		253.512[7.367]	253.562[7.643]
A-R Wald 统计量		4.45[0.036]	4.67[0.020]
S-W LM S 统计量		5.39[0.055]	4.38[0.034]
行业效应	是	是	是
地区效应	是	是	是
年份效应	是	是	是
样本量	2457252	364003	364003

注：( )内数值为纠正了异方差后的 t 统计量；***、**和*分别表示 1%、5%和 10%的显著性水平。

附表8 本书第七章稳健性检验之出口产品范围为被解释变量的估计结果

	持续存在的企业-产品-国家组合	2SLS 估计	几何加权的汇率指标 2SLS 估计
	(1)	(2)	(3)
lnreer	−0.0250***	−0.0226***	−0.0237***
	(−7.426)	(−6.783)	(−7.042)
lnranking	0.0873**	0.0904**	0.0926**
	(2.045)	(2.014)	(2.115)
lnscale	0.0023***	0.0010***	0.0026***
	(3.915)	(3.917)	(4.588)
lntfp	0.0783***	0.0778***	0.0753***
	(12.890)	(12.683)	(10.368)
lnwage	0.0225***	0.0247***	0.0278***
	(4.745)	(4.789)	(4.470)
profit	0.0035	0.0029	0.0052
	(0.672)	(1.362)	(1.670)
finance	0.7256***	0.7902***	0.7359***
	(6.678)	(6.724)	(6.677)
foreign	0.2089***	0.2015***	0.2327***
	(16.267)	(11.367)	(13.147)
style	0.1290***	0.1115***	0.1226***
	(8.332)	(8.345)	(8.337)
K-P rk LM 统计量		425.336[0.000]	379.129[0.000]
K-P Wald rk F 统计量		256.672[6.672]	255.562[7.570]
A-R Wald 统计量		5.16[0.043]	4.68[0.022]
S-W LM S 统计量		6.39[0.059]	4.73[0.030]
行业效应	是	是	是
地区效应	是	是	是
年份效应	是	是	是
样本量	2457252	364003	364003

注：( )内数值为纠正了异方差后的 t 统计量；***、** 和 * 分别表示 1%、5% 和 10% 的显著性水平。

附表9　本书第七章稳健性检验之出口集中度为被解释变量的估计结果

	持续存在的企业-产品-国家组合	2SLS 估计	几何加权的汇率指标 2SLS 估计
	(1)	(2)	(3)
lnreer	0.0321***	0.0309***	0.0332***
	(4.672)	(4.437)	(5.326)
lnranking	−0.172***	−0.168***	−0.362***
	(−5.346)	(−5.033)	(−5.783)
lnscale	0.0167***	0.0112***	0.0256***
	(10.269)	(11.320)	(10.157)
lntfp	0.5673	0.5043	0.5468
	(1.034)	(1.026)	(1.358)
lnwage	−0.0074	−0.0037	−0.0120
	(−1.590)	(−0.892)	(−1.620)
profit	0.0080**	0.0065**	0.0080**
	(2.117)	(2.202)	(2.128)
finance	0.5589***	0.5547***	0.5943***
	(5.327)	(4.732)	(4.447)
foreign	0.7279***	0.7136***	0.7371***
	(10.258)	(10.348)	(11.389)
style	−0.0903***	−0.0826***	−0.0729***
	(−11.564)	(−11.902)	(−11.556)
K-P rk LM 统计量		407.270[0.000]	327.298[0.000]
K-P Wald rk F 统计量		242.342[7.673]	265.782[7.447]
A-R Wald 统计量		4.27[0.019]	4.63[0.038]
S-W LM S 统计量		5.43[0.037]	4.69[0.033]
行业效应	是	是	是
地区效应	是	是	是
年份效应	是	是	是
样本量	2457252	364003	364003

注：(　)内数值为纠正了异方差后的 t 统计量；***、**和*分别表示1%、5%和10%的显著性水平。

参考文献

[1] 保罗·霍尔伍德,罗纳德·麦克唐纳.国际货币与金融[M].北京:北京师范大学出版社,1996.

[2] 保罗·克鲁格曼,茅瑞斯·奥伯斯法尔德,马克·梅里兹.国际经济学:理论与政策[M].北京:中国人民大学出版社,1996.

[3] 保罗·克鲁格曼.汇率的不稳定性[M].北京:北京大学出版社,2000.

[4] 包群,邵敏,侯维忠.出口改善了员工收入吗?[J].经济研究,2011(9):41-54.

[5] 毕玉江,朱钟棣.人民币汇率变动与出口价格:一个分析框架与实证检验[J].世界经济研究,2007(1):41-47.

[6] 陈彪如.人民币汇率研究[M].上海:华东师范大学出版社,1992.

[7] 陈飞,赵昕东,高铁梅.我国货币政策工具变量效应的实证分析[J].金融研究,2002(10):25-30.

[8] 陈六傅,刘厚俊.人民币汇率的价格传递效应——基于VAR模型的实证分析[J].金融研究,2007(4):1-13.

[9] 陈学彬.近期人民币实际汇率变动态势分析——兼谈分析实际汇率应注意的问题[J].经济研究,1999(1):22-28.

[10] 陈学彬,李世刚,芦东.中国出口汇率传递率和盯市能力的实证研究[J].经济研究,2007(12):106-117.

[11] 陈勇兵,李燕,周世民.中国企业出口持续时间及其决定因素[J].经济研究,2012(7):48-61.

[12] 陈勇兵,李伟,钱学锋.中国进口种类增长的福利效应估算[J].世界经济,

2011(12)：76－95.

[13] 陈云，何秀红. 人民币汇率波动对我国 HS 分类商品出口的影响[J]. 数量经济技术经济研究，2008(3)：34－45.

[14] 董力为. 人民币汇率现实问题的争论与探讨——兼谈汇率波动原理与风险防范[M]. 北京：中国财政经济出版社，2004.

[15] 大卫・休谟. 休谟经济论文选[M]. 北京：商务印书馆，1983.

[16] 戴觅，施炳展. 中国企业层面有效汇率测算：2000—2006[J]. 世界经济，2013(5)：52－68.

[17] 杜进朝. 汇率变动与贸易发展[M]. 上海：上海财经大学出版社，2003.

[18] 丁剑平. 人民币汇率与制度问题的实证研究[M]. 上海：上海财经大学出版社，2003.

[19] 丁欣. 中国货币环境与货币运行研究[M]. 北京：中国金融出版社，2003.

[20] 戴维・罗默. 高级宏观经济学[M]. 北京：商务印书馆，2001.

[21] 封福育. 人民币汇率波动对出口贸易的不对称影响——基于门限回归模型经验分析[J]. 世界经济文汇，2010(2)：24－32.

[22] 方先明，裴平，张谊浩. 外汇储备增加的通货膨胀效应和货币冲销政策的有效性——基于中国统计数据的实证检验[J]. 金融研究，2006(7)：13－21.

[23] 谷宇，高铁梅. 人民币汇率波动性对中国进出口影响的分析[J]. 世界经济，2007(10)：49－57.

[24] 哈继铭. 中国利率和汇率问题[J]. 国际金融研究，2006(1)：28－32.

[25] 胡晓炼. 人民币汇率形成机制改革的成功实践[J]. 中国金融，2010(16)：11－12.

[26] 胡援成，张斌. 人民币均衡汇率——简约一般均衡下的单方程实证模型研究[R]. 中国社会科学院国际金融研究中心工作论文，2003，1－3.

[27] 黄锦明. 人民币实际有效汇率变动对中国进出口贸易的影响——基于

1995—2009 年季度数据的实证研究[J]. 国际贸易问题，2010(9)：117－122.

[28] 黄有光. 人民币升值对中国利大于弊[J]. 国际经济评论，2004(1)：43－44.

[29] 姜波克. 国际金融新编[M]. 上海：复旦大学出版社，2001.

[30] 姜波克. 外汇市场的有效性理论述评[J]. 浙江社会科学，2001(6)：25－31.

[31] 姜波克，陆前进. 汇率理论和政策研究[M]. 上海：复旦大学出版社，2000.

[32] 姜波克. 均衡汇率理论和政策新框架的再探讨[R]. 复旦大学金融研究院工作报告，第 2 号 IFS-WP200602，2006.

[33] 金琦. 中国货币政策传导机制[M]. 北京：中国金融出版社，2004.

[34] 杰弗瑞 · A. 杰里，菲利普 · J · 瑞尼. 高级微观经济理论[M]. 王根蓓，朱保华译. 上海：上海财经大学，2002.

[35] 拉尔夫 · 戈莫里，威廉 · 鲍莫尔. 全球贸易和国家利益冲突[M]. 北京：中信出版社，2003.

[36] 劳伦斯 · S. 科普兰. 汇率与国际金融[M]. 北京：中国金融出版社，2002.

[37] 李广众，Lan P. Voon. 实际汇率错位、汇率波动性及其对制造业出口贸易影响的实证分析：1978—1998 年平行数据研究[J]. 管理世界，2004(1)：22－28.

[38] 李宏彬，马弘，熊艳艳，徐嫄. 人民币汇率对企业进出口贸易的影响——来自中国企业的实证研究[J]. 金融研究，2011(2)：1－16.

[39] 李坤望. 改革开放三十年来中国对外贸易发展评述[J]. 经济社会体制比较，2008(4)：35－40.

[40] 李坤望，施炳展，宋立刚. 中国出口产品的低品质陷阱[R]. 南开大学国际经济研究所工作论文，2012.

[41] 李扬，余维彬. 人民币汇率制度改革：回归有管理的浮动[J]. 经济研究，2005(8)：24－31.

[42] 刘尧成,周继忠,徐晓萍.人民币汇率变动对我国贸易差额的动态影响[J].经济研究,2010(5):32-40.

[43] 刘小玄,李双杰.制造业企业相对效率的度量和比较及其外生决定因素2000—2004[J].经济学(季刊),2008(3):843-868.

[44] 龙强.人民币适度升值与贸易问题研究[J].广西财政高等专科学校学报,2005,18(3):56-59.

[45] 娄伶俐.人民币升值对出口企业技术进步的作用区间分析:基于调研结果的理论分析[J].产业经济研究,2008(4):44-51.

[46] 卢向前,戴国强.人民币实际汇率波动对我国进出口的影响:1994—2003[J].经济研究,2005(5):31-39.

[47] 鲁瑛,葛松林.外向型企业客户关系管理策略研究[J].华中农业大学学报(社会科学版),2004.

[48] 罗伯特·蒙代尔.蒙代尔经济学文集[M].北京:中国金融出版社,2003.

[49] 罗忠洲,廖发达.汇率对出口价格传递率的经验研究:以1971—2003年的日本为例[J].世界经济,2005(1):26-31.

[50] 马勇.浮动汇率机制下外向型企业汇率风险管理策略[J].金融理论与实践,2007(04):58-59.

[51] 马宇.人民币汇率对出口价格传递率的实证分析:以家电行业出口为例[J].经济科学,2007(1):44-52.

[52] 麦金农.论中国的汇率政策和人民币可兑换[J].国际金融研究,2004(7):7-9.

[53] 毛其淋.贸易自由化、异质性与企业动态:基于中国加入WTO的经验研究[M].北京:商务印书馆,2020.

[54] 毛其淋,盛斌.中国制造业企业的进入退出与生产率动态演化[J].经济研究,2013(4):16-29.

[55] 毛其淋,盛斌.贸易自由化、企业异质性与出口动态——来自中国微观企

业数据的证据[J].管理世界,2013(3):48-68.

[56] 莫涛.汇率变动、产品附加值和内涵经济增长[R].复旦大学金融研究工作论文,2006年第9号.

[57] 莫涛.汇率变动与经济发展阶段、经济增长方式——基于企业访谈的调研报告[R].复旦大学金融研究院工作论文,2007.

[58] 聂辉华,谭松涛,王宇锋.创新、企业规模和市场竞争:基于中国企业层面的面板数据分析[J].世界经济,2008(7):57-66.

[59] 宁冬莉.浮动汇率下的国际厂商定价模型及汇率行为研究[D].上海财经大学博士论文,2006.

[60] 裴平,熊鹏,朱永利.经济开放度对中国货币政策有效性的影响:基于1985—2004年交叉数据的分析[J].世界经济,2006(5):47-53.

[61] 彭国华,夏帆.中国多产品出口企业的二元边际及核心产品研究[J].世界经济,2013(2):42-63.

[62] 钱学锋,王胜,陈勇兵.中国的多产品出口企业及其产品范围:事实与解释[J].管理世界,2013(1):9-27.

[63] 邱立成,刘文军.人民币汇率水平的高低与波动对外商直接投资的影响[J].经济科学,2006(1):74-84.

[64] 沈玉良,孙楚仁,凌学岭.中国国际加工贸易模式研究[M].北京:人民出版社,2007.

[65] 盛丹,包群,王永进.基础设施对中国企业出口行为的影响:"集约边际"还是"扩展边际"[J].世界经济,2011(1):17-36.

[66] 施炳展.中国企业出口产品质量异质性:测度与事实[J].经济学(季刊),2013(1):263-284.

[67] 宋海.金融全球化下的汇率制度选择[M].北京:中国金融出版社,2003.

[68] 宋志刚,丁一兵.新兴市场国家的汇率波动与出口:一个经验分析[J].数量经济技术经济研究,2005(9):40-48.

[69] 孙立坚，李安心，吴刚．开放经济中的价格传递效应：中国的例证[J]．经济学(季刊)，2003(1)：125－146.

[70] 孙灵燕，李荣林．融资约束限制中国企业出口参与吗？[J]．经济学(季刊)，2011(1)：231－252.

[71] 孙明华．我国货币政策传导机制的实证分析[J]．财政研究，2004(3)：19－30.

[72] 陶美珍．外资大量进入中国房地产业的影响与政策分析[J]．南京社会科学，2006(11)：52－55.

[73] 唐国兴，徐剑刚．现代汇率理论及模型研究[M]．北京：中国金融出版社，2003：19－30.

[74] 田素华．人民币汇率变动投资效应的企业特征[J]．世界经济，2008(5)：44－55.

[75] 田巍，余淼杰．企业生产率和企业"走出去"对外直接投资：基于企业层面数据的实证研究[J]．经济学(季刊)，2012(2)：383－408.

[76] 佟家栋，许家云，毛其淋．人民币汇率与中国工业企业的出口行为：基于微观企业的实证分析[R]．南开大学国际经济与贸易系工作论文，2014.

[77] 托马斯·孟．英国得自对外贸易的财富[M]．北京：商务印书馆，1978：15－38.

[78] 王国松．通货紧缩下我国货币政策传导的信贷渠道实证分析[J]．统计研究，2004(5)：6－11.

[79] 王鹏．中国产业内贸易研究[D]．复旦大学博士论文，2007.

[80] 王振山，王志强．我国货币政策传导途径的实证研究[J]．财经问题研究，2002(12)：60－63.

[81] 王永鸿．中国股市浴火重生　外资潜行风云激荡[J]．大经贸，2007(6)：32－35.

[82] 吴俊德，许强．外汇交易及资金管理[M]．北京：中信出版社，2001.

[83] 吴丽华，王锋．人民币实际汇率错位的经济效应实证研究[J]．经济研究，2006(7)：15－28．

[84] 夏斌，陈道富．国际货币体系失衡下的中国汇率政策[J]．经济研究，2006(2)：4－15．

[85] 肖鹞飞，黄福龙．我国贸易发展与汇率变动的实证分析[J]．国际经贸探索，2005(4)：62－65．

[86] 谢建国，陈漓高．人民币汇率与贸易收支：协整研究与冲击分解[J]．世界经济，2002(9)：27－34．

[87] 许和连，赖明勇．中国对外贸易平衡与实际有效汇率[J]．统计与决策，2002(2)：19－20．

[88] 许家云．中间品进口贸易与中国制造业企业竞争力[M]．北京：经济科学出版社，2018．

[89] 徐建炜，田丰．中国行业层面实际有效汇率测算：2000—2009[J]．世界经济，2013(5)：21－36．

[90] 徐涛，万解秋，丁匡达．人民币汇率调整与制造业技术进步[J]．世界经济，2013(5)：69－87．

[91] 杨帆．人民币升值压力与中国的对策[J]．福建论坛(经济社会版)，2003(3)：8－12．

[92] 杨帆，陈明生，董继华，郭玉江．人民币升值压力根源探究[J]．管理世界，2004(9)：33－44．

[93] 杨汝岱，姚洋．有限赶超与经济增长[J]．经济研究，2008(8)：29－41．

[94] 詹姆斯·米德．国际经济政策理论(第一卷)：国际收支[M]．北京：首都经济贸易大学出版社，2001：129－147．

[95] 易纲．汇率制度的选择和人民币有效汇率的估计[J]．北京大学中国经济研究中心学刊，2000(2)：21－27．

[96] 易纲，范敏．人民币汇率的决定因素及走势分析[J]．经济研究，1997

(10)：10.

[97] 叶永刚，胡利琴，黄斌. 人民币实际有效汇率和对外贸易收支的关系——中美和中日双边贸易收支的实证研究[J]. 金融研究，2006(4)：1-11.

[98] 余淼杰. 中国的贸易自由化与制造业企业生产率[J]. 经济研究，2010(12)：97-110.

[99] 余淼杰. 加工贸易、企业生产率和关税减免——来自中国产品面的证据[J]. 经济学(季刊)，2011(4)：1251-1280.

[100] 余永定. 消除人民币升值恐惧症，实现向经济平衡发展的过渡[J]. 国际经济评论，2003(9)：5-11.

[101] 张斌，何帆. 人民币升值的策略选择[J]. 国际经济评论，2003(5)：12-16.

[102] 张斌. 经济转型与汇率制度选择的国际比较研究[R]. 中国发展研究基金会研究项目"人民币汇率制度改革影响评估"，2011.

[103] 张帆. 中国企业对人民币升值免疫？[R]. CMRC 朗润经济评论，2010.

[104] 张谊浩. 现行人民币汇率有利于引进外商直接投资[J]. 财经科学，2003(6)：57-60.

[105] 张会清，唐海燕. 人民币升值、企业行为与出口贸易——基于大样本企业数据的实证研究：2005-2009[J]. 管理世界，2012(12)：23-45.

[106] 张杰，李勇，刘志彪. 出口与中国本土企业生产率——基于江苏制造业企业的实证分析[J]. 管理世界，2008(11)：50-64.

[107] 张涛，张若雪. 人力资本与技术采用：对珠三角技术进步缓慢的一个解释[J]. 管理世界，2009(2)：75-82.

[108] 张晓军，吴明琴. 巴拉萨-萨谬尔森假说的实证检验——来自亚洲的证据[J]. 南开经济研究，2005(5)：72-79.

[109] 赵勇，雷达. 金融发展、出口边际与"汇率不相关之谜"[J]. 世界经济，2013(10)：3-26.

[110] 郑恺.实际汇率波动对我国出口影响——基于 SITC 分类比较[J].财贸经济,2006(9):37-42.

[111] 赵大平.人民币汇率传递的不对称性及其对中国进出口的影响[J].上海立信会计学院学报,2007(11):76-83.

[112] 赵伟,赵金亮,韩媛媛.异质性、沉没成本与中国企业出口决定:来自中国微观企业的经验证据[J].世界经济,2011(4):62-79.

[113] 宗伟濠.人民币实际有效汇率变动与我国内涵式经济增长[J].南京财经大学学报,2013(3):56-61.

[114] ADOLFSON M. Export price responses to exogenous exchange rate movements. Economics Letters, 2001,71(1): 91-96.

[115] AGHION P, BACCHETTA P, RANCIRE R, ROGOFF K. Exchange rate volatility and productivity growth: the role of financial development. Journal of Monetary Economics, 2009,56(4): 494-513.

[116] ALEXANDER S S. Effects of a devaluation on a trade balance. International Monetary Fund Staff Papers, 1952,263-278.

[117] AMITI M, KONINGS J. Trade liberalization, intermediate inputs, and productivity: evidence from Indonesia. American Economic Review, 2007,97(5): 1611-1638.

[118] AMITI M, ITSKHOKI O, KONINGS J. Importers, exporters, and exchange rate disconnect. NBER Working Paper, 2012, No.18615.

[119] AMITI M, KHANDELWAL A K. Import competition and quality upgrading. The Review of Economics and Statistics, 2013, 95(2): 476-490.

[120] ARISTOTELOUS K. Exchange rate volatility, exchange rate regime, and trade volume: evidence from the UK-US export function 1889-1999. Economics Letters, 2001,72: 87-94.

[121] ARKOLAKIS C, MUENDLER M A. The extensive margin of exporting products: a firm-level analysis. Working Paper, 2011.

[122] ANOLD C H. Currency depreciation, income, and the balance of trade. The Journal of Political Economy, 1950,58(1): 47-60.

[123] ATHUKORALA P, MENON J. Exchange rates and strategic pricing in Swedish machinery exports. Oxford Bulletin of Economies and Statistics, 1995,57(4): 533-546.

[124] ATKESON A, BURSTEIN A. Pricing-to-market, trade costs, and international relative prices. American Economic Review, 2008, 98 (5): 1998-2031.

[125] AUER R, CHANEY T. Exchange rate pass-through in a competitive model of pricing-to-market. Journal of Money, Credit and Banking, 2009,41(S1): 151-75.

[126] AW B Y, CHEN X M, ROBERTS M J. Firm-level evidence on productivity differentials and turnover in Taiwanese manufacturing. Journal of Development Economics, 2001,66(1): 51-86.

[127] BACCHETTA P, ERIC W. Does exchange rate stability increase trade and welfare. American Economic Review, 2000,90: 1093-1109.

[128] BAGGS J, BEAULIEU E, FUNG L. Firm survival, performance, and the exchange rate shocks. Canadian Journal of Economics, 2009, 42(2): 393-421.

[129] BAGGS J, BEAULIEU E, FUNG L. Are service firms affected by exchange rate movements? Review of Income and Wealth, 2010, 56 (1),156-176.

[130] BAGGS L, FUNG L, LAPHAM B. Exposure of Canadian retailers to cross border shopping. Working Paper, 2013.

[131] BAGGS J, BEAULIEU E, FUNG L. Persistent effects of transitory exchange rate shocks on firm dynamics. Contemporary Economic Policy. 2014,32(2),334-350.

[132] BAILEY M, TAVLAS G, ULAN M. The impact of exchange rate volatility on export growth: some theoretical considerations and empirical results. International Journal of Finance and Economics, 1987,9: 135-152.

[133] BALDWIN R. Heterogeneous firms and trade: testable and untestable properties of the Melitz model. NBER Working Paper, 2005, No. W11471.

[134] BALDWIN R, HARRIGAN J. Zeros, quality and space: trade theory and trade evidence. American Economic Journal: Microeconomics, 2011,3(2): 60-88.

[135] BARON P. Fluctuating exchange rates and the pricing of exports. Economic Inquiry, 1976,14: 425-438.

[136] BASTOSA P, SILVAB J. The quality of a firm's exports: where you export to matters. Journal of International Economics, 2010,82(2): 99-111.

[137] BELLONE F, MUSSO P, SCHIAVOX S. Financial constraints and firm export behavior. Documents de Travail 1, 2009, GREDEG, Université de Nice-Sophia Antipolis.

[138] BERGSTEN F. Correcting the Chinese exchange rate: an action plan, the US-Sino currency dispute: new insight from economics, politics and law. Edited by Evenett, 2010, A Vox EU.org Publication.

[139] BERMAN N, MARTIN P, MAYER T. How do different exporters react to exchange rate changes? Quarterly Journal of Economics, 2012,

127(1)：437－492.

[140] BERNARD A，JENSEN B. Exporters，jobs，and wages in US manufacturing：1976－1987. Brookings Papers on Economic Activity. Microeconomics，1995,67－119.

[141] BERNARD A，JENSEN B，REDDING S J，SCHOTT P K. The margins of US trade. American Economic Review，2009,9：487－493.

[142] BERNARD A，REDDING S，SCHOTT P K. Multiple-product firms and product switching. American Economic Review，2010，100，70－97.

[143] BERNARD A，REDDING S，SCHOTT P K. Multi-product firms and trade liberalization. Quarterly Journal of Economics，2011,126：1271－1318.

[144] BIESEBROECK J V. Exporting raises productivity in sub-Saharan African manufacturing firms. Journal of International Economics，2004,67(2)：373－391.

[145] BOYD D，CAPORALE G M，SMITH R. Real exchange rate effects on the balance of trade. International Journal of Finance and Economics，2001,6：187－200.

[146] BRANDT L，BIESEBROECK J V，ZHANG Y. Creative accounting or creative destruction? firm-level productivity growth in Chinese manufacturing. Journal of Development Economics，2012，97：339－351.

[147] BRODSKY D A. Fixed versus flexible exchange rates and the measurement of exchange rate instability. Journal of International Economics，1984,16(3－4)：295－306.

[148] BUGAMELLI M，SCHIVARDI F，ZIZZA R. The euro and firm

restructuring. Bank of Italy, EIEF, CEPR, 2008, No.27.

[149] BUSSIERE M, PELTONEN T. Exchange rate pass-through in the global economy-the role of emerging market economies. European Central Bank Working Paper Series, 2008, No.951.

[150] BUSTOS P. Trade liberalization, exports, and technology upgrading: evidence on the impact of MERCOSUR on Argentinian firms. American Economic Review, 2011,101(1): 304-340.

[151] CAMPA J, GOLDBERG L S. Investment in manufacturing, exchange rates and external exposure. Journal of International Economics, 1995,38(3): 297-320.

[152] CAMPA J, GOLDBERG L S. Investment, pass-through, and exchange rates: a cross-country comparison. International Economic Review, 1999,40(2): 287-314.

[153] CAMPA J, GOLDBERG L S. Exchange rate pass through into import prices. Review of Economics and Statistics, 2005,87(4): 679-690.

[154] CHATTERJEE A, DIX-CARNEIRO R, VICHYANOND J. Multi-product firms and exchange rate fluctuations. Mimeo, 2012.

[155] CHATTERJEE A, DIX-CARNEIRO R. Multi-product firms and exchange rate fluctuations. American Economic Journal: Economic Policy, 2013,5(2): 77-110.

[156] CHEUNG Y W, SENGUPTA R. Impact of exchange rate movements on exports: an analysis of Indian non-financial sector firms. Journal of International Money and Finance, 2013,39: 231-245.

[157] CHOU W L. Exchange rate variability and China's exports. Journal of Comparative Economics, 2000,(28): 89-94.

[158] CHOWDHURY A. Does exchange rate volatility depress trade flows?

evidence from error-correction models. Review of Economics and Statistics, 1993,75: 700-761.

[159] COWLING K, SUGDEN R. Exchange rate adjustment and oligopoly pricing behavior. Cambridge Journal of Economics, 1989, 13: 373-393.

[160] CUI L, SHU C, CHANG J. Exchange rate pass-through and currency invoicing in China's exports. China Economic Issues, 2009, Hong Kong Monetary Authority.

[161] DAI M, MAITRA M, YU M J. Unexceptional exporter performance in China? role of processing trade. Working Paper, 2011.

[162] DEKLE R, JEONG H, RYOO H. A microeconomic analysis of the aggregate disconnect between exchange rates and exports. University of Southern California. Mimeo, 2007.

[163] DEKLE R, JEONGY H, RYOO H. A reexamination of the exchange rate disconnect puzzle: evidence from firm level data. University of Southern California. Mimeo, 2009.

[164] DEKLE R, JEONGY H, RYOO H. A reexamination of the exchange rate disconnect puzzle: evidence from firm level data. Working Paper, 2010.

[165] DIXIT A H. Import penetration, and exchange rate pass-through. Quarterly Journal of Economies, 1989,104(2): 205-228.

[166] DORNBUSH R. Exchange rate and prices. American Economic Review, 1987,77.

[167] DOYLE E. Exchange rate pass-through in a small open economy: the Anglo-Irish case. Applied Economies, 2004,(36): 443-445.

[168] EATON J, KORTUM S. Technology, geography, and trade. Econom-

etrica，2002,70(5)：1741-1779.

[169] ECKEL C， NEARY J P. Multi-product firms and flexible manufacturing in the global economy. Review of Economic Studies，2010,77(1)：188-217.

[170] EIJI F. Exchange rate pass-through in the deflationary Japan：how effective is the yen's depreciation for fighting deflation? Cesifo Working Paper，2004，No. 1134. Category 6：Monetary Policy and International Finance.

[171] EKHOLM K， MOXNES A， ULLTVEIT M K. Manufacturing restructuring and the role of real exchange rate shocks. Journal of International Economics，2012,86：101-117.

[172] FEENSTRA R C. Symmetric pass-through of tariff and exchange rate under imperfect competition：an empirical test. Journal of International Economics，1989,27(1-2)：25-45.

[173] FEENSTRA R C. New product varieties and the measurement of international prices. American Economic Review，1994，84（1）：157-177.

[174] FEENSTRA R C，LI Z，YU M J. Exports and credit constraints under private information：theory and application to China. Review of Economics and Statistics，2014,96(4)：729-744.

[175] FEINBERG RM. The effects of foreign exchange movements on U.S. domestic prices. The Review of Economics and Statistics，1989,71(3)：505-511.

[176] FELIPE J，HANSEN R，MCCOMBIE J. Correcting for biases when estimating production functions：an illusion of the laws of algebra? CAMA Working Paper Series，2004，No. 14，Australia National

University.

[177] FITZGERALD D, HALLER S. Exchange rates and producer prices: evidence from micro-data. Stanford University. Mimeo, 2008.

[178] FLAM H, HELPMAN E. Vertical product differentiation and north-south trade. American Economic Review, 1987,77(5): 810-822.

[179] FOSTER L, HALTIWANGER J C, KRIZAN C J. Aggregate productivity growth: lessons from microeconomic evidence. NBER Working Paper, 2001, No.6803.

[180] FREUND C, CHANG H, WEI S J. China's trade response to exchange rate. 2011, The 68th International Atlantic Economic Conference.

[181] FUNG L, Large real exchange rate movements, firm dynamics, and productivity growth. Canadian Journal of Economics, 2008, 41(2): 391-424.

[182] FUNG L, LIU J T. The impact of real exchange rate movements on firm performance: a case study of Taiwanese manufacturing firms. Japan and the World Economy, 2009,21(1): 85-96.

[183] FUNG L, BAGGS J, BEAULIEU E. Plant scale and exchange-rate-induced productivity growth. University of Calgary Discussion Paper, 2010.

[184] FUNG L, BAGGS J, BEAULIEU E. Plant scale and exchange-rate-induced productivity growth. Journal of Economics and Management Strategy, 2011,20(4): 1197-1230.

[185] GAGNON J E. Exchange rate variability and the level of international trade. Journal of International Economics, 1993,34: 269-287.

[186] GAGNON J E, KNETTER M. Markup adjustment and exchange rate

fluctuations: evidence from panel data on automobile exports. Journal of International Money and Finance, 1995,14(2): 289-310.

[187] GAO H. Real exchange rate in china: a long-run perspective. China and World Economy, 2006,14(4): 21-37.

[188] GIOVANNI P O. Exchange rates and the prices of manufacturing products imported into the United States. New England Economic Review, 2002,3-18.

[189] GREENAWAY D, KNELLER R, ZHANG X. Exchange rates and exports: evidence from manufacturing firms in the UK. University of Nottingham. Mimeo, 2007.

[190] GROSSMAN G M, HELPMAN E. Trade, knowledge spillovers, and growth. European Economic Review, 1991,35(2-3): 517-526.

[191] GOLDBERG P K, KNETTER M M. Goods prices and exchange rates: what have we learned? Journal of Economic Literature, 1997,35(3): 1243-1272.

[192] GOLDBERG P K, VERBOVEN F. The evolution of price dispersion in the European car market. Review of Economic Studies, 2001,68(4): 811-848.

[193] GOPINATH G, ITSKHOKI O. Frequency of price adjustment and pass-through. Quarterly Journal of Economics, 2010, 125(2): 675-727.

[194] COUGHLIN C C, POLLARD P S. Exchange rate pass-through in U.S. manufacturing: exchange rate index choice and asymmetry issues. Working Paper, 2000,2000-022A.

[195] HALE G, HOBIJN B, RAINA R. Commodity prices and PCE inflation. FRBSF Economic Letter, 2012,14: 1-4.

[196] HALLAK J C. Product quality and the direction of trade. Journal of International Economics, 2006,68(1): 238 - 265.

[197] HALLAK J C, SCHOTT P K. Estimating cross-country differences in product quality. Quarterly Journal of Economics, 2011, 126 (1): 417 - 474.

[198] HELLERSTEIN R. Who bears the cost of a change in the exchange rate? pass-through accounting for the case of beer. Journal of International Economics, 2008,76(1): 14 - 32.

[199] HARRIS R. Is there a case for exchange rate induced productivity changes? Canadian Institute for Advanced Research Working Paper, 2001.

[200] HECKMAN J J. Sample selection bias as a specification error. Econometrica, 1979,47(1): 153 - 61.

[201] HESS W, PERSSON M, The duration of trade revisited: continuous-time versus discrete-time hazards. Empirical Economics, 2012,43(3): 1083 - 1107.

[202] HOOPER P, KOHLHAGEN S. The effects of exchange rate uncertainty on the prices and volume of international trade. Journal of International Economics, 1978,8: 89 - 93.

[203] HOOPER P, JOHNSON K, MARQUEZ J. Trade elasticities for the G-7 countries. Princeton University Department of Economics. International Economics Section Working Paper, NO. 87,2000.

[204] HUMMELS D, KLENOW P J. The variety and quality of a nation's exports. American Economic Review, 2005,95(3): 704 - 723.

[205] HUMMELS D, SKIBA A. Shipping the good apples out? an empirical confirmation of the Alchian-Allen conjecture. Journal of Political

Economics，2004，112：1384－1402.

［206］ ILMAKUNNAS P，NURMI S. Dynamics of export market entry and exit. Scandinavian Journal of Economics，2010，112(1)：101－126.

［207］ JEANNENEY S G，HUA P. How does real exchange rate influence labor productivity in China? China Economic Review，2011，22(4)：628－645.

［208］ JEFFERSON G，RAWSKI T，LI W，ZHENG Y. Ownership，productivity change，and financial performance in Chinese industry. Journal of Comparative Economics，2000，28(4)，786－813.

［209］ KAMADA K，TAKAGAWA I. Policy coordination in East Asia and across the Pacific. International Economics and Economic Policy，2005，2(4)：275－306.

［210］ KENEN P B，RODRIK D. Measuring and analyzing the effects of short-term volatility in real exchange rates. Review of Economics and Statistics，1986，68(2)：311－315.

［211］ KHANDELWAL A. The long and short of quality ladders. Review of Economics Studies，2011，77(4)：1450－1476.

［212］ KLEIN M W. Sectoral effects of exchange rate volatility on United States exports. Journal of International Money and Finance，1990，9：299－308.

［213］ KNETTER M. Is export price adjustment asymmetric?：evaluating the market share and marketing bottlenecks hypothesis. Journal of International Money and Finance，1994，13(1)：55－70.

［214］ KOTABE M，HELSEN K. Global marketing management. New York：John Wiley & Sons，1998.

［215］ KOTABE M，DUHAN D F. Strategy clusters in Japanese markets：

firm performance implications. Journal of the Academy of Marketing Science, 1993,21(1): 21 - 31.

[216] KORAY F, LASTRAPES W. Real exchange rate volatility and U.S. bilateral trade: AVAR approach. Review of Economics and Statistics, 1989,71: 708 - 712.

[217] KRUGLER P, VERHOOGEN E. Prices, plants size, and product quality. Review of Economic Studies, 2012,79(1): 307 - 339.

[218] KRUGMAN P. A model of balance-of-payments crises. Journal of Money, Credit and Banking, 1979,11(3): 311 - 325.

[219] KRUGMAN P. Taking on China. New York Times, 2010, March. 15.

[220] KRUGMAN P. Differences in income elasticities and trends in real exchange rates. European Economic Review, 1989, 33 (5): 1031 - 1054.

[221] LAFRANCE R, SCHEMBRI L. The exchange rate, productivity, and the standard of living. International Economic Review, 2000,40(2): 287 - 314.

[222] LANDON S, SMITH C E. Government debt spillovers in a monetary union. The North American Journal of Economics and Finance, 2007, 18(2): 135 - 154.

[223] LEUNG D, YUEN T. Do exchange rates affect the capital-labor ratio? panel evidence from Canadian manufacturing industries. Bank of Canada working paper, 2005, No. 12.

[224] LEVINSONHN J, PETRIN A. Estimating production functions using inputs to control for unobservables. Review of Economic Studies, 2003,70(2): 317 - 341.

[225] LI H B, MA H, XU Y, XIONG Y Y. How do exchange rate

movements affect Chinese exports? a firm-level investigation. Working Paper, 2012.

[226] LIU Q, LU Y, ZHOU Y K. Do exports respond to exchange rate changes? Inference from China's Exchange Rate Reform. CTRG Working Paper, 2013.

[227] LIU R J. Import competition and firm refocusing. Canadian Journal of Economics, 2010,43(2): 440 - 466.

[228] LU D. Exceptional exporter performance? evidence from Chinese manufacturing firms. University of Rochester. Working Paper, 2012.

[229] MAITI D, SINGH P. Firm size, finance and innovation: country level study. Working Paper, 2011.

[230] MANOVA K, ZHANG Z W. China's exporters and importers: firms, products, and trade partners. NBER Working Paper NO. 15249,2009.

[231] MANOVA K, ZHANG Z W. Export prices across firms and destinations. The Quarterly Journal of Economics, 2012,127(1): 379 - 436.

[232] MANOVA K, ZHANG Z W. Multi-product firms and product quality. NBER Working Paper, No. 18637,2013.

[233] MARK J, XU D, FAN X, ZHANG S. A structural model of demand cost and export market selection for Chinese footwear producers. NBER Working Paper, No. 17725,2012.

[234] MARQUEZ J, SCHINDER J. Exchange-rate effects on China's trade. Review of International Economics, 2007,15(5): 837 - 853.

[235] MARSHALL A. Money, credit and commerce. London: Maemilan, 1923,206 - 207.

[236] MARSTON R C. Real exchange rates and productivity growth in the

United States and Japan. NBER Working Paper, No.1922,1986.

[237] MAYER T, MELITZ M, OTTAVIANO G. Market size, competition, and the product mix of exporters. NBER Working Papcr, No.16959, 2011.

[238] MAYER T, MELITZ M, OTTAVIANO G. Market size, competition, and the product mix of exporters. CEP Discussion Paper, No 1146, 2012.

[239] MCCALLUM B T. Issues in the design of monetary policy rules. in J. B. Taylor and M. Woodford(eds), Handbook of Macroeconomics, 1C, North Holland, 1999,1483-1530.

[240] MVKINNON R I. Optimum currency areas and key currencies: mundell I versus mundell II. Journal of Common Market Studies, 2004,42(4): 689-715.

[241] MELITZ M J. The impact of trade on intra-industry reallocations and aggregate industry productivity. Econometrica, 2003,71(6): 1695-1725.

[242] MENEZES F, AQUINO N, MUENDLER M A, RAMEY G. The structure of worker compensation in Brazil, with a comparison to France and the United States. Review of Economics and Statistics, 2008,90(2): 324-346.

[243] MENON J. Exchange rate pass-through. Journal of Economies Surveys, 1995,9(2): 197-231.

[244] METZLER L A. Theory of international trade. Philadelphia: Bladiston, 1948,27-54.

[245] MIRZOEV T. A dynamic model of endogenous exchange rate Pass-through. Department of Economies, Econ WPA,No.0409002,2004.

[246] MIZALA A, ROMAGUERA P. Wage differentials and occupational wage premia: firm-level evidence for Brazil and Chile. Review of Income and Wealth, 1998,44(2): 239-57.

[247] MUNDELL R. The appropriate use of monetary and fiscal policy under fixed exchange rates. IMF Staff Papers, 1962,9(1): 70-79.

[248] MUNDELL R. The case for a world currency. Journal of Policy Modeling, 2005,27: 465-475.

[249] NOCKE V, YEAPLE S. Globalization and endogenous firm scope, NBER Working Paper, No. 12322,2006.

[250] OBSTFELD M, ROGOFF K. The six major puzzles in international macroeconomics: is there a common cause? NBER Macroeconomics Annual, 2000, Vol. 15.

[251] OLLEY S, PAKES A. The dynamics of productivity in the telecommunications equipment industry. Econometrica, 1996, 64(6): 1263-1297.

[252] REVENGA A. Exporting jobs? the impact of import competition on employment and wages in US manufacturing. The Quarterly Journal of Economics, 1992,107(1),255-284.

[253] ROBERT P F, GARBER P M. Collapsing exchange-rate regimes: some linear examples. Journal of International Economics, 1984, 17: 110-121.

[254] ROBERTSON R. Exchange rates and relative wages: evidence from Mexico. The North American Journal of Economics and Finance, 2003,14(1): 25-48.

[255] ROBINSON J. The foreign exchanges. Oxford: Basil Blackwell, 1937, 33-58.

[256] RODRIK D. What is so special about China's export? NBER Working Paper, No. 11947,2006.

[257] SASAKI Y N. Pass-through of exchange rates on import prices of east Asian countries. Presentation at the Beijing Conference, 2002,24 - 25.

[258] SCHERER F M. Firm size, market structure, opportunity, and the output of patented inventions. The American Economic Review, 1965, 55(5): 1097 - 1125.

[259] SCHNABL G, BAUR D. Purchasing power parity: granger causality tests for the yen-dollar exchange rate. Japan and the World Economy, 2002,14(4): 425 - 444.

[260] SCHNABLA G, ZIEGLER C. Exchange rate and wage policies in central and eastern Europe. Journal of Policy Modeling, 2011,33(3): 347 - 360.

[261] SCHOR A. Heterogeneous productivity response to tariff reduction: evidence from Brazilian manufacturing firms. Journal of Development Economics, 2004,75(2): 373 - 96.

[262] SCHOTT P K. Across-product versus within-product specialization in international trade. The Quarterly Journal of Economics, 2004, 119 (2): 647 - 678.

[263] SERCU P, VANHULLE C. Exchange rate volatility, international trade, and the value of exporting firm. Journal of Banking and Finance, 1992,16: 152 - 182.

[264] SLAVCHEVA M L, MIHOV B. Optical multiband surface photometry of a sample of Seyfert galaxies I. Large-scale morphology and local environment analysis of matched Seyfert and inactive galaxy samples. Astronomy & Astrophysics Manuscript, No. 13243,2010.

[265] SOBEL M. Direct and indirect effects in linear structural equation models. Sociological Methods Research, 1987,16(1): 155-176.

[266] TANG H W, ZHANG Y F. Exchange rates and the margins of trade: evidence from Chinese exporters. CESifo Economic Studies, 2012.

[267] THORBECKE W, SMITH G. How would an appreciation of the RMB and other East Asian currencies affect China's exports? Review of International Economics, 2010,18(1): 95-108.

[268] TOMLIN B. Exchange rate fluctuations, plant turnover and productivity. Bank of Canada Working Paper, No. 18,2010.

[269] TOMLIN B, FUNG L. The effect of exchange rate movements on heterogeneous plants: a quantile regression analysis. Bank of Canada Working Paper, No. 25,2010.

[270] UPWARD R, WANG Z, ZHENG J H. Weighing China's export basket: the domestic content and technology intensity of Chinese exports. Journal of Comparative Economics, 2013,41(2): 527-543.

[271] VERHOOGEN E A. Trade, quality upgrading, and wage inequality in the Mexican manufacturing sector. Quarterly Journal of Economics, 2008,123(2): 489-530.

[272] VIAENE M, VRIES G. International trade and exchange rate volatility. European Economic Review, 1992,36: 1311-1321.

[273] HSU W T, LUY Y, ZHOU Y K. Exchange rates and export structure. Working Paper, 2014.

[274] WESTHEAD P, WRIGHT M, UCBASARAN D. The internationalization of new and small firms: a resource-based view. Journal of Business Venturing, 2001,16: 333-358.

[275] WICKREMASINGHE G, SILVAPULLE P. Exchange rate pass-

through to manufactured import prices: the case of Japan. Econ WPA, No. 0406006, 2004.

[276] YU M J. Processing trade, tariff reductions, and firm productivity: evidence from Chinese firms. Economic Journal, 2013.

图书在版编目(CIP)数据

人民币汇率与中国出口企业行为研究：基于企业异质性视角的理论与实证分析/许家云著.—上海：上海三联书店，2021.9
（当代经济学创新丛书/夏斌主编）
ISBN 978-7-5426-7381-7

Ⅰ.①人… Ⅱ.①许… Ⅲ.①人民币汇率—影响—外向型企业—企业行为—研究—中国 Ⅳ.①F832.63②F279.24

中国版本图书馆 CIP 数据核字(2021)第 057411 号

人民币汇率与中国出口企业行为研究

基于企业异质性视角的理论与实证分析

著　　者 / 许家云

特约编辑 / 程云琦
责任编辑 / 李　英
装帧设计 / 徐　徐
监　　制 / 姚　军
责任校对 / 王凌霄

出版发行 / 上海三联书店
(200030)中国上海市漕溪北路 331 号 A 座 6 楼
邮购电话 / 021-22895540
印　　刷 / 上海颛辉印刷厂有限公司

版　　次 / 2021 年 9 月第 1 版
印　　次 / 2021 年 9 月第 1 次印刷
开　　本 / 640mm×960mm　1/16
字　　数 / 300 千字
印　　张 / 21
书　　号 / ISBN 978-7-5426-7381-7/F·838
定　　价 / 68.00 元

敬启读者，如发现本书有印装质量问题，请与印刷厂联系 021-56152633